Hannelore Fischer-Reska

Das Heilzonen Buch

Liebe Leserinnen, liebe Leser

Die Anregung, dieses Buch zu schreiben, kam von meinen Patienten. Immer wieder wurde ich gebeten, eine Art Nachschlagewerk zu verfassen, in dem ich alle Zusammenhänge im Körper genau beschreibe – so wie ich sie auch meinen Patienten in meiner Praxis zu erklären pflege.

Ich griff diese Idee mit Begeisterung auf, weil ich davon überzeugt bin, dass Menschen, die Schmerzen haben, fast immer geholfen werden kann und sie sich in vielen Fällen sogar selbst helfen können. Dazu brauchen sie etwas Einblick in die tieferen Zusammenhänge ihres Körpers und eine verständliche Anleitung, welche Therapie bei welchem Leiden angezeigt ist.

Es ist meine feste Überzeugung, dass nur dann eine nachhaltige Linderung und Heilung erzielt werden kann, wenn der Auslöser, die eigentliche Ursache für die Beschwerden, gefunden und behandelt wird. Der gängige medizinische Ansatz, wonach in erster Linie die einzelnen Symptome therapiert werden, ist für mich deshalb auch eine in vieler Hinsicht fragwürdige Haltung.

Es war mir immer ein Anliegen, meinen Patienten den ganzheitlichen Aspekt ihrer Erkrankung oder ihrer Funktionsstörung vor Augen zu führen. Nicht dem einzelnen Symptom (einem Schmerzpunkt, einer Bewegungseinschränkung, einer Hautveränderung) sollte das vorrangige Interesse gelten, sondern dem Gesamtzusammenhang, der zu den eigentlichen Ursachen führt, die sich dahinter verbergen.

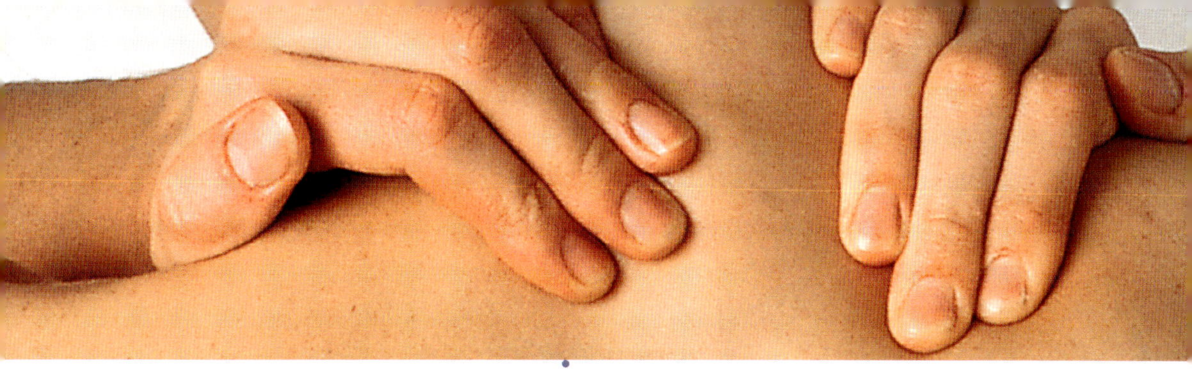

In diesem Sinn habe ich dieses Buch vor allem als praktische Anleitung zur Selbsthilfe für Laien geschrieben. Zur Selbstbehandlung leichterer und mittelschwerer Beschwerden empfehle ich einfach durchzuführende Heilverfahren wie Einreibungen, Ohrakupressur, Homöopathie, Heilkräuter, Bach-Blütentherapie, Heildiäten und Heilgymnastik.

Ich gebe aber auch einen Überblick über erfolgreiche Therapien des Heilpraktikers oder Naturheilarztes, die gegebenenfalls als zusätzliche Maßnahmen zum Einsatz kommen sollten. Dabei habe ich die wichtigsten Behandlungsmethoden berücksichtigt, wie sie sich in meiner Praxis in langen Jahren bewährt haben. Man möge mir verzeihen, dass viele andere anerkannte Therapien unerwähnt geblieben sind – es hätte jedoch den Rahmen dieses Buches gesprengt, hätte ich allen die ihnen gebührende Aufmerksamkeit erwiesen.

Zugleich ist dieses Buch die Essenz aus 23 Jahren Praxiserfahrung und einer vierjährigen, sehr frequentierten Frage-Antwort-Kolumne über Naturmedizin in einer bekannten Zeitschrift. Ich habe in dieser Zeit viel über körperliches und seelisches Leid erfahren. Einiges davon hätte vermieden werden können, hätten die Betroffenen bereits im Anfangsstadium ihrer Krankheit Kenntnis über die genaue Ursache ihrer Beschwerden gehabt, so dass ihre Erkrankung auch tatsächlich ursächlich hätte behandelt werden können.

So kam dieses Buch mit seinen 81 Heilzonen zustande, das es in dieser Form meines Wissens noch nicht gibt. Das von mir beschriebene Heilsystem hat sich auf der Basis alter Heiltraditionen und moderner Therapieverfahren in jahrelanger Praxis entwickelt. Es bildet die Grundlage meiner Behandlungsmethoden, wie ich sie tagtäglich selbst praktiziere und wie sie bereits von vielen meiner Patienten mit Erfolg angewendet werden.

Die Menschen werden durch die heutige Medizin zwar immer älter, aber nicht gesünder. Deshalb ist jeder für sich aufgefordert, auf seine Gesundheit zu achten, sich um seinen Körper zu kümmern und zu versuchen, so naturgemäß wie möglich zu leben. Denn: »Gesundheit ist nicht alles, aber ohne Gesundheit ist alles nichts!«

Ich widme dieses Buch meinen Patienten, ohne die es nicht entstanden wäre, und wünsche mir, dass es dazu beiträgt, auch Ihre Gesundheit so lange wie möglich zu erhalten!

Viel Freude und Erfolg

Hannelore Fischer-Reska

Grundlagen der Heilzonen-Therapie

- ALTES HEILWISSEN FÜR EINE MODERNE THERAPIE
- SCHULMEDIZIN UND NATURHEILKUNDE
- MEIN HEILZONEN-KONZEPT

Grundlagen der Heilzonen-Therapie

Es ist das Wissen um das Leid vieler Patienten, und es ist die Essenz aus 23 Jahren Praxiserfahrung, die diesem Buch zugrunde liegen. Und da es mir von jeher ein Bedürfnis war, Leiden zu lindern und zu heilen, war es nur konsequent, mich eines Tages an den Schreibtisch zu setzen und all meine Kenntnisse und Erfahrungen zu Papier zu bringen, damit möglichst viele Menschen erfahren, wie sie Gesundheit und Wohlbefinden stärken und welche Maßnahmen sie im Krankheitsfall ergreifen sollten, um wieder gesund zu werden.

Schon als Kind träumte ich davon, Kranken zu helfen wieder gesund zu werden. Zunächst schien es, als würde sich meine Zukunftsvision nicht erfüllen können: Es war in jenen Tagen nicht üblich, dass eine Frau einen Beruf ergreift oder gar ein Studium absolviert, um später selbständig zu arbeiten. Dass ich mir schließlich dennoch meinen Wunsch erfüllen und – wie ich heute sagen kann – meiner Berufung folgen konnte, hat wohl auch etwas damit zu tun, dass ich gelernt habe, mich von Schicksalsschlägen, die das Leben für mich bereithielt, »nicht unterkriegen zu lassen«. Ich habe sie im Gegenteil als »Gunst der Stunde« genutzt, um schließlich doch noch sein zu können, was ich heute bin: eine Heilpraktikerin, die sich mit Leib und Seele dafür einsetzt, dass ihre Patienten wieder gesund werden.

Ich bin in einem kleinen Ort in Niederbayern zu einer Zeit aufgewachsen, in der es noch üblich war, zur Behandlung von gesundheitlichen Beschwerden die Schätze der Natur einzusetzen. Meine Großmutter lehrte mich, welche Kräuter aus dem Garten und welche Wildpflanzen von Feldern und Hecken zu therapeutischen Zwecken genutzt werden können. Freilich konnte ich damals noch nicht ahnen, dass dieses umfangreiche Wissen über Kräuter, Ernährung und gesunden Lebensstil, das ich in jenen Tagen vermittelt bekam, für mich einmal die Grundlage für meine therapeutische Arbeit sein würde. Heute bin ich sehr dankbar für die vielen Einblicke und Anregungen, die ich seinerzeit in die mannigfachen Heilkräfte erhalten habe, wie sie die Natur für uns bereithält.

Altes Heilwissen für eine moderne Therapie

Das von mir entwickelte System der 81 Heilzonen basiert im Wesentlichen auf den alten Heilprinzipien der europäischen Volksmedizin sowie auf den traditionellen fernöstlichen Heilsystemen. 5000 Jahre Traditionelle Chinesische Medizin (TCM), 2000 Jahre indisches Ayurveda, aber auch die Tibetische Medizin, Indianische Medizin, Arabische Medizin und – nicht zu vergessen – die europäische Pflanzenheilkunde –, sie alle haben in der modernen Naturheilkunde ihre Spuren hinterlassen.

Heilwissen war schon immer global und wurde von Kulturen und Völkern weitergegeben. So gibt es viele interessante Verknüpfungen zwischen chinesischer und indischer Naturmedizin, und manche Beobachtungen der Indianer wurden von europäischen Naturärzten beschrieben und aufgegriffen. Manches hat bis heute Gültigkeit, anderes geriet über die Jahrhunderte in Vergessenheit oder wird als Geheimwissen von Schamanen gehütet.

AUF ERFAHRUNGEN AUFBAUEN

In diesem Zusammenhang möchte ich an die enormen Leistungen erinnern, die große Persönlichkeiten in den vergangenen Jahrhunderten im Dienste unserer Gesundheit vollbracht haben. All die großartigen Naturheilkundigen, Ärzte und Wissenschaftler im Einzelnen aufzuzählen, die ihr Leben der Heilkunst gewidmet haben und die für mich wegweisend waren, würde an dieser Stelle zu weit führen. So be-

Auf das Heilwissen der mittelalterlichen Äbtissin und Mystikerin Hildegard von Bingen bauen wir heute noch auf.

schränke ich mich denn auf jene Pioniere, deren Forschungen und Erkenntnisse unmittelbar in meine Therapiekonzepte Eingang gefunden haben und von mir weiterentwickelt wurden. Vom Mittelalter bis in unsere Zeit sind dies: Hildegard von Bingen, Paracelsus, Samuel Hahnemann, Sebastian Kneipp, Vinzenz Prießnitz, Louis Kuhne, Christoph Wilhelm Hufeland, Leopold Emanuel Felke, Bernhard Aschner, Maximilian Oskar Bircher-Benner, Edward Bach, Ferdinand Huneke, Thure Brandt, Johannes Ludwig Schmitt, Ilse Middendorf, Johann Künzle, Franz Xaver Mayr, Paul Niehans, Georges Oshawa, Aare Waerland, Michio Kushi, John E. Upledger, Erich Rauch, Hanne Marquard und Anton Jayasuriya.

GANZHEITLICH HEILEN

Mein Heilsystem begründet sich auf ebendiesen überlieferten Gesundheitslehren, für die allesamt der ganzheitliche Ansatz charakteristisch ist. Tatsächlich habe ich im Laufe meiner Berufspraxis immer wieder die Erfahrung gemacht, dass es keineswegs hilfreich, ja oft sogar schädlich ist, sich auf die Therapie von Symptomen zu beschränken, sondern dass Krankheit vielmehr als ein umfassender Prozess zu verstehen ist, dem ein gestörtes Gleichgewicht der Lebensenergie zugrunde liegt.

So gesehen war und ist es für mich oberstes Gebot, meinen Patienten den ganzheitlichen Aspekt ihrer Erkrankung vor Augen zu führen und ihre Aufmerksamkeit auf die Ursache zu lenken. Daraus ergibt sich, Behandlungsmethoden einzusetzen, die nicht auf die Linderung einzelner Symptome zielen, sondern darauf, das harmonische Zusammenspiel von Körper, Geist und Seele wiederherzustellen.

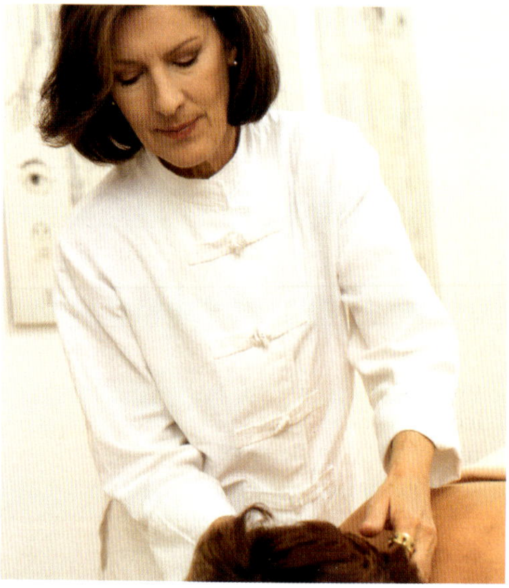

In vielen Fällen beseitigt eine osteopathische Behandlung Rückenschmerzen sanft und ohne Nebenwirkungen.

Schulmedizin und Naturheilkunde

NICHT NUR SYMPTOME BEHANDELN

Einem Laien ist es bei großen Schmerzen oft nicht möglich, zwischen einer kurzfristigen Störung, die zum Beispiel durch einen verschobenen Rückenwirbel hervorgerufen wird, und einer wirklich ernsthaften Erkrankung der inneren Organe zu unterscheiden. Denn tatsächlich können die Symptome sehr ähnlich sein. Im ersten Fall würde eine einfache chiropraktische/osteopathische Behandlung oder Akupunktur die Schmerzen ohne Nebenwirkungen beseitigen. Stattdessen bekommt der Patient vom Arzt jedoch meistens ein Schmerzmittel verordnet,

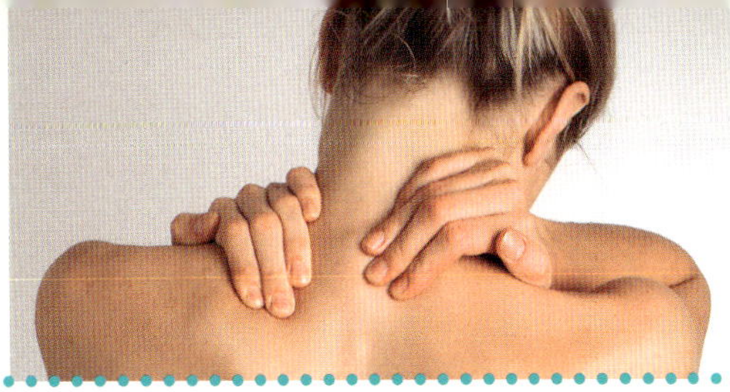

Schmerzen sind ein Warnsignal des Körpers und sollten nicht durch Medikamente unterdrückt werden.

das entweder als Tablette eingenommen oder als Spritze injiziert wird.

Dass gerade schmerzstillende Wirkstoffe die Leber stark belasten können, wird bei dieser ausschließlich symptomorientierten Behandlung außer Acht gelassen. Durch eine Schwächung oder gar Schädigung der Leber verändert sich naturgemäß das Beschwerdebild. Nicht selten treten neue Symptome hinzu, die wiederum mit Medikamenten behandelt werden und die oft wenig Wirkung, dafür aber umso mehr Nebenwirkungen haben.

Ich habe an dieser Stelle das Beispiel Leber genannt, da sie unser wichtigstes Stoffwechsel- und Entgiftungsorgan ist. So ist sie unter anderem für den Fettstoffwechsel, den Eiweißstoffwechsel, den Zuckerstoffwechsel sowie für den Abbau von Chemikalien und Medikamenten zuständig. Hinzu kommt, dass ihre Entgiftungsfunktion in der heutigen Zeit, mit Umweltverschmutzung und belasteter Nahrung, mehr denn je gefordert ist. In Anbetracht dessen sollte jede Therapie eigentlich darauf abzielen, sie so weit wie möglich zu schonen und sie in ihrer Funktionsfähigkeit zu unterstützen.

WARNSIGNALE RICHTIG DEUTEN

In diesem Buch wird bewusst darauf verzichtet, auf schulmedizinische Diagnose- und Therapieverfahren einzugehen, weil für mich, wie gesagt, nicht das symptomorientierte, sondern das ganzheitliche Verständnis von Krankheit und Gesundheit herausragende Bedeutung hat. Um zu verdeutlichen, was ich meine, versuche ich es mit folgendem Gleichnis: Schmerzhafte Symptome können sein wie Rauch, den man schon von weitem sieht. Das Feuer, das den Rauch verursacht, brennt aber an einer tiefer gelegenen Stelle, die man finden muss, um Rauch und Feuer zu bekämpfen.

In diesem Sinn sind Schmerzen und andere Beschwerden immer ein Warnsignal des Körpers. Ihre Unterdrückung erinnert mich immer an einen Feuermelder, der mit lautem Ton Feuer signalisiert, aber statt das Feuer, also die Ursache zu suchen, wird der Feuermelder wegen seines störenden Geräusches abgestellt.

GEGENSEITIGE ERGÄNZUNG IST DAS ZIEL

Mir liegt jedoch das sinnvolle Zusammenspiel von Schulmedizin und Naturheilkunde sehr am Herzen. Ich bin mit vielen anderen der Meinung, dass die Medizin letztlich erst in der Vereinigung beider Wissenschaften ihre Wirkung zum Wohle der Menschheit entfalten kann. In der Tat hat die Schulmedizin im Bereich der Infektionskrankheiten, der Chirurgie, der Diagnostik (z. B. Labordiagnostik, bildgebende Verfahren) Unglaubliches geleistet. Und lange Zeit schien es, als seien durch Antibiotika die meisten Krankheiten heilbar.

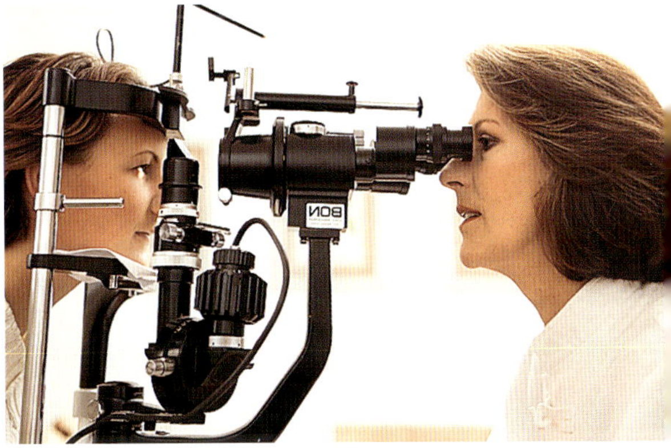

Auch die Naturheilkunde verwendet modernste Technik: Die Irisdiagnose ist aus meiner Praxis nicht wegzudenken.

Mein Heilzonen-Konzept

Doch dann wurden Tonnen von Antibiotika in der Landwirtschaft bei der Tieraufzucht eingesetzt, und es bildeten sich antibiotikaresistente Bakterien. Bakterielle Infekte sprechen deshalb oft nicht mehr auf Antibiotikagaben an, und gegen virale Infekte wie Herpes zoster, Coxsackie, Epstein-Barr, Borreliose, Zytomegalie – um nur einige zu nennen – kennt die Medizin bis heute so gut wie keine wirkungsvolle Therapie.

Umweltbedingte Erkrankungen und Allergien, die durch Amalgam und andere Metalle, Abgase, chlorierte Kohlenwasserstoffe, Schadstoffe in Lebensmitteln, Konservierungsmittel, Farbstoffe, Pflanzendüngemittel, Insektizide, Pestizide, Fungizide, Hormone, Radioaktivität und vieles mehr ausgelöst werden können, werden gerade erst erforscht, wobei man bei der Entwicklung von wirkungsvollen Behandlungsmöglichkeiten erst am Anfang steht.

Ein wichtiges zukünftiges Ziel ist, die medikamentöse Therapie durch neue, nebenwirkungsarme Arzneimittel zu erweitern, die unsere Zivilisationskrankheiten wirkungsvoll bekämpfen können. So suchen Mediziner, Biologen und Pharmakologen vor allem in den Urwäldern nach unbekannten Gewächsen und werden immer wieder fündig. Pflanzen, Schlangengifte und vor allem Pilze bergen noch eine Unzahl von heilbringenden Substanzen in sich, von denen bislang nur ein Bruchteil entdeckt und erforscht wurde.

Ich wünsche mir, dass uns in dieser Hinsicht noch viele wichtige Entdeckungen bevorstehen, denn die belastete Umwelt, vor allem die der nördlichen Hemisphäre, macht viele Menschen krank, und die symptomorientierte konventionelle Medizin hilft hier – wenn überhaupt – nur vorübergehend.

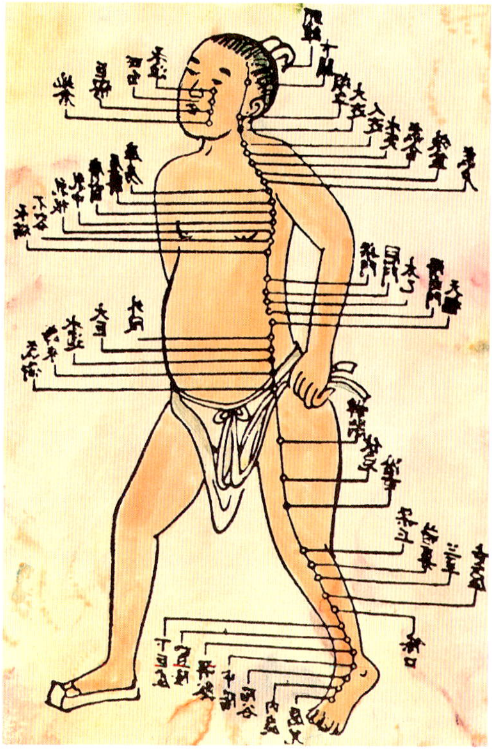

Mein Heilzonen-Konzept basiert ganz wesentlich auf der Chinesischen Medizin, die davon ausgeht, dass die Lebensenergie Qi durch die Meridiane fließt. Hier eine historische Darstellung des Milz-Pankreas-Meridians.

Wir leben alle auf dieser einen Erde, unter der einen Sonne und ernähren uns von den Früchten, die diese Erde trägt. Häufig ist es gar nicht notwendig, nach hilfreichen Heilmitteln so weit entfernt zu suchen: Meiner Meinung nach wachsen in jedem Land für die dort lebenden Menschen die passenden Heilpflanzen. Es gibt auf dieser Erde wahrscheinlich für jede Krankheit eine Pflanze. Schon Paracelsus sagte: »Ernähret Euch von den Früchten, die unter der Sonne wachsen, unter der Ihr lebt!«

Die betroffene Heilzone wird äußerlich mit Tinkturen behandelt.

Mein Heilzonen-Konzept

Aufgrund des begrenzten Umfangs war es nötig, auf ausschweifende fachspezifische Erklärungen zu verzichten und sich stattdessen auf das Wesentliche zu konzentrieren: leicht verständliche und einfach umsetzbare Anleitungen zu geben, um die unterschiedlichsten Beschwerden zu lindern und zu heilen.

Die hier vorgestellte Einteilung des Körpers in 81 Heilzonen stellt natürlich in gewisser Weise eine Vereinfachung dar. Das erklärte Ziel dieses Konzepts ist es aber, Ihnen auf der Basis anerkannter Heilmethoden und langjähriger Erfahrung ein System zur Orientierung an die Hand zu geben, das es Ihnen ermöglicht, sich schnell und effektiv selbst zu helfen.

SO FINDEN SIE IHRE HEILZONE

- **Ordnen Sie die schmerzende Körperstelle mit Hilfe der Grafiken im Buch und in den Buchklappen einer der 81 Heilzonen zu.**
- **Schlagen Sie auf den Seiten 59 bis 139 die entsprechende Heilzonen-Seite auf. Dort ist der zugehörige Meridian angegeben, dessen Blockade wahrscheinlich für Ihre Beschwerden verantwortlich ist.**
- **Für jede der 81 Heilzonen erfahren Sie, welche Behandlungsmöglichkeiten ich zur Auflösung der Energieblockade und zur Linderung Ihrer akuten Beschwerden empfehle.**
- **Sollte es nicht möglich sein, Ihre Beschwerden einer bestimmten Körperstelle zuzuordnen, schlagen Sie unter den Speziellen Krankheitsbildern ab Seite 140 nach.**

DIE EIGENTLICHE URSACHE ERKENNEN

Das Heilzonen-Konzept geht von der Grundannahme der Traditionellen Chinesischen Medizin aus, dass die Entstehung und Aufrechterhaltung aller Funktionen des menschlichen Organismus auf der Lebensenergie Qi basiert. Ein gestörter Energiefluss ruft Gesundheitsstörungen hervor, daher zielt mein Therapiekonzept auf eine Auflösung energetischer Blockaden, um so das Fließgleichgewicht des Qi wiederherzustellen.

So kann zum Beispiel eine Stauung im Gallenblasenmeridian sich durch Hüftbeschwerden, Entzündungen des Hüftgelenks oder Arthrose äußern, da die Leitbahn durch die Hüfte verläuft (Heilzonen 54 und 55, Seite 112 und 113). Das heißt, auch wenn der Patient meine Praxis wegen Hüftschmerzen aufsucht, ist mit großer Wahrscheinlichkeit die Behandlung einer Gallenblasenfunktionsstörung erforderlich. Dieses Beispiel macht deutlich, wie enorm wichtig es ist, Zusammenhänge zwischen Ursache und Wirkung zu erkennen und nicht die Symptome, sondern den Auslöser ins Zentrum von Diagnose und Therapie zu rücken.

Hat die Behandlung der Gallenblasenfunktionsstörung Erfolg, verschwinden nicht nur die Hüftbeschwerden, sondern es kann auch die Entstehung von weiteren Symptomen verhindert werden. Viele Patienten mit starken Beschwerden konnte ich mit einer biologischen Gallenblasenbehandlung schmerzfrei therapieren – und nicht wenige habe ich auf diese Weise davor bewahrt, sich operieren lassen zu müssen.

Wenn Sie also Schmerzen in einer Körperregion, einer Extremität, einem Gelenk oder Muskel verspüren, suchen Sie sich die betreffende Heilzone anhand der Grafiken in den Buchklappen heraus und ermitteln Sie, zu welchem

Mein Heilzonen-Konzept

Homöopathie, Bach-Blüten und Ohrakupressur beschleunigen, gleichzeitig angewendet, die Heilung.

Organ die betroffene Körperpartie in Bezug steht. Auf diese Weise finden Sie selbst schnell heraus, welches der eigentliche Auslöser sein könnte, der Ihre Beschwerden verursacht.

Der nächste Schritt besteht darin, die Ursache zu behandeln. Welche Behandlungsmaßnahmen bei welcher Gesundheitsstörung hilfreich sind, können Sie den jeweiligen Hinweisen auf der Seite entnehmen, auf der die Heilzone beschrieben wird (weitere Einzelheiten zur Anwendung finden Sie auch ab Seite 54).

BEHANDELN MIT »POTENZIERUNGSEFFEKT«

Die Traditionelle Chinesische Medizin kennt viele Maßnahmen, um energetische Blockaden aufzulösen. Die meisten wirken unmittelbar auf das Meridiansystem ein, dem unsichtbaren Leitbahnensystem des Qi, allen voran die Akupunktur, bei der durch Nadelung direkt Einfluss auf die einzelnen Meridiane genommen wird.

Die von mir vorgenommene Einteilung des menschlichen Organismus in 81 Heilzonen orientiert sich an den verschiedenen Leitbahnensystemen bzw. den einzelnen Meridianen. Neben der Akupunktur und Akupressur gibt es viele weitere Therapien, die sich zur Auflösung von energetischen Störungen im Meridiansystem bewährt haben: Homöopathie, Bach-Blütentherapie, Pflanzenheilkunde, Ohrakupressur und Kneipp-Therapie – diese und andere biologische Naturheilverfahren zeichnen sich, einzeln oder in Kombination angewendet, durch ihre ebenso sanfte wie effektive Heilwirkung aus.

Dabei habe ich im Laufe meiner langjährigen Praxis herausgefunden, dass es insbesondere durch die gleichzeitige Anwendung verschiedener Therapien zu einem »Potenzierungseffekt« kommt, der bewirkt, dass sich die Ursache des Leidens schneller und nachhaltiger auflösen lässt. Ich weiß, dass ich mit diesem Ansatz durchaus in Opposition zu vielen Therapeuten stehe, die jeweils nur eine Methode anwenden und zweifellos sehr erfolgreich sind – überzeugende Erfolge, die ich ihnen auch keineswegs absprechen möchte.

Heilpflanzen in Form von Tees und Kräutertinkturen sind ein wichtiger Bestandteil der Behandlung.

Mir ging es jedoch von jeher darum, einem Patienten zu helfen, und das ganz gleich mit welcher Methode. Mein Wahlspruch, der an die Wand gerahmt neben der Eingangstür meiner Praxis hängt, lautet: »Gott ist der Arzt, ich bin nur sein Helfer!« Dem Patienten ist es letztendlich gleichgültig, auf welche Weise er von seinen Beschwerden befreit wird, und ich möchte ihm dabei helfen. Daher wird in diesem Buch viel von der Kombination der einzelnen Heilmethoden die Rede sein. Ob oral eingenommen oder direkt in die betroffenen Meridiane eingerieben – es hat sich für mich immer wieder gezeigt, dass die genannten Naturheilverfahren vor allem in Kombination ihre herausragende Heilwirkung entfalten.

HILFE ZUR SELBSTHILFE

Dieses Buch wurde von mir geschrieben, um dem medizinischen Laien ein Diagnose- und gleichzeitig Therapiebuch in die Hand zu geben, mit dem er viele wichtige Anregungen und praktische Behandlungsmaßnahmen für die »Hilfe zur Selbsthilfe« erhält. Bei beginnenden Beschwerden kann es sehr hilfreich sein und manchen Gang zum Arzt oder Heilpraktiker ersparen, wenn man weiß, welche konkreten Maßnahmen man ergreifen kann, um schon in der Anfangsphase gegen die Auslöser vorzugehen.

Selbstverständlich kann das Buch nicht die Betreuung durch einen Heilpraktiker oder Naturheilarzt ersetzen. Vor allem chronische Krankheiten, die über lange Zeit mit schulmedizinischen Arzneien behandelt wurden, sprechen oft nicht mehr so schnell auf biologische Therapien an. Hier ist Geduld angesagt. Grundsätzlich gilt: »Je akuter die Beschwerden, desto schneller sprechen sie auf eine Behandlung an, je chronischer, desto langsamer!«

Es sollte trotzdem nichts unversucht gelassen werden, die energetische Störung, die die Basis jeder Erkrankung ist, mit sanften Heilmethoden wieder zum Fließen zu bringen. Gelingt es, die Energieblockaden aufzulösen, kommt es oft zu einer erstaunlichen Besserung der Symptome und häufig sogar zur völligen Genesung.

SELBSTHEILUNGSKRÄFTE FÖRDERN

Der Körper versucht immer, sich selbst zu heilen. Deshalb sollte es die grundlegende Aufgabe eines jeden Therapeuten sein, die Selbstheilungskräfte des Körpers zu aktivieren.

Auch Sie können sich diesen Grundsatz zu Eigen machen, indem Sie für sich selbst generell eine gesunde Lebensführung anstreben und bei Gesundheitsstörungen darauf achten, durch begleitende Maßnahmen, wie Schonung, ausreichende Flüssigkeitszufuhr, eventuell Heildiät oder Kneippsche Wasseranwendungen, Ihren Organismus im Kampf gegen Krankheiten und für eine dauerhafte Gesundheit zu unterstützen.

Sie unterstützen Ihre Selbstheilungskräfte indem Sie sich Ruhe gönnen und gesund ernähren.

2

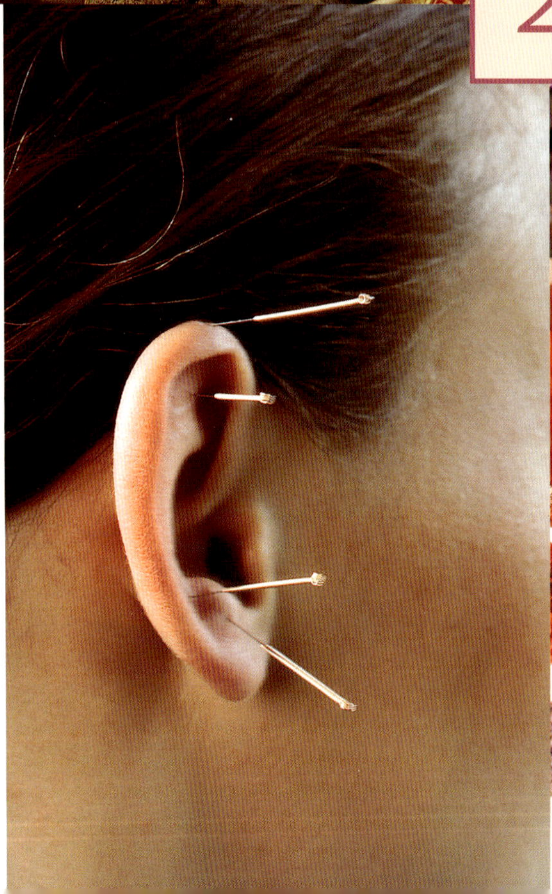

Die wichtigsten Therapieverfahren

- CHINESISCHE MEDIZIN
- OHRAKUPUNKTUR
- HOMÖOPATHIE
- HEILPFLANZEN
- BACH-BLÜTENTHERAPIE
- KNEIPP-THERAPIE
- WEITERE THERAPIEVERFAHREN

Chinesische Medizin

Die Traditionelle Chinesische Medizin (TCM) hat eine mehr als 5000 Jahre alte Geschichte und gehört – neben dem indischen Ayurveda – zu den ältesten überlieferten Gesundheitslehren.

Geprägt von den Philosophien des Konfuzianismus, Buddhismus und Taoismus, entstammt dieses ausgesprochen komplexe Diagnose- und Behandlungssystem der altchinesischen Weltanschauung, die jedoch über die Jahrtausende ständig durch neue Erkenntnisse bereichert und erweitert wurde. Gemäß ihrer engen Verbindung zu einem naturphilosophischen Weltbild zieht die TCM ganz andere Kriterien und Methoden zur Diagnose und Therapie heran, als sie für die westliche Medizin von Bedeutung sind. Beispielsweise kennt die Traditionelle Chinesische Medizin im Gegensatz zu unserer Schulmedizin weder Anatomie noch Physiologie. Die TCM denkt in ganzen Funktionskreisen, die miteinander in Verbindung stehen. Voraussetzung für Gesundheit sind der freie Fluss der Lebensenergie Qi durch die Meridiane (Leitbahnen) und das Gleichgewicht von Yin und Yang im Körper.

ELEMENTE DER CHINESISCHEN MEDIZIN

- Qi, die fließende Lebensenergie
- Yin und Yang, das Gegensatzpaar in allen Dingen
- die fünf Elemente Holz, Feuer, Erde, Metall und Wasser, auch die fünf Wandlungsphasen genannt
- Begriffe wie Wärme und Kälte, Fülle und Leere zur Beschreibung von Krankheiten.

Der berühmte Arzt Zhang Zhong-Jing verfasste vor fast 2000 Jahren einige Grundwerke der Chinesischen Medizin.

Folglich weichen in der TCM auch die Vorgehensweisen bei der Diagnose und Therapie von Erkrankungen von den im Westen üblichen Verfahren ab. So gibt es zum Beispiel in der TCM zwei wichtige, bei uns ungebräuchliche Diagnosesysteme: die Zungendiagnose, die aus Form, Farbe und Beschaffenheit des Zungenkörpers sowie aus Art und Farbe des Zungenbelags auf Krankheiten schließt; die Pulsdiagnose, bei der der Puls – durch Druck auf drei unterschiedliche Positionen am Handgelenk – in verschiedenen Tiefen gemessen wird.

Im Mittelpunkt der TCM-Behandlung steht die Lehre von den Meridianen, in denen die Lebensenergie Qi fließt. Ist der freie Fluss gestört, so werden Methoden wie Akupunktur, Akupressur und Moxibustion, Bewegungsübungen wie Qigong und Tai Chi Chuan, aber auch Massagen, Heilbäder und Atemtherapie eingesetzt. Ebenso wichtig für die Behandlung sind die Erkenntnisse der Ernährungs- und Heilkräuterlehre. Meistens werden diese Therapieformen in Kombination miteinander angewendet.

Yin und Yang

Um die Heilverfahren der Traditionellen Chinesischen Medizin richtig zu verstehen, ist ein Blick auf die chinesische Philosophie und deren Menschenbild hilfreich. Etwa seit dem 3. Jahrhundert v. Chr. bildete sich im alten China eine Betrachtungsweise des Kosmos heraus, nach der zwei Urkräfte, Yin und Yang, mit den fünf Elementen, den vier Jahreszeiten und den vier Himmelsrichtungen zusammenwirken. Alles Geschehen der sichtbaren Welt wird als Ergebnis eines wechselseitigen Rhythmus dieser beiden sich ergänzenden schöpferischen Kräfte verstanden. Ihnen sind Gegensatzpaare zugeordnet:

- Yin steht für das Weibliche, für Verbundenheit mit der Erde, für das Dunkle, Weiche, Feuchte, Passive, Kalte und Schwache.
- Yang steht für das Männliche, für die Himmelskräfte, für das Aktive, Dynamische, Warme, Licht und Stärke.

Hinter dem dualistischen Yin-Yang-Prinzip steht nach Auffassung der chinesischen Gelehr-

CHINESISCHE HEILVERFAHREN

Ist der Fluss der Lebensenergie Qi durch die Meridiane (Leitbahnen) blockiert, nutzt die TCM verschiedene Verfahren, um diese Störungen aufzulösen:

- Akupunktur, die Nadelung wichtiger Punkte im Meridianverlauf
- Akupressur, das Drücken und Reiben wichtiger Punkte im Meridianverlauf
- Massage entlang der Meridiane
- Moxibustion, die Stimulierung bestimmter Punkte entlang der Meridiane mit Wärme
- Heilbäder, um Blockaden zu lösen
- Meridiangymnastik, zur Anregung des Qi
- Arzneimittel aus pflanzlichen, tierischen und mineralischen Substanzen
- Ernährungsempfehlungen und Diäten

ten das »Tao«, was übersetzt so viel wie »Weg«, »Ordnung der Natur« bedeutet. Gemeint ist damit das eigentliche Wesen alles Seienden, der Ursprung, zu dem alle Dinge und Lebewesen wieder zurückkehren. Auch die bereits erwähnte Lebensenergie Qi hat ihren Ursprung im Tao, denn das Tao erzeugt zwischen den gegensätzlichen Kräften Yin und Yang eine Art Spannungsfeld, das wiederum die Lebensenergie Qi hervorbringt.

GESUNDES GLEICHGEWICHT

Zwar werden Yin und Yang als gegensätzliche Pole beschrieben, doch da sie immer gemeinsam vorkommen, bilden sie durch ihr ständiges Ineinanderübergehen erst ein Ganzes. Ein reines Yin ist in der chinesischen Philosophie ebenso undenkbar wie ein reines Yang.

Alle Phänomene und Gesetzmäßigkeiten des Universums ebenso wie die des menschlichen Körpers sind auf die Dynamik dieser beiden gegensätzlichen Pole zurückzuführen. Auf die einzelnen Körperbestandteile und -funktionen bezogen, entspricht z. B. die vordere Seite des Körpers Yin, die Rückseite Yang. Yin-Organe sind alle inneren Körperhöhlen und Vollorgane sowie Knochen und Haut. Knorpel, Sehnen, sämtliche Hohlorgane und alle äußeren Organe sind dagegen Yang-Organe.

Ist das natürliche Fließgleichgewicht der Lebensenergie aus dem Lot geraten, ist auch die enge Wechselbeziehung zwischen Yin und Yang gestört. Umgekehrt ist das Qi dann in seinem Fließen beeinträchtigt, wenn einer der beiden – Yin oder Yang – zu schwach oder zu stark ausgeprägt ist. Das Ziel jeder Heilbehandlung ist daher:

- Energieblockaden aufzulösen
- das Yin-Yang-Gleichgewicht wiederherzustellen.

Akupunktur, Akupressur und Moxibustion, sind also Methoden, die direkt auf die Meridiane und die mit diesen in Zusammenhang stehenden Organe einwirken. Aber auch spezielle Atem-, Meditations- und Bewegungsübungen und eine gesunde Ernährung tragen dazu bei, dass Blockaden aufgelöst und das Qi wieder ungehindert in den Leitbahnen fließen kann.

Die gegensätzlichen Kräfte Yin und Yang sind in allen Dingen enthalten und bilden nur zusammen ein Ganzes.

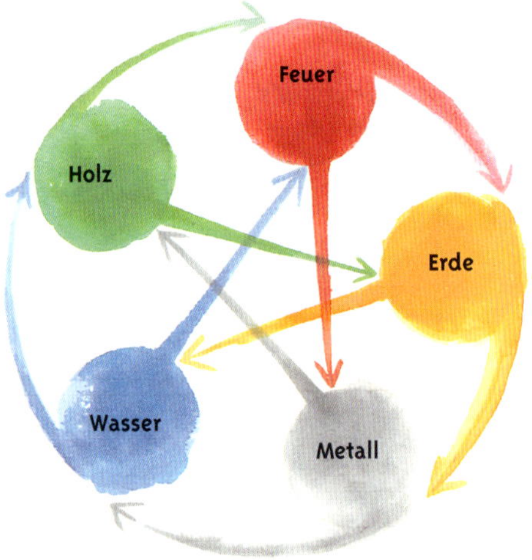

Die fünf Elemente sind in einem stetigen Kreislauf von Unterstützung und Kontrolle miteinander verbunden.

Die fünf Elemente

Neben dem Yin-Yang-Prinzip spielt in der TCM auch die Fünf-Elemente-Lehre eine große Rolle. Die fünf Naturelemente Holz, Feuer, Metall, Wasser und Erde symbolisieren im Wesentlichen alle vitalen Prozesse, wie sie in der Natur vorkommen, die aber auch den einzelnen Körperfunktionen zugrunde liegen. Die fünf Elemente werden auch Wandlungsphasen genannt, die sich in einem Kreislauf der gegenseitigen Erzeugung, aber auch der gegenseitigen Kontrolle befinden. In diesem Sinn bringt ein Element das andere hervor; sie unterstützen und kontrollieren sich zugleich, weshalb keines ohne das andere existieren kann.

Jedem der fünf Elemente sind verschiedenste Aspekte der wahrnehmbaren Welt zugeordnet, wie Himmelsrichtungen, Jahreszeiten, Farben, Geschmacksrichtungen und Körperorgane. Durch die Zugehörigkeit zu einem der Elemente stehen diese Eigenschaften wiederum untereinander in Verbindung. So gehören zum Element Feuer der Süden, der Sommer, die Hitze, die Farbe Rot, der bittere Geschmack und die Organe Herz und Dünndarm, also auch die Herz- und Dünndarmmeridiane (siehe Kasten).

Das Meridiansystem

Nach chinesischer Vorstellung verknüpfen die Meridiane, also die Leitbahnen, durch die das Qi im Körper fließt, alles, was den Menschen ausmacht, zu einem Ganzen. Neben den sichtbaren Systemen der Venen, Arterien, Lymph- und Nervenbahnen durchziehen die Meridiane gewissermaßen als unsichtbares Leitbahnensystem den ganzen Körper. Da sämtliche Meridiane wie ein Netz miteinander verbunden sind, bewirkt eine Störung innerhalb eines Meridians ein Ungleichgewicht, das sich auf den ganzen Körper, auf Geist und Seele auswirkt.

Dieses Leitbahnsystem besteht aus den 12 Hauptmeridianen, denen jeweils 12 Organe zugeordnet sind (siehe ab Seite 152). Außerdem existieren 8 Sondergefäße sowie viele kleine Nebenleitbahnen, die unabhängig von den Organen arbeiten. Bei den Sondergefäßen sind das Zentralgefäß und das Lenkergefäß besonders hervorzuheben, die direkt durch die Körper-

DIE FÜNF ELEMENTE UND IHRE ZUORDNUNGEN

	Holz	Feuer	Erde	Metall	Wasser
Himmels-richtung	Osten	Süden	Mitte	Westen	Norden
Jahreszeit	Frühling	Sommer	Erntezeit	Herbst	Winter
Klima	Wind	Hitze	Feuchtigkeit	Trockenheit	Kälte
Farbe	Grün	Rot	Gelb	Weiß/Grau	Blau
Geschmack	sauer	bitter	süß	scharf	salzig
Organpaar/ Meridiane	Leber/ Gallenblase	Herz/ Dünndarm	Magen/ Milz-Pankreas	Lunge/ Dickdarm	Niere/ Blase

Aus rund 500 verschiedenen Wirkstoffen wird für den Patienten ein individuelles Heilmittel zusammengestellt.

mitte verlaufen. Diese beiden zählt man meist zu den 12 Organmeridianen hinzu, so dass man von insgesamt 14 großen Meridianen ausgehen kann: Lungen- und Dickdarmmeridiane, Magen- und Milz-Pankreas-Meridiane, Herz- und Dünndarmmeridiane, Blasen- und Nieren-Meridiane, Kreislauf- und Dreifacher-Erwärmer-Meridiane, Gallenblasen- und Lebermeridiane sowie die schon erwähnten Zentral- und Lenkergefäß-Meridiane.

ORGANE SIND FUNKTIONSKREISE

Wenn die TCM von »Organen« spricht, dann sind nicht die Organe im Sinn der westlichen Anatomie, sondern immer ganze Funktionskreise gemeint. So betrifft der Lungenmeridian mit der Lunge als zugehörigem Organ zwar die gesamten Atmungsorgane einschließlich der Riechorgane. Neben Atemnot, Erkältungen und Asthma können aber auch Schulter- und Rückenschmerzen, schwitzende Hände oder starker Harndrang sowie Traurigkeit Hinweise auf eine Störung des Lungenmeridians sein.

Ganzheitlich heilen

Die TCM beruht wie alle asiatischen Heilmethoden auf einem ganzheitlichen Verständnis von Gesundheit und Krankheit. Die Behandlung einer Krankheit bleibt daher nicht allein auf die Linderung der körperlichen Symptome beschränkt, sondern es werden immer auch Seele und Geist mit einbezogen. Ziel ist es, das harmonische Zusammenspiel aller Anteile zu fördern, vor allem auch im Sinne einer Stärkung der Selbstheilungskräfte.

Anders gesagt: Krankheit ist ein Prozess, der individuell verläuft, dem jedoch immer ein gestörtes Gleichgewicht der Lebensenergie Qi zugrunde liegt. Klimatische, seelische und konstitutionelle Faktoren können ebenso eine Disharmonie oder Blockade des Energiestroms bewirken wie eine falsche Lebensweise, mangelnde Bewegung oder ungesunde Ernährung. Umgekehrt ist Gesundheit dadurch gekennzeichnet, dass die Energie Qi ständig im Fluss ist und ungehindert durch die Meridiane strömen kann.

INNERLICHE UND ÄUSSERLICHE BEHANDLUNG

Die Ärzte in China wurden lange Zeit dafür bezahlt, dass ihre Patienten gesund waren. Bei Krankheit wurde die Bezahlung eingestellt und erst wieder aufgenommen, wenn der Patient genesen war. Dementsprechend lag der Schwerpunkt der TCM von Anfang an in der Vorsorge.

Um Störungen innerhalb der Leitbahnen aufzulösen, nimmt die TCM direkt auf die Meridiane Einfluss, und zwar äußerlich mittels Druck (Akupressur und Massage), Nadelung (Akupunktur), Wärme (Moxibustion oder Heilbäder) oder einer speziellen Meridiangymnastik.

Glimmendes Beifußkraut wird bei der Moxibustion über die Akupunkturpunkte gehalten.

Ergänzt wird eine Behandlung durch die innerliche Anwendung von Arzneimitteln aus tierischen, pflanzlichen und mineralischen Substanzen und durch spezielle Diäten. Die Rezepte werden immer genau auf die individuellen Bedürfnisse des Patienten abgestimmt.

AKUPUNKTUR UND MOXIBUSTION

Die bekannteste Methode der TCM ist die Akupunktur. Dabei wird auf das zirkulierende Qi durch Stiche mit sehr feinen Nadeln an bestimmten Reizstellen, den so genannten Akupunkturpunkten, eingewirkt. Diese Punkte befinden sich direkt auf dem Verlauf der Meridiane – man kennt etwa 600 Akupunkturpunkte. Die Nadelung kann an diesen Punkten Energieblockaden auflösen und das Qi wieder zum Fließen bringen und damit auf sanfte Weise viele Erkrankungen und Befindlichkeitsstörungen lindern und heilen.

Aufgrund der großen Heilerfolge insbesondere bei Schmerzzuständen und chronischen Leiden kommt die Akupunktur inzwischen zunehmend auch in der Schulmedizin zum Einsatz. Eine Variante der Akupunktur ist die Moxibustion oder Moxabehandlung, bei der der therapeutische Effekt durch lokale Hitzeeinwirkung zustande kommt.

Akupressur ist leicht zu erlernen und daher für die Selbstbehandlung gut geeignet.

Chinesisches Beifußkraut wird zu einer »Moxazigarre« gerollt, angezündet und dicht an den jeweiligen Akupunkturpunkt gehalten. Oder kleine Mengen des Krauts werden auf speziellen Akupunkturnadeln befestigt und ebenfalls über dem Akupunkturpunkt zum Glimmen gebracht. Durch die genau platzierte Wärme wird ebenfalls der Energiefluss im Meridian angeregt.

AKUPRESSUR UND MERIDIANMASSAGE EIGNEN SICH ZUR SELBSTBEHANDLUNG

Verglichen mit der Akupunktur hat die Akupressur eine schwächere Wirkung, doch kann diese Behandlungsmethode leichter erlernt werden, weshalb sie sich gut zur Selbstbehandlung eignet. Durch eine bestimmte Drucktechnik mit einem oder mehreren Fingern werden die gewünschten Akupunkturpunkte stimuliert. Voraussetzung ist, man kennt die jeweilige Lage der einzelnen Akupunkturpunkte. Akupressur eignet sich vor allem zur Behandlung von Allgemeinbeschwerden, wie etwa Atembeschwerden, Rücken-, Bauch- oder Kopfschmerzen.

Besonders empfehlen möchte ich an dieser Stelle die Meridianmassage, die sich besonders gut zur Selbstbehandlung eignet. Sie zielt ebenfalls darauf ab, den gestörten Energiefluss in den Leitbahnen anzuregen und Energieblockaden wieder aufzulösen. Bei Schmerzen oder anderen Beschwerden wird der Meridian, der durch das Erkrankungsgebiet verläuft, durch Auf- und Abstreichung mit der Hand oder den Fingern massiert. Die Heilwirkung wird noch gesteigert, wenn bei der Massage Heilkräutertinkturen, Homöopathika, Bach-Blütenessenzen oder Salben mit eingerieben werden. Die mechanische Reibung in Kombination mit den Wirkstoffen bewirkt eine Potenzierung des Heileffektes.

Ohrakupunktur

Die Ohrakupunktur ist eine Sonderform der Akupunktur und gehörte in der Traditionellen Chinesischen Medizin bereits um 200 v. Chr. zu den gebräuchlichen Heilmethoden. Davon ausgehend, dass zwischen den einzelnen Ohrarealen und bestimmten Körperregionen reflektorische Zusammenhänge bestehen, zielt die Therapieform darauf ab, durch gezielte Nadelung von Ohrpunkten aus dem Lot geratene Körperfunktionen wieder zu harmonisieren.

Auch Hippokrates erwähnt die Wirksamkeit der Ohrakupunktur und empfahl sie unter anderem zur Behandlung von Potenzstörungen bei Männern. Die alten Ägypter setzten das Stechen bestimmter Ohrpunkte bei Frauen zur Empfängnisverhütung ein. Über die Jahrhunderte geriet die Behandlungsmethode jedoch in Vergessenheit.

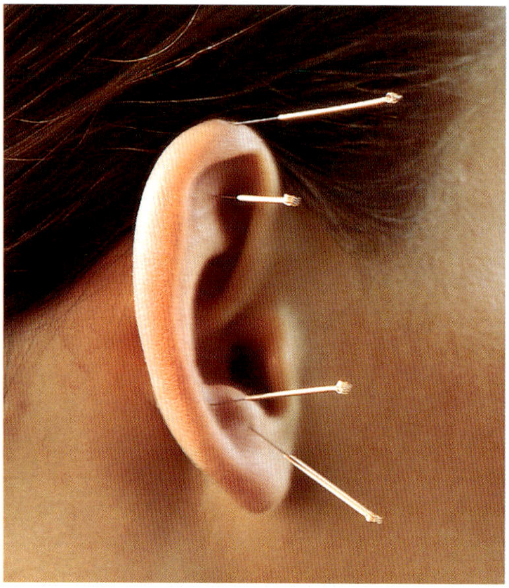

Feine Akupunkturnadeln im Ohr üben einen reflektorischen Reiz auf die zugehörigen Körperorgane aus.

EIN ALTES SYSTEM NEU ENTDECKT

Dass die Ohrakupunktur oder Aurikulotherapie, wie die Behandlungsform in der Fachsprache genannt wird, heute ein anerkanntes und von der Körperakupunktur unabhängiges Akupunktursystem zur Behandlung verschiedener Erkrankungen ist, ist dem französischen Arzt Paul F. M. Nogier (bei dem ich noch Seminare besucht habe) zu verdanken.

Er begann um 1950 damit, die einzelnen Reflexzonen der Ohrmuschel systematisch zu untersuchen und seine Forschungsergebnisse in einschlägigen Fachzeitschriften zu veröffentlichen. Dabei knüpfte Paul Nogier an die Vorstellung der überlieferten Heillehren an, wonach sich der menschliche Körper auf der Ohrmuschel gewissermaßen als Schema wiederfindet. Das heißt, die einzelnen Organe, Gewebe, Gelenke, Wirbelsäule, Nerven, aber auch die Psyche korrespondieren mit verschiedenen Bereichen der Ohrmuschel.

Werden diese Zonen durch Akupunktur stimuliert, wird der Reiz auf reflektorischem Weg an das dem Ohrpunkt zugeordnete Organ, Gelenk oder den Körperbereich weitergeleitet. Insgesamt 108 Ohrpunkte umfasst das von Nogier entwickelte System, mit dem Krankheiten des ganzen Körpers erkannt und durch Akupunktur behandelt werden können.

OHRAKUPUNKTUR ZUR SCHMERZTHERAPIE

Die Ohrakupunktur hat sich insbesondere zur Behandlung von akuten und chronischen Schmerzzuständen bewährt, etwa bei Neuralgien, Kopf- oder Zahnschmerzen. Aber auch Erkrankungen des Stütz- und Bewegungsapparates, Schlafstörungen oder menstruationsbedingte Beschwerden können durch die Ohrakupunktur gelindert und sogar geheilt werden. Darüber hinaus wird die Ohrakupunktur inzwischen auch als unterstützende Therapie bei Suchterkrankungen, wie etwa Alkohol- oder Nikotinsucht, mit Erfolg eingesetzt.

Die Untersuchung der Ohrmuschel kann außerdem wertvolle Hinweise auf die Beteiligung erkrankter Organe oder Körperabschnitte liefern. Weist ein Ohrareal krankhafte Veränderungen auf, etwa wenn es gerötet ist oder auf leichten Druck schmerzempfindlich reagiert, lässt dies den Rückschluss zu, dass die Funktion des zugeordneten Organs gestört ist.

Nach eingehender Untersuchung, die auch die Ohrmuschel mit einbezieht, werden die Ohrpunkte von einem erfahrenen Therapeuten mit dünnen Nadeln für etwa 20 bis 45 Minuten akupunktiert. Dabei wirken die Stiche – wie bei der Körperakupunktur – durch eine Reizung der Nerven an der Ohroberfläche reflektorisch auf die korrespondierenden inneren Organe und Körperbereiche.

Zur Therapie von chronischen Schmerzsyndromen oder akuten Schmerzen des Bewegungsapparates kann eine Verstärkung des Reizes durch Elektrostimulation sinnvoll sein.

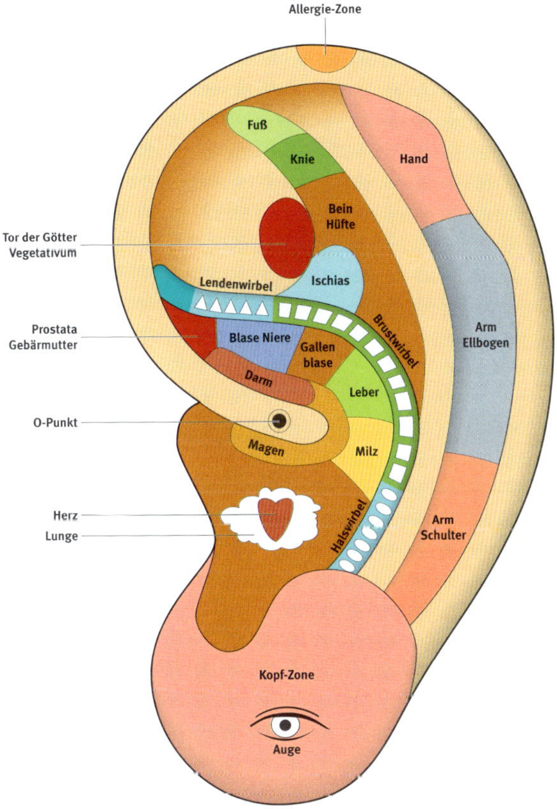

Die Körperareale und inneren Organe finden sich als Reflexpunkte auf der Ohrmuschel wieder (siehe auch vergrößerte Abbildung auf der hinteren Buchklappe).

OHRAKUPRESSUR

Eine Variante ist die Ohrakupressur, die hervorragend zur Selbstbehandlung geeignet ist und die ich deshalb immer wieder empfehle. Die Ohrareale können auch durch gezielten Druck aktiviert werden. Dazu eignen sich zum Beispiel Wattestäbchen, mit denen man die entsprechenden Punkte kreisend massiert.

Wird das Wattestäbchen zusätzlich mit Heilkräutertinkturen, Homöopathika oder Bach-Blüten getränkt, erhöht sich die Heilwirkung noch um einiges mehr (siehe Seite 166).

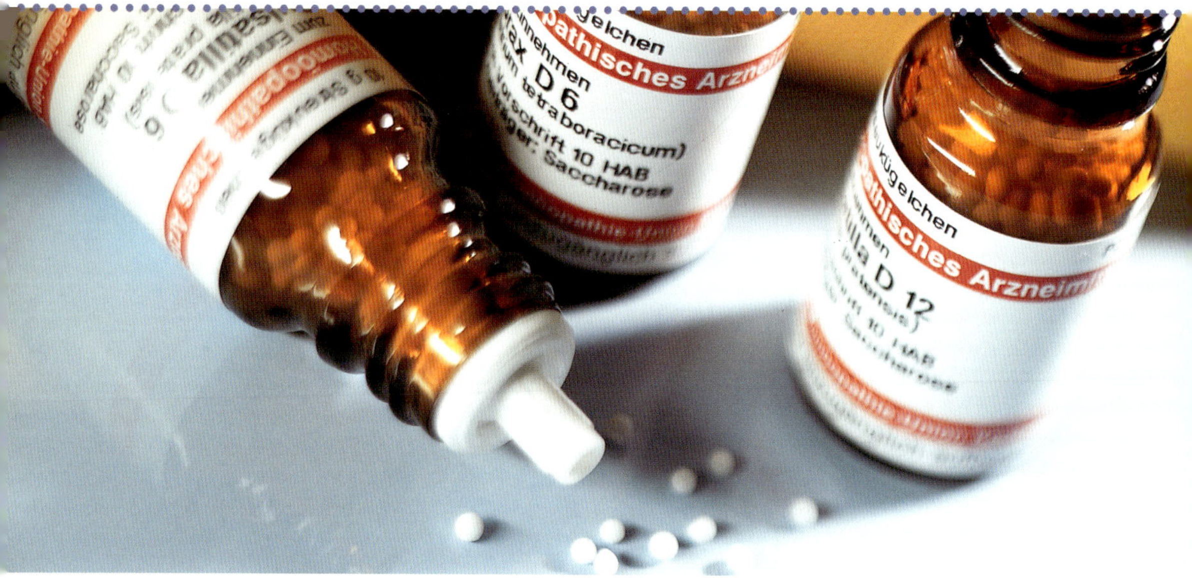

Homöopathie

»Similia similibus curentur«, was so viel heißt wie: »Ähnliches möge mit Ähnlichem geheilt werden« – auf diesem Wirkprinzip beruht die Homöopathie, die vor etwa 200 Jahren von dem deutschen Arzt Samuel Hahnemann begründet wurde.

Der Gedanke, dass das, was den Menschen krank macht, ihn auch heilen kann, findet sich schon bei Hippokrates und Paracelsus. Doch erst der Meißener Mediziner, Apotheker und Chemiker Samuel Hahnemann (1755–1843) führte auf der Grundlage des Ähnlichkeitsprinzips systematisch wissenschaftliche Untersuchungen durch und baute es zu einer umfassenden Heilmethode aus. Hahnemann lebte und arbeitete in einer Zeit, in der es üblich war, mit teilweise drastischen Methoden, wie Aderlass und hochgiftigen Quecksilberpräparaten, zu therapieren – Behandlungsformen, denen Hahnemann ausgesprochen kritisch gegenüberstand. Es drängte ihn, Alternativen zu finden, die lindern und heilen, ohne schwere Nebenwirkungen hervorzurufen.

Heilen nach dem Ähnlichkeitsprinzip

Im Jahr 1790 unternahm Hahnemann einen Selbstversuch mit Chinarinde, um die Behauptung des schottischen Pharmakologen Cullen zu überprüfen, dies bis dahin vorwiegend gegen Malaria eingesetzte Mittel habe eine magenstärkende Wirkung. Der Eigenversuch brachte ein überraschendes Ergebnis: Durch die Einnahme des Mittels stellten sich bei Hahnemann genau die gleichen Symptome ein, wie sie auch für die Malaria typisch sind. Daraus schloss er, dass die Chinarinde deshalb Malaria heilen kann, weil sie beim Gesunden ähnliche Symptome hervorruft, wie sie für die Krankheit typisch sind.

DAS SYMPTOMENVERZEICHNIS

Von nun an testeten er und seine Schüler in zahlreichen Selbstversuchen pflanzliche, tierische und mineralische Substanzen, um herauszufinden, ob es sich bei dem Phänomen des Chinarinden-Experiments tatsächlich um eine Gesetzmäßigkeit handelt. Um ein möglichst vollständiges Bild von allen auftretenden Symptomen und individuellen Reaktionen der Testpersonen auf die Einnahme der Mittel zu erhalten, wurden die Ergebnisse dieser Arzneimittelprüfungen sehr genau dokumentiert.

Dieses Symptomenverzeichnis, das auch als Arzneimittelbild bezeichnet wird, wurde schon bald zur Grundlage für die homöopathische Behandlung von Krankheiten: Aufgrund der Arzneimittelbilder war es möglich, genau diejenige Substanz zu ermitteln, deren Symptome den Beschwerden eines Kranken am ähnlichsten waren. Und tatsächlich: In den meisten Fällen wurden die Patienten innerhalb von ein paar Tagen wieder vollständig gesund.

DIE ARZNEIVERDÜNNUNG

Gemäß dem Grundsatz, möglichst alle Substanzen zu testen, die die Natur bereithält, schreckten Hahnemann und seine Schüler bei ihren Eigenversuchen auch vor der Einnahme hoher Dosen unverträglicher Stoffe nicht zurück. Da die innerliche Anwendung von derart giftigen Substanzen wie Arsen oder Tollkirsche jedoch naturgemäß heftige Reaktionen auslöste, galt es, ein Verfahren zu entwickeln, das die unerwünschten Nebenwirkungen abmilderte.

Wie Hahnemann auf das spezielle Arzneiverdünnungsverfahren kam, das zusammen mit der Potenzierung bis heute die Grundlage der homöopathischen Arzneimittelherstellung bildet, ist nicht genau bekannt. Fest steht: Er begann, die Ausgangssubstanzen so zu verdünnen, dass zwar die negativen Begleiterscheinungen eingedämmt wurden, nicht aber das Wirkprinzip insgesamt beeinträchtigt wurde.

DAS HOMÖOPATHISCHE POTENZIERUNGSVERFAHREN

»Verschütteln« und »Verdünnen« – auf diesen beiden Verfahren basiert die so genannte homöopathische Arzneimittelpotenzierung. Die Grundsubstanz wird im Verhältnis 1:10 verdünnt (=D1) und mit 10 Schlägen verschüttelt. Dadurch wird die Heilkraft der Ausgangssubstanz »dynamisiert«, das heißt, sie gibt ihre spezifischen Eigenschaften an das jeweilige Lösungsmittel ab. Für die nächste Verdünnungsstufe D2 wird 1 Teil von D1 wieder 1:10 verdünnt und er-

Samuel Hahnemann testete in zahlreichen Selbstversuchen die Wirkung seiner Medikamente aus.

Pflanzliche, tierische und mineralische Substanzen bilden die Ausgangsstoffe für homöopathische Mittel.

neut mit 10 Schüttelschlägen potenziert, u.s.w. Für C-Potenzen gilt das gleiche mit Verdünnungen von 1:100 und 100 Schüttelschlägen.

HOHE UND TIEFE POTENZEN

Hochpotenzen: (C30 bis C50 000 und LM-Potenzen) Je höher die Potenz , desto exakter muss das Arzneimittelbild mit den Krankheitssymptomen übereinstimmen. Dann ist der Effekt rasch und tief greifend und wirkt auf die körperliche und geistig-seelische Befindlichkeit.
Mittlere Potenzen: (D12 bis D30) Müssen nicht so exakt wie die Hochpotenzen mit den einzelnen Symptomen übereinstimmen. Hier beginnt aber bereits die Einflussnahme auf den geistig-seelischen Bereich.
Tiefe Potenzen: (D1 bis D12) Zeichnen sich durch eine breite, aber eher oberflächliche Wirkung aus. In diesem Sinn zielt eine Behandlung mit tiefen Potenzen vor allem auf den körperlichen Aspekt einer Erkrankung.

DIE AUSGANGSSUBSTANZEN

Homöopathische Mittel werden aus pflanzlichen, mineralischen und tierischen Substanzen, in manchen Fällen auch aus Krankheitserregern (Nosoden) hergestellt. Alle festen Stoffe, die sich nicht in Wasser oder Alkohol auflösen lassen, werden nicht verdünnt, sondern mit Milchzucker im entsprechenden Verhältnis verrieben. Diese Mittel stehen dann als Pulver oder in Tablettenform zur Verfügung. Alle anderen Stoffe werden zum Verdünnen mit Wasser oder Alkohol verschüttelt und werden als Tropfen oder Zuckerkügelchen (Globuli) eingenommen.

Zur Anwendung homöopathischer Mittel siehe Seite 167.

Bestimmung der Symptome

Egal, ob man sich in die Praxis eines erfahrenen Homöopathen begibt oder ob man die Homöopathie zur Selbstbehandlung heranzieht: Grundvoraussetzung für eine erfolgreiche homöopathische Therapie ist die exakte Bestimmung der Krankheitssymptome.

Bei der Symptombestimmung stehen vor allem jene Beschwerden im Vordergrund, die in ihrer individuellen Ausprägung nur für diesen einen Patienten charakteristisch sind. Dahinter steht der ganzheitliche Ansatz, wonach eine Krankheit niemals isoliert betrachtet werden kann, sondern immer in Bezug auf den einzelnen Menschen, seine ihm eigenen Beschwerden, seine Konstitution, aber auch seine Denk- und Lebensweise betrachtet werden muss.

So spielen die jeweilige Stimmungslage oder die Umstände, die zum Ausbruch der Erkran-

Das häufig verwendete Mittel »Pulsatilla« wird aus der zarten Küchenschelle gewonnen.

kung geführt haben, eine ebenso wichtige Rolle wie die Frage, wo und wann sich die Symptome bemerkbar machen und wie sie sich konkret äußern. Daher müssen alle Veränderungen im seelischen, geistigen und körperlichen Bereich sorgfältig registriert werden. Wenn jemand z.B. unter einem akuten Schnupfen leidet, reicht es nicht aus, festzustellen, dass die Nase verstopft ist. Da die Homöopathie mehr als 200 Mittel kennt, die bei einer Erkältung hilfreich sein können, sind weitere Informationen nötig, um das passende Homöopathikum zu ermitteln.

In diesem Sinn geht der Mittelwahl immer eine intensive Selbstbeobachtung voraus, um möglichst alle Aspekte der Krankheit zu erfassen.

HOMÖOPATHISCHE POTENZEN

D-Potenzen

- Zehner-Potenzen (lateinisch decem = 10), Verdünnung 1:10
- D-Potenzen sind als tiefe Potenzen für die Selbstbehandlung am besten geeignet (D1 bis D12). Die gängigsten Stufen sind D4 und D6.
- Im Bereich von D12 bis D30 zählen sie bereits zu den mittleren Potenzen.

C-Potenzen

- Hunderter-Potenzen (lateinisch centum = 100), Verdünnung 1:100
- In der Praxis wendet man C-Potenzen häufig in den Potenzstufen C12, C30, C200 an.
- Als Hochpotenzen werden sie von C1000 bis zu C 50 000 eingesetzt.

LM-Potenzen

- Lateinische Schreibweise LM für 50 000, Verdünnung 1:50 000
- LM-Potenzen gehören naturgemäß zu den Hochpotenzen.

Die Wahl des richtigen Mittels

Neben der Wahrnehmung und Beschreibung verlangt auch die Auswertung der Beschwerden nach größter Sorgfalt und Genauigkeit. Hierfür steht dem Homöopathen ein umfassendes Symptomverzeichnis (Repertorium) zur Verfügung, das die klinischen Erfahrungen der letzten 200 Jahre enthält und mehr als 2000 Mittel umfasst. So kann er vergleichen, welche Arznei aufgrund der aufgelisteten Symptome dem Krankheitsbild am ehesten entspricht.

Auch Laien sollten bei der Mittelwahl einen Beschwerdekatalog zu Hilfe nehmen. Im Handel sind inzwischen Bücher mit leicht verständlichen Symptom- und Mittelbeschreibungen erhältlich, die die Bestimmung des passenden Mittels erheblich erleichtern.

TYPISCHE REAKTIONEN AUF DIE HOMÖOPATHISCHE BEHANDLUNG

Grundsätzlich gilt: Je heftiger und akuter die Beschwerden sind, um so rascher hilft das Mittel. Je länger der Krankheitszustand aber schon besteht, desto länger dauert es, bis das Mittel wirkt und die Krankheit abgeklungen ist.

Von der spontanen Besserung bis hin zur so genannten Erstverschlimmerung kennt die Homöopathie einige typische Reaktionen auf die Mitteleinnahme.

Der Idealfall: Die homöopathische Behandlung einer akuten Erkrankung mit dem passenden Mittel bewirkt nicht selten eine rasche Besserung der Symptome: Im günstigsten Fall können Beschwerden innerhalb von wenigen Stunden vollständig verschwinden.

Die Erstverschlimmerung: Die Homöopathie kennt das Phänomen der so genannten Erstverschlimmerung oder Erstreaktion. So kommt es manchmal unmittelbar nach Einnahme des Mittels zu einem kurzfristigen Aufflackern oder gar einer Verstärkung der Beschwerden, die sich aber schon nach kurzer Zeit deutlich bessern. Die Erstverschlimmerung ist ungefährlich und wird in der Homöopathie als positives Zeichen gewertet, dass das Mittel richtig gewählt wurde.
Die Wirkung lässt nach: Für den Fall, dass nach anfänglicher Besserung die Wirkung nachlässt und die gleichen Symptome verstärkt wieder auftreten, sollte die Einnahme des Mittels noch einmal wiederholt werden. Nehmen Sie eine homöopathische Beratung in Anspruch, wenn sich auch nach neuerlicher Mittelgabe die Symptome nach ein paar Stunden wieder bemerkbar machen.
Die falsche Mittelwahl: Bleiben die Beschwerden trotz Mitteleinnahme bestehen, treten noch andere Symptome auf oder werden sie gar allmählich schlimmer, weist dies auf ein falsch gewähltes Mittel hin, das nicht hilft. In so einem Fall empfiehlt es sich, die ermittelten Symptome noch einmal genau durchzugehen und zu überprüfen, welches andere Mittel aufgrund der Beschreibung noch in Frage kommt. Kann auch dieses Homöopathikum die Erkrankung nicht bessern, sollten Sie sich an einen erfahrenen homöopathischen Therapeuten wenden.

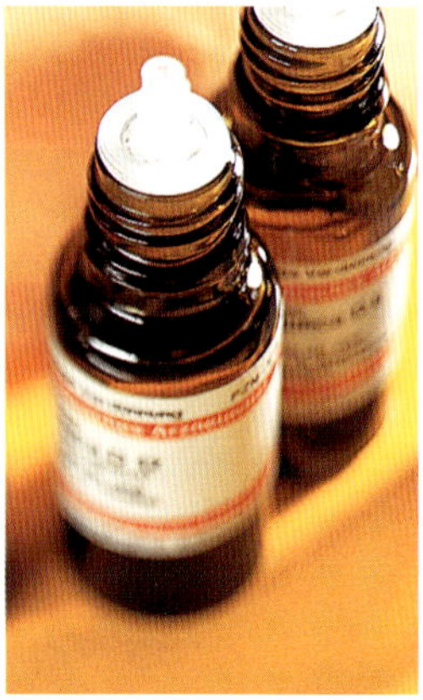

Besonderheiten

KONSTITUTIONSBEHANDLUNG

Während bei akuten Erkrankungen akut wirkende Mittel verordnet werden, kommen zur Behandlung von Beschwerden, die immer wieder auftreten, so genannte Konstitutionsmittel zum Einsatz. Diese Mittel beeinflussen die Gesamtheit aller geistigen, seelischen und körperlichen Eigenschaften eines Menschen – die Konstitution. Bei chronischen Krankheiten können mit dem Einsatz von Hochpotenzen, die besonders tief greifend wirken, außergewöhnliche Heilerfolge erzielt werden.

NOSODENTHERAPIE

Werden Homöopathika aus Krankheitserregern hergestellt und zur Therapie ebendieser Erkrankung eingesetzt, spricht man von Nosodentherapie. Ein in der Praxis häufig eingesetztes Beispiel sind Herpes-Viren, die in homöopathischer Verdünnung zur Therapie von Herpes-Infektionen verwendet werden. Nosoden können auch zur Vorbeugung gegen Infektionen – ähnlich einer Impfung – genutzt werden.

HOMÖOSINIATRIE

Diese Behandlungsmethode kombiniert die Erfahrungen der Homöopathie mit denen der Akupunktur aus der Chinesischen Medizin (siehe Seite 25). Dabei wird das zu einer Erkrankung passende homöopathische Mittel an geeigneten Akupunkturpunkten unter die Haut injiziert. Dadurch ist eine Beschleunigung des Heileffektes möglich.

Heilpflanzen

Die Anwendung von Pflanzen zu Heilzwecken ist eine der ältesten Therapieformen: Über Jahrtausende hinweg waren sie nahezu die einzigen Heilmittel, die zur Verfügung standen, um Krankheiten zu behandeln. Bis heute setzen rund zwei Drittel der Weltbevölkerung die vielfältigen therapeutischen Möglichkeiten von Pflanzen ein.

Alte Tradition und moderne Wissenschaft

Traditionelle Heillehren wie das indische Ayurveda, die Chinesische Medizin oder die Naturmedizin der Indianer nutzen ebenso die ganzheitlichen Heilkräfte der Pflanzen wie die jüngeren Therapieformen Homöopathie oder Bach-Blütentherapie. Die Phytotherapie, wie die Pflanzenheilkunde in der Fachsprache genannt wird, ist und bleibt aber auch ein wichtiger Teilbereich der westlichen Medizin. Zwar standen Phytotherapeutika hierzulande lange Zeit im Schatten synthetisch hergestellter Medikamente. Die Tatsache, dass die Einnahme von chemischen Präparaten jedoch teilweise starke Nebenwirkungen hervorrufen kann, hat mit dazu beigetragen, dass man inzwischen wieder verstärkt die Kräuterapotheke der Natur als primäre oder begleitende Therapie zur Behandlung von Erkrankungen und Befindlichkeitsstörungen heranzieht.

Immerhin ist es nicht zuletzt der streng an der Naturwissenschaft orientierten Schulmedizin zu verdanken, dass die Inhaltsstoffe und Wirkweisen vieler Pflanzen inzwischen genau erforscht und als so genannte standardisierte Pflanzenextrakte in Tabletten-, Pulver-, Salben- oder Tropfenform auf dem Arzneimittelmarkt erhältlich sind. Dennoch gibt es immer noch eine ganze Reihe von Pflanzen, bei denen nach wie vor nicht genau geklärt ist, weshalb sie ihre seit Jahrhunderten bekannten Heilwirkungen besitzen.

HILDEGARD UND PARACELSUS

Trotz aller naturwissenschaftlichen und pharmazeutischen Erkenntnisse über die spezifischen Inhaltsstoffe und Wirkweisen der Phytopharmaka ist und bleibt die jahrhundertealte Überlieferung der Volksmedizin die Basis auch der heutigen Pflanzenheilkunde. Berühmte Ärzte der Antike wie Hippokrates (460–377 v. Chr.), aber auch die »Botanikärzte« des Mittelalters Hildegard von Bingen (ca. 1100–1179) und Paracelsus (1493–1541) haben sich durch Lehre, Forschung und Niederschrift ihres Wissens- und Erfahrungsschatzes um die Pflanzenheilkunde besonders verdient gemacht.

So hinterließ die Äbtissin Hildegard von Bingen als Verfasserin einer umfangreichen Pflanzen-Enzyklopädie (»Physica«) und als Mitbegründerin der Naturheilkunde in Deutschland der Nachwelt einen großen Heilmittelschatz, auf den die moderne Pflanzenheilkunde bis heute zurückgreift.

Der gelbe Enzian hat den höchsten Bitterwert aller einheimischen Pflanzen.

Die Pestwurz gehört zu den wirksamsten Schmerzmitteln in unseren Breiten.

Ebenso wegweisend für die Weiterentwicklung der Heilkräutermedizin war die »Signaturenlehre« von Paracelsus. Er ging davon aus, dass das Aussehen und die Farbe einer Pflanze auf ihre medizinische Verwertbarkeit verweise. Paracelsus verordnete z. B. bei Kopfschmerzen Walnüsse, da die Struktur der halbierten Nüsse der des Gehirns ähnelt. Damals war der Begriff »Phytotherapie« noch unbekannt – dieser wurde erst Ende des 19. Jahrhunderts von dem französischen Arzt Henri Leclerc (1870–1955) in die medizinische Literatur eingeführt.

Die Inhaltsstoffe

Die Heilkraft einer Pflanze hängt nicht nur von der Art der Inhaltsstoffe und ihrer Konzentration, sondern auch von dem spezifischen Zusammenspiel der Wirkstoffe untereinander ab.

So gibt es Hauptwirkstoffe, die für den menschlichen Organismus von großem medizinischen Nutzen sind, und Neben- oder Begleitstoffe, die für sich allein genommen über keine nennenswerten therapeutischen Effekte verfü-

Von dem Heilwissen des mittelalterlichen Arztes Paracelsus profitieren wir noch heute.

gen. Zahlreiche Versuche, bei denen man die Hauptwirkstoffe einer Pflanze von den anderen Inhaltsstoffen isolierte, haben jedoch ergeben, dass erst das Zusammenspiel aller Inhaltsstoffe der Heilpflanze ihre volle Wirkung verleiht.

DIE WICHTIGSTEN WIRKSTOFFGRUPPEN

Alkaloide gehören zu den am stärksten wirkenden Inhaltsstoffen und sind in hohen Dosen giftig, weshalb pflanzliche Arzneien mit einem hohen Alkaloidanteil verschreibungspflichtig sind. Unter der Aufsicht eines erfahrenen Therapeuten können jedoch Alkaloide, wie das schmerzstillende Morphin oder das krampflösende Atropin aus der Tollkirsche, viele Beschwerden erleichtern.

Ätherische Öle sind leicht flüchtige Pflanzenstoffe mit aromatischem Duft, die meist aus zahlreichen chemischen Verbindungen bestehen. Viele Aromaöle haben ganz spezifische Eigenschaften wie Teebaumöl gegen Hautkrankheiten oder das Vetiveröl gegen Konzentrations- und Schlafstörungen.

Empfehlenswert zur Stärkung des Immunsystems: Essen Sie täglich ein Blatt oder eine Blüte der Kapuzinerkresse.

Bitterstoffe bilden zwar eine eigene Wirkstoffgruppe, sind jedoch in ihrer chemischen Struktur sehr uneinheitlich. Kommen sie in erhöhter Konzentration in einer Pflanze vor, wie z.B. in den Bitterpflanzen Enzianwurzel, Tausendgüldenkraut, Schafgarbe und Löwenzahn wirken sie verdauungsfördernd. Bereits der bittere Geschmack übt über die Geschmacksknospen der Zunge einen Einfluss auf alle Verdauungsorgane und -funktionen aus.

Flavonoide ist ein Sammelbegriff für Stoffe mit ähnlicher chemischer Grundstruktur, die sich aber in ihren Wirkungen voneinander unterscheiden. So hat Kamille krampflösende, die Raute vor allem entzündungshemmende Eigenschaften.

Gerbstoffe finden sich in vielen Heilpflanzen, wie Eichenrinde und Blutwurz, und zeichnen sich durch ihre entzündungshemmenden und wundheilungsfördernden Eigenschaften aus. Sie leisten gute Dienste bei entzündeten Schleimhäuten, kleineren Wunden, aber auch bei Durchfallerkrankungen.

Saponine, die z. B. in Ginseng oder der Taigawurzel enthalten sind, gehören zur Gruppe der pflanzlichen Glykoside, die sehr unterschiedliche Heileffekte haben können. Einige saponinhaltige Pflanzen werden als schleimlösende und entzündungshemmende, andere als belebende oder entwässernde Mittel eingesetzt. Doch ist im Umgang mit einigen saponinhaltigen Heilpflanzen Vorsicht geboten, da eine Überdosierung Magen- und Darmschleimhautreizungen hervorrufen kann.

Umschläge mit Beinwell helfen – wie schon der Name sagt – bei Verletzungen und Prellungen.

BLÜTEN, BLÄTTER ODER WURZELN?

Die Wirkstoffe sind in einer Pflanze nicht gleichmäßig verteilt. In der Regel werden diejenigen Pflanzenteile zu Heilzwecken verwendet, in denen die Konzentration am höchsten ist. So kann sich die therapeutisch wertvolle Substanz finden in

- den Blüten (Kamillen- und Lindenblüten)
- den Blättern (Brennnessel und Melisse)
- der Wurzel (Enzian- und Kalmuswurzel)
- den Samen (Senfsamen) oder
- der Rinde (Condurango- und Eichenrinde).

Schleimstoffe sind kohlenhydrathaltig und quellen im Wasser stark auf. Die reizmildernde Wirkung von Schleimdrogen, zum Beispiel von Eibischwurzel oder Malve, wird bevorzugt bei Verdauungsproblemen sowie zur Linderung von Entzündungen im Mund- und Rachenbereich herangezogen.

Tees und Tinkturen

Es gibt eine ganze Reihe von innerlichen und äußerlichen Anwendungsformen, allen voran der Kräutertee, der als heißer Auszug (für Blüten und kleine Pflanzenteile) oder als Kaltauszug (für Wurzeln und Rinden) zubereitet wird. Außer der üblichen innerlichen Anwendung sind auch in Tee getränkte Umschläge und Wickel hilfreich, so zum Beispiel bei Hauterkrankungen oder Muskelschmerzen.

Kräutertinkturen sind Alkoholauszüge aus einer oder mehreren Pflanzen. Sie eignen sich äußerlich für Spülungen und Einreibungen, aber auch innerlich zur Einnahme einiger weniger Tropfen in Wasser.

Darüber hinaus sind Heilpflanzenextrakte auch in Salben und Badezusätzen enthalten und dienen dann oft der Schmerzlinderung und Muskelentspannung.

Viele pflanzliche Wirkstoffe gibt es heute auch standardisiert in Form von Tabletten und Dragees zur Einnahme in Apotheken zu kaufen. Zur Anwendung von Heilpflanzen siehe auch Seite 170.

HEILPFLANZEN MIT NEBENWIRKUNGEN

Wer mit den Heilwirkungen der Kräutermedizin vertraut ist, weiß, dass auch Heilpflanzen Nebenwirkungen haben können. Schon allein deshalb sollten Teekuren oder Langzeittherapien nur unter Aufsicht eines Therapeuten erfolgen. Wer jedoch seine Gesundheitsstörungen genau kennt und mit pflanzlichen Arzneimitteln verantwortungsbewusst umgeht, kann darauf vertrauen, dass die Behandlung mit Heilkräutern ihm gute Dienste leisten wird.

Ein heißer Kräutertee am Abend ist nicht nur gesund, sondern bietet auch Entspannung und Genuss.

Bach-Blütentherapie

Die Bach-Blütentherapie beruht auf der Anwendung von 37 Wildblüten-Essenzen sowie einem Heilmittel aus natürlichem Quellwasser. Da die Blütenessenzen keinerlei Nebenwirkungen haben, eignen sie sich gut zur Selbstbehandlung, ganz besonders auch zur Behandlung von Kindern.

Die Seele heilen

Die Bach-Blütentherapie ist benannt nach ihrem Begründer, dem englischen Arzt und Forscher Dr. Edward Bach (1886–1936). Sie ist ein seit mehr als 70 Jahren in der ganzen Welt eingesetztes Naturheilverfahren, das sich vor allem der seelischen Seite von Erkrankungen zuwendet. Davon ausgehend, dass es bei der Behandlung einer Erkrankung nicht ausreicht, nur die körperlichen Symptome zu kurieren, begann Edward Bach in den zwanziger Jahren des letzten Jahrhunderts nach einer Heilmethode zu suchen, die neben den physischen Krankheitsmerkmalen auch die psychischen Komponenten einer Gesundheitsstörung berücksichtigt.

DIE POSITIVE EINSTELLUNG ZUM LEBEN STÄRKEN

Er wandte sich zunächst der Homöopathie zu, doch zweifelte er schon bald am Nutzen insbesondere der giftigen homöopathischen Substanzen an. Er vertrat die Ansicht, dass allein ungiftige Heilmittel aus der Natur das Gesunde und Positive im Menschen fördern können – ein Aspekt, der für den Heilansatz der Bach-Blütentherapie bis heute von Bedeutung ist.

Bach-Blütentherapie

Die Bach-Blütentherapie definiert Erkrankungen niemals nur als rein organischen Vorgang. Vielmehr hängt es in großem Maße von der inneren Verfassung ab, ob man krank wird oder gesund bleibt. Ist die Grundstimmung negativ, so liegt eine Schwächung der Psyche oder des Charakters vor.

Anders gesagt: Wer ängstlich oder unsicher ist, wer generell mit seinem Leben unzufrieden ist oder zu sehr unter Stress steht, gefährdet seine Gesundheit. Gelingt es, negative Gedanken und Einstellungen in ein positives Lebensgefühl umzuwandeln, hören auch die körperlichen Leiden auf.

»Heile die kranke Persönlichkeit. Der Körper folgt von selbst« war der Leitsatz von Edward Bach. Die Blütenessenzen unterstützen diesen Prozess, indem sie harmonisierend und korrigierend Einfluss nehmen, so dass eine Art innerliche Umstimmung erfolgt. In der Folge werden auch bestehende Gesundheitsstörungen allmählich aufgelöst, und der Betroffene kann wieder in einen harmonischen Zustand mit sich selbst und seiner Umwelt gelangen – die Grundlage für Gesundheit.

Rock Rose – Gelbes Sonnenröschen

RESCUE REMEDY – TROPFEN FÜR DEN NOTFALL

Als Essenz Nr. 39 ergänzen die so genannten Notfall-Tropfen die Palette der Bach-Blüten. Rescue Remedy ist eine Mischung aus 5 Bach-Blütenessenzen, die Angst und Unruhe lindern und generell die psychische Stressreaktion nach einer Krisensituation, einem großen Schrecken oder einem Unfall lindern.

- **Im Notfall werden 1–2 Tropfen Rescue Remedy unverdünnt oder 4 Tropfen verdünnt in etwas Wasser im 10-Minuten-Takt eingenommen, bis eine Besserung eintritt.**
- **Aber Vorsicht: Die Rescue-Tropfen ersetzen keinen Arzt und werden bei Unfällen nur eingesetzt, um die psychische Belastung bis zum Eintreffen des Arztes erträglicher zu machen.**

Die 39 Blütenessenzen

Edward Bach machte sich also daran, ungiftige Blüten der heimischen Umgebung zu suchen, die dank ihrer natürlichen Energie eine gesundheitsfördernde Wirkung auf Körper, Geist und Seele haben. Bei der Auswahl der geeigneten Pflanzen ging er intuitiv vor: Er legte sich ein Blütenblatt auf die Zunge, um dessen Energiepotenzial zu ermitteln.

Zwischen 1930 und 1935 erforschte er auf diese Weise unzählige Pflanzen, bevor er schließlich 37 Blüten mit herausragender Heilwirkung auf die verschiedenen menschlichen Eigenschaften und Gemütszustände auswählte. Als 38. Heilmittel nahm Bach eine Essenz in sein

Chicory – Zichorie

BEISPIELE FÜR BACH-BLÜTEN UND IHRE SEELISCHE WIRKUNG

- **Agrimony** (Odermennig): unterstützt die Fähigkeit, Probleme und Konflikte nicht zu verdrängen, sondern sich ihnen zu stellen, um sie zu bewältigen.
- **Clematis** (Weiße Waldrebe): dient der Steigerung der Konzentrationsfähigkeit und trägt dazu bei, wirklichkeitsfremde Ideen und Gedanken zu überwinden und mehr in der Gegenwart verankert zu sein.
- **Elm** (Ulme): fördert die Fähigkeit, eigene Wünsche und Bedürfnisse deutlicher wahrzunehmen. Zusätzlich unterstützt diese Blütenessenz das Bewusstsein, Situationen aus eigener Kraft meistern zu können.
- **Gorse** (Stechginster): unterstützt eine positivere Einstellung gegenüber sich selbst und den Möglichkeiten, die man hat – auch in vermeintlich aussichtslosen Situationen.
- **Impatiens** (Drüsentragendes Springkraut): eignet sich zur Linderung von Nervosität, übermäßiger Reizbarkeit und anderen allzu heftigen Verhaltensweisen.
- **Larch** (Lärche): stärkt das Selbstwertgefühl, weshalb Lärche in erster Linie Ich-schwachen, unter Minderwertigkeitsgefühlen leidenden Menschen zu empfehlen ist.
- **Rock Rose** (Gelbes Sonnenröschen): vermittelt innere Ruhe und hilft im Kampf gegen Panikzustände sowie bei der Bewältigung von Angstträumen.
- **Star of Bethlehem** (Doldiger Milchstern): vermittelt innere Kraft und bessere Erlebnisverarbeitung und ist daher hilfreich für Menschen, die psychische Verletzungen zu bewältigen haben.

Therapieverfahren auf, die von keiner Blüte stammt, sondern aus reinem Quellwasser hergestellt wird.

DIE SONNENMETHODE

Mitte der dreißiger Jahre entwickelte Bach ein Verfahren, das bis heute im Bach Centre in England zur Herstellung der Blütenessenzen verwendet wird. Wichtig ist, dass die aufgeblühten wild wachsenden Pflanzen vormittags bei hellem Sonnenlicht gepflückt werden. Anschließend werden sie in eine Schale mit reinem Quellwasser gelegt und der direkten Sonneneinstrahlung ausgesetzt. Nach etwa 4 Stunden werden die Blüten mit einem Zweig derselben Pflanze aus dem Wasser genommen. In dieser Zeit haben die Blüten ihre energetische Information an das Wasser abgegeben. Anschließend wird die Flüssigkeit mit der gleichen Menge Alkohol konserviert und dann noch einmal im Verhältnis 1:240 verdünnt. Die so gewonnenen Blütenessenzen werden in kleine Pipettenflaschen gefüllt – so genannte Stockbottles –, die man dann in der Apotheke kaufen kann.

Larch – Lärche

Kneipp-Therapie

Schon im Altertum wurden Wasseranwendungen zu Heilzwecken genutzt. Bekannt sind die Thermen im antiken Rom, die mit ihren Kalt- und Warmwasserbecken und ihren Schwitzbädern der Gesundheit der Bevölkerung dienten.

An diese alten Traditionen knüpften deutsche Heilkundige, wie Dr. Sigmund Hahn, sein Sohn Dr. Johann Sigmund Hahn und Vinzenz Prießnitz an, als sie im 18. und 19. Jahrhundert damit begannen, die heilende Wirkung des Wassers genauer zu erforschen. Doch erst dem Bad Wörishofener Pfarrer Sebastian Kneipp gelang es, die Hydrotherapie zu einem Behandlungssystem mit über 100 verschiedenen Anwendungen auszubauen und dieses einer breiten Bevölkerung zugänglich zu machen.

Als Sebastian Kneipp (1821–1897) 1886 sein Buch »Meine Wasserkuren« veröffentlichte, in dem er eine Reihe von Anwendungen mit und im Wasser vorstellte, stieß er bei den zeitgenössischen Heilkundigen allerdings zunächst auf Skepsis. Seine Hydrotherapie wurde als »Kaltwasser-Planscherei« verhöhnt, und die Mediziner weigerten sich, sie als hilfreiche Behandlungsmethode anzuerkennen. Heute sind die Kneippschen Wasseranwendungen

Die von Sebastian Kneipp entwickelten Wasseranwendungen sind heute in aller Welt bekannt.

Auch die Anwendung von Heilkräutern für Wickel, Packungen und Bäder gehört zur Kneipp-Therapie

aus unserem Gesundheitssystem nicht mehr wegzudenken. Die ganzheitliche Wirkung dieses Naturheilverfahrens ist inzwischen durch zahlreiche Untersuchungen wissenschaftlich untermauert. So gilt die Hydrotherapie als wichtige Maßnahme zur Prävention und Linderung der unterschiedlichsten Gesundheitsstörungen und wird auch von der Schulmedizin voll anerkannt.

DIE 5 SÄULEN DER KNEIPP-THERAPIE

Neben den Wasseranwendungen stützt sich die Kneipp-Therapie auf vier weitere Naturheilverfahren, die miteinander kombiniert werden können. Diese »5 Säulen für ein gesundes Leben«, wie sie Sebastian Kneipp in seinen Schriften bezeichnete, sind:

- Hydrotherapie – die Heilkraft des Wassers nutzen
- Bewegungstherapie – durch regelmäßige körperliche Bewegung im Freien den Körper widerstandsfähiger machen
- Phytotherapie – Heilkräuter für Behandlungen einsetzen, nicht nur als Heiltees, sondern auch als Zusatz von Wickeln, Auflagen oder Inhalationen
- Ernährungstherapie – nährstoffreiche Vollwertkost mit viel frischen, möglichst naturbelassenen Lebensmitteln zu sich nehmen
- Ordnungstherapie – sein Leben ausgewogen gestalten, das heißt eine angemessene Balance zwischen Belastung und Entspannung finden und für ausreichend Schlaf sorgen.

Da ein Teil der Methoden, wie die Phytotherapie oder die Ernährungstherapie, an anderer Stelle gesondert beschrieben werden, beschränke ich mich hier auf die Darstellung der Kneippschen Wasseranwendungen.

Die Heilwirkung des Wassers

Die Anwendung von Wasser zu therapeutischen Zwecken beruht auf der Erkenntnis, dass die mehr oder weniger starken Reize, die kaltes, temperiertes oder warmes Wasser ausüben, nicht nur auf die Haut, sondern auf den gesamten Organismus harmonisierend einwirken.

Dauer und Intensität der Reize können stark variieren:

- schwache Reize wie Waschungen, Unterarm- oder Fußbäder, Trockenbürstungen, Wassertreten
- mittelstarke Reize wie Halbbäder, Sitzbäder, Sauna
- sehr starke Reize wie Überwärmungsbad, Blitzgüsse, warme Ganzkörperpackungen.

Wer die Kneipp-Therapie im Rahmen eines Kurprogramms durchführt, muss sich daher zuerst einer gründlichen ärztlichen Untersuchung unterziehen, damit die einzelnen Anwendungen exakt auf Alter, Konstitution und die jeweilige Erkrankung abgestimmt werden.

Grundsätzlich gilt: Je größer die Fläche ist, auf die der Reiz wirkt, und je länger die Anwendung dauert, desto stärker ist der Effekt. Neben den thermischen Reizen können auch andere ergänzende Maßnahmen die Intensität der Anwendung verstärken, wie Kräuterzusätze in Bädern oder Bürstenmassagen unter Wasser.

EINFLUSS AUF DEN GESAMTEN KÖRPER

Jede Wasseranwendung hat Einfluss auf sämtliche Vorgänge im Körper: Auch wenn dem Reiz nur Teilbereiche ausgesetzt sind, entfalten die einzelnen Anwendungen ihre generelle durch-

Güsse können Sie auch unter der Dusche durchführen: Der Wasserstrahl soll an der Haut entlanggleiten.

blutungsfördernde, aktivierende und entschlackende Wirkung, wovon nicht nur Haut und Bindegewebe, sondern auch die inneren Organe und alle wichtigen Körperfunktionen profitieren. So können Bluthochdruck oder niedriger Blutdruck zu Normalwerten reguliert und die Herzbelastung verringert werden. Neben einer Verbesserung der Atemtätigkeit werden zudem sämtliche Stoffwechselprozesse sowie das Lymphsystem aktiviert, so dass die Entgiftung der Zellen beschleunigt und Stoffwechselabbauprodukte schneller ausgeschieden werden. Regelmäßig angewendet, bewirken Wasseranwendungen vor allem aber eine Steigerung der Abwehrkräfte, wodurch die Infektanfälligkeit deutlich verringert wird.

Diese und viele andere wichtige therapeutische Effekte können sowohl im Krankheitsfall als auch zur Stärkung der Gesundheit wertvolle Dienste leisten – vorausgesetzt, man hält sich genau an die Angaben und achtet darauf, dass der gewählte Reiz immer an das individuelle Befinden und die jeweilige Gesundheitsstörung angepasst ist.

Güsse, Bäder & Wickel

Die Kneippsche Hydrotherapie kennt über 100 Wasseranwendungen zur Vorbeugung und Behandlung von Gesundheitsstörungen. Dazu gehören neben den Ganz- und Teilbädern auch Waschungen, Wassertreten, Wasserstrahlmassagen, Güsse und Wickel.

WASCHUNGEN

Diese einfachste aller Wasseranwendungen fördert die Durchblutung, stärkt die körpereigenen Widerstandskräfte und wirkt Kreislaufstörungen entgegen. Da sie zu den reizmilden Anwendungen gehören, sind Waschungen einzelner Körperregionen auch für geschwächte und bettlägerige Menschen gut verträglich.

In der Regel werden Waschungen morgens durchgeführt: Mit einem Waschlappen oder Baumwolltuch, das in kaltes Leitungswasser (12–16 °C) getaucht und gut ausgedrückt wurde, befeuchtet man die entsprechenden Körperteile. Anschließend entfernt man die Feuchtigkeit nicht mit einem Handtuch, sondern lässt sie auf der Haut trocknen. Wichtig ist, danach für eine gute Durchwärmung des Kör-

Häufig verwendete Zusätze für Packungen und Wickel sind Quark, Kartoffeln, Zwiebeln oder Fango.

pers zu sorgen: Am besten geht man erst einmal wieder für kurze Zeit ins warme Bett.

GÜSSE

Güsse können als Ganzkörper-, Schenkel-, Knie-, Arm- und Gesichtsgüsse erfolgen und werden mit einem Kaltwasserschlauch oder in der Dusche (ohne Duschkopf) durchgeführt. Man beginnt immer am äußersten Punkt des Körpers und führt den Wasserstrahl von unten nach oben, zum Beispiel von den Füßen oder Händen aufwärts.

Neben den Kaltgüssen sind auch Wechselgüsse empfehlenswert, bei denen abwechselnd warmes und kaltes Wasser verabreicht wird. Regelmäßig durchgeführt, eignen sich Güsse hervorragend zur Abhärtung.

WICKEL

Für das Anlegen eines Wickels legt man sich am besten in entspannter Lage auf das Bett oder eine Liege. Wickel kommen als Ganzkörper-, Waden-, Brust-, Leib- oder Leberwickel zur Anwendung. Sie können kalt oder warm sein und eignen sich daher zur Behandlung sehr unterschiedlicher Beschwerden. Es ist wichtig, sich vorher zu informieren, welche Art der Anwendung bei welchen Beschwerden angezeigt ist.

Alle Wickel werden nach dem gleichen Prinzip angelegt. Man benötigt drei Tücher:

- das nasse Innentuch (aus Frottee oder Baumwolle)
- das trockene Mitteltuch (aus Frottee oder Baumwolle)
- das wärmende Außentuch (aus Wolle).

Das je nach Bedarf mit kaltem, warmem oder heißem Wasser getränkte feuchte Tuch wird direkt auf die betroffene Körperregion gelegt. Dann wird erst ein trockenes Tuch und dann ein Wolltuch darüber gewickelt. Die Dauer der Anwendung beträgt je nach beabsichtigter Wirkung zwischen 20 und 45 Minuten.

BADETEMPERATUR

Badetyp	Temperatur	Dauer
Warmes Bad	etwa 38 °C	etwa 10 Min.
Kaltes Bad	12–16 °C	5–10 Sek.
Überwärmungsbad	40–43 °C	3–10 Min.

Gegenanzeigen: Das Überwärmungsbad sollte nicht bei Herz-Kreislauf-Problemen durchgeführt werden.

AUFLAGEN UND PACKUNGEN

Auflagen und Packungen sind Varianten des Wickels, wobei in die Tücher Zusätze gegeben werden, die den Reiz von kaltem oder warmem Wasser unterstützen. Typische Zusätze sind neben Heilkräutern auch Fango, Moor, Lehm Kartoffeln, Zwiebeln oder Quark.

BÄDER

Die variantenreichste Kneipp-Anwendung sind die Bäder: Es gibt Voll- und Teilbäder – wie Halb-, Sitz-, Arm- oder Fußbad –, die wiederum kalt, warm, als Wechsel-, als ansteigende oder als Überwärmungsbäder verabreicht werden können. Je nach Art der Gesundheitsstörung unterstützen Zusätze wie Fichtennadel, Kamille, Melisse, Wacholder oder Rosmarin die heilende Wirkung der Bäder.

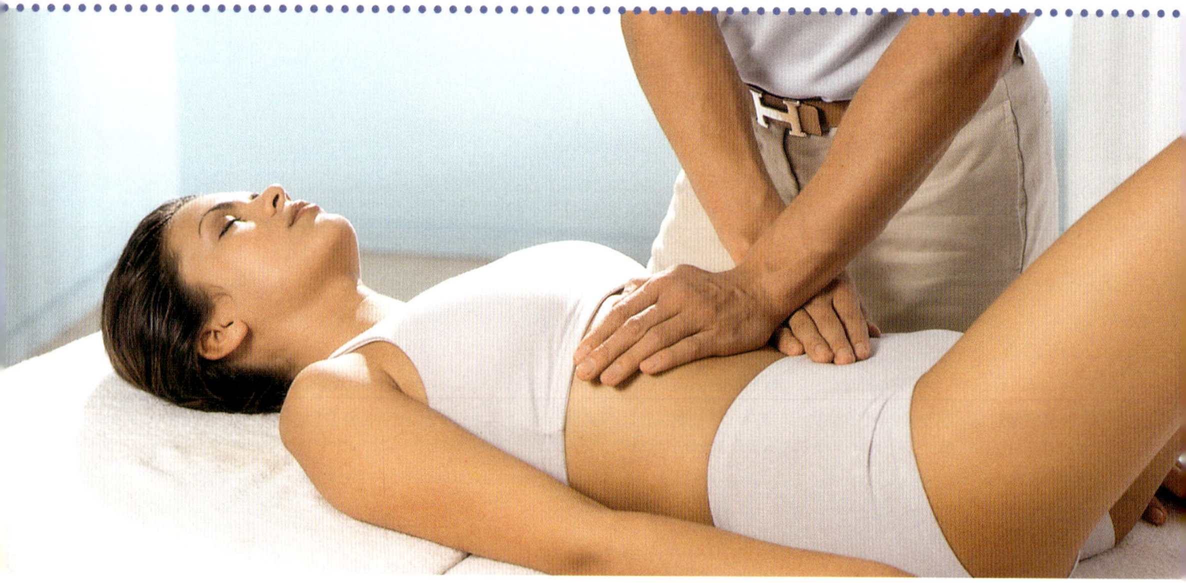

Weitere Therapieverfahren

ADERLASS

Der vor allem im Mittelalter weit verbreitete Aderlass zielt darauf ab, die Fließeigenschaften des Blutes zu verbessern. Dabei werden, meist aus einer Armvene, 150–200 ml Blut entnommen. Der Blutentzug führt zu einer Abnahme des Blutvolumens im Organismus, wodurch eine Entlastung des Kreislaufs erzielt wird. Da der Körper ständig neue Blutzellen erzeugt, muss die Behandlung am besten bei abnehmendem Mond mehrmals wiederholt werden.

ANTIOXIDANTIEN

»Freie Radikale« sind aggressiv-zerstörerische Teilchen, die durch Umweltchemikalien, Arzneimittel, Ozon, UV-Licht, aber auch durch natürliche Stoffwechselprozesse in unseren Körper gelangen. Damit sie unsere Körperzellen nicht zerstören und zu Krankheiten führen, werden Antioxidantien oder »Radikalenfänger« benötigt, die diese gewebsschädigenden Substanzen abbauen. Durch die chemische Verbindung mit den Antioxidantien können die freien Radikale vom Organismus abgebaut und ausgeschieden werden. Als Antioxidantien wirken: Vitamine, Mineralstoffe, Spurenelemente, Aminosäuren, Sekundäre Pflanzenstoffe, Coenzyme, Fettsäuren und Hormone. Antioxidantien sind vor allem in frischem Obst, Gemüse (aus Bio-Anbau) und Heilpflanzen enthalten.

AORT

siehe Osteopathie Seite 50

ATEMTHERAPIE

Eine bewusste, gesunde Atmung gehört seit Jahrtausenden zur Gesundheitsvorsorge der asiatischen Heillehren. Hierzulande konnten sich eigenständige Atemtherapien erst im letzten Jahrhundert etablieren. So gründete Ilse Middendorf in den dreißiger Jahren in Deutschland die erste »Atemschule«.

Durch eine flache bzw. falsche Atmung gelangt weniger Sauerstoff in den Körper, wodurch sämtliche Funktionen des Organismus nachhaltig beeinträchtigt werden. Daher zielen alle Atemtherapien darauf ab, den eigentlich unbewussten Vorgang der Atmung durch erlernbare, willkürliche Steuerung zu regulieren. Dabei wird die Aufmerksamkeit vor allem auf die richtige Einatmung (zum Beispiel Bauch- und Zwerchfellatmung) gelenkt. Durch die verbesserte Atmung wird der lebensnotwendige Sauerstoffaustausch optimiert, und bestehende Gesundheitsstörungen werden aufgelöst.

BAUNSCHEIDT-THERAPIE

Karl Baunscheidt entwickelte im 19. Jahrhundert ein Gerät, an dem 25 bis 30 feine Nadeln befestigt sind, die vorsichtig und sehr dicht aneinander in die obere Hautschicht gestochen werden. Sein Ziel war, schädliche Stoffe aus der Oberhaut abzuleiten und so unter anderem die körpereigenen Abwehrkräfte anzuregen.

Blut tritt dabei nicht aus, da sich in dieser Schicht keine Blutgefäße befinden. Nach dieser Behandlung wird ein Heilöl auf die perforierte Haut gegeben, wodurch sich kurze Zeit später ein Bläschenausschlag bildet. Dadurch werden mit der Lymphflüssigkeit Schlackenstoffe aus dem Körper ausgeschieden.

BLUTEGELTHERAPIE

Wie beim Aderlass, so sollen auch bei der Blutegeltherapie die Fließeigenschaften des Blutes verbessert werden. Dafür werden einer oder mehrere Blutegel eingesetzt, die dem Körper jeweils etwa 50 ml Blut entziehen. Sobald der Egel sich voll gesaugt hat, was 15–30 Minuten dauert, fällt er ab. Die nachfolgende Blutung sollte nicht vorzeitig unterbrochen werden, sondern das austretende Blut nur durch Auflegen von keimfreiem Verbandsstoff aufgefangen werden.

Auch die Substanzen, die der Blutegel absondert, sind von medizinischer Bedeutung, da sie eine entzündungshemmende und blutverdünnende Wirkung haben. Deshalb wird die Blutegeltherapie auch bei Entzündungen eingesetzt. In der Apotheke sind Salben erhältlich, die diesen Blutegelwirkstoff (Heparin) enthalten.

CHIROPRAKTIK

Diese manuelle Therapie dient vorwiegend zur Behandlung von Erkrankungen des Stütz- und Bewegungsapparates. Je nach Beschwerden werden spezielle Handgriffe und Techniken eingesetzt. So zielt die Mobilisationsbehandlung in erster Linie darauf ab, Funktionsstörungen zu beseitigen, zum Beispiel einen verkürzten Muskel durch Traktion oder Gleiten wieder beweglicher zu machen.

Manipulationen, für die das hörbare »Knacksen« charakteristisch ist, obwohl der Chiropraktiker nur einen raschen Impuls auf das Gelenk abgibt, eignen sich vor allem dazu, Gelenkblockaden zu lösen. Wenn die Behandlung richtig durchgeführt wird, verursacht sie keine Schmerzen, und es tritt innerhalb kurzer Zeit eine völlige Beschwerdefreiheit ein.

Weitere Therapieverfahren

COLON-HYDRO-THERAPIE

Dieses aus den USA stammende Verfahren ist eine Weiterentwicklung der altbewährten Darmspülung mittels Einläufen (siehe Seite 180). Sie zielt darauf ab, aus dem Dickdarm durch die Reinigung mit Wasser Schlackenstoffe auszuleiten. Da in den Schleimhauttaschen des Darms auch giftige Substanzen abgelagert werden, kann ein verschlackter Darm eine Selbstvergiftung des Körpers verursachen, die sich durch verschiedenste Beschwerden äußert.

Bei der Colon-Hydro-Therapie liegt der Patient bequem in Rückenlage auf einer Behandlungsliege. Über ein geschlossenes Schlauchsystem wird temperiertes Wasser in den Darm geleitet und der gelöste Darminhalt durch einen Abflussschlauch wieder ausgeleitet. Durch den Wasser- und Temperaturreiz beginnt der Darm verstärkt zu arbeiten und befördert selbsttätig den übrigen Darminhalt weiter.

DARMSYMBIOSELENKUNG

Ist die im Darm natürlicherweise vorkommende und für die Darmfunktion wichtige Bakterienbesiedelung gestört, wird versucht wieder eine gesunde Darmflora aufzubauen. Das geschieht durch die Bekämpfung schädlicher Pilze mittels Diäten oder Medikamenten, durch die Einnahme »gesunder« Bakterienstämme und durch bitterstoffhaltige Heilpflanzen, die die Verdauungssäfte anregen.

EIGENBLUTTHERAPIE

Der Begriff »Eigenbluttherapie« umfasst mehrere Heilmethoden, die entnommenes Venenblut unverändert oder präpariert zur Behandlung von Erkrankungen einsetzen. Bei der einfachen Eigenbluttherapie entnimmt der Therapeut dem Patienten aus einer Armvene Blut, das anschließend in einen Muskel zurückgespritzt wird. Zweck dieses Verfahrens ist es, den Körper durch die Rückführung des Blutes anzuregen, mehr Abwehrzellen zu bilden und so das Immunsystem zu stärken.

Die »hämatogene Oxidationstherapie« reichert das Blut zusätzlich mit Sauerstoff an.

Neben diesen beiden Methoden haben sich verschiedene Varianten bewährt, die das Blut vor der Reinjektion mit anderen Substanzen mischen, z. B. mit homöopathischen Mitteln.

EIGENHARNTHERAPIE

Harn spielt in der Medizin von jeher eine große Rolle: Schon vor 4000 Jahren galten Trinkkuren mit Eigenurin als lebensverlängernde Maßnahme. Die Eigenharntherapie, bei der körpereigener Urin als Trinkkur, Einreibung auf die Haut oder keimfrei filtriert als Einspritzung in den Muskel verabreicht wird, dient zur Entgiftung sowie zur Stärkung des Immunsystems und des Stoffwechsels.

ENZYMTHERAPIE

Enzyme sind lebensnotwendige Eiweißmoleküle, die als Katalysatoren biochemische Reaktionen beschleunigen und damit im Stoffwechsel eine besondere Rolle spielen. Bei der Enzymtherapie werden vom Arzt Enzyme entweder als Tabletten oder als Klistiere verabreicht. Die Enzymtherapie hat sich vor allem bei akuten oder chronischen Entzündungen, Viruserkrankungen, zur begleitenden Krebstherapie und zur Stärkung des Immunsystems bewährt.

Der Aufenthalt in farbig erleuchteten Räumen wird in der Farbtherapie zur Behandlung genutzt.

FARBTHERAPIE

Den Farben wurden schon immer bestimmte Eigenschaften zugeordnet, die die Farbtherapie zur Behandlung nutzt. So kann farbige Kleidung die seelische Grundstimmung des Trägers beeinflussen. Der Aufenthalt in farbig erleuchteten Räumen wirkt je nach Farbe anregend oder beruhigend. In der Farbtherapie wird außerdem ein geschwächtes Organ mit der ihm zugeordneten Farbe bestrahlt, um seine Funktion zu stärken. Umgekehrt kann komplementäres Licht die Überfunktion eines Organs dämpfen.

FUSSREFLEXZONENMASSAGE

Die Fußsohle ist ebenso wie die Ohrmuschel eine Reflexzone des Körpers (siehe Seite 26). Alle Organe des Menschen lassen sich bestimmten Bereichen auf der Fußsohle zuordnen. Durch Massage dieser Punkte kann man ausgleichend und heilend auf die zugehörigen Organe und Funktionsbereiche einwirken. Außerdem lassen sich organische Störungen am Zustand der Füße und an druckschmerzhaften Punkten ablesen. Werden diese mit bestimmten Massagetechniken behandelt, wird in dem entsprechenden Organ die Durchblutung verbessert, und bestehende Beschwerden lassen nach.

Die Fußsohle ist eine Reflexzone. Wird sie massiert, wirkt das anregend auf die zugehörigen inneren Organe.

F.-X.-MAYR-KUR

siehe Seite 180

GEOPATHIE

Die Geopathie befasste sich ursprünglich mit der Gesundheitsschädlichkeit von Erdstrahlen und Wasseradern. Heute kennt man auch eine ganze Reihe von technischen Störfeldern, die Auswirkungen auf die Gesundheit und das Befinden von Menschen haben, so Radarstationen, Mobilfunksender, Hochspannungsleitungen und elektrische Geräte im Haushalt. Bei allen chronischen Krankheiten mit unbekannter Ursache ist es ratsam, einen Baubiologen oder Radiästhesisten zu beauftragen, den Schlafplatz zu überprüfen.

HOMÖOSINIATRIE

siehe Homöopathie Seite 32

KINESIOLOGIE

Die Kinesiologie geht davon aus, dass die Wechselbeziehungen zwischen den Meridianen und den ihnen zugeordneten Muskelgruppen Aufschluss über den Energiefluss im Körper geben. Dabei gilt der so genannten Überkreuzreaktion besonderes Interesse, die besagt, dass

Weitere Therapieverfahren

durch eine Schwächung der Muskeln der einen Körperhälfte die Muskeln der anderen Körperseite verspannt sind.

Im Mittelpunkt der kinesiologischen Diagnose steht der Muskeltest. Getestet wird meist der »Deltamuskel« des Oberarms: Nachdem der (stehende) Patient einen seiner Arme ausgestreckt hat, erfasst der Kinesiologe den Arm und drückt ihn sanft herunter. Wenn der gestreckte Arm in seiner Stellung verharrt, liegt eine ausreichende Energieversorgung des Körperteils vor. Zittert der Arm hingegen oder sackt er herab, so deutet dies auf eine Störung des Energieflusses hin. Therapeutisch werden bestimmte kinesiologische Übungen eingesetzt, um allgemeine Stresssymptome, Rücken-, Kopf- und Nackenschmerzen, Angstzustände und Konzentrationsstörungen zu lindern. Eine Weiterentwicklung ist die Physioenergetik mit dem Armlängenreflex nach van Assche.

KIRLIAN-FOTOGRAFIE

Im Grundprinzip handelt es sich bei der Kirlian-Fotografie um eine Fotografie im Hochfreqenzbereich, bei der Elektronenemissionen bildlich dargestellt werden. Sie geht auf den russischen Wissenschaftler Semionov Kirlian zurück.

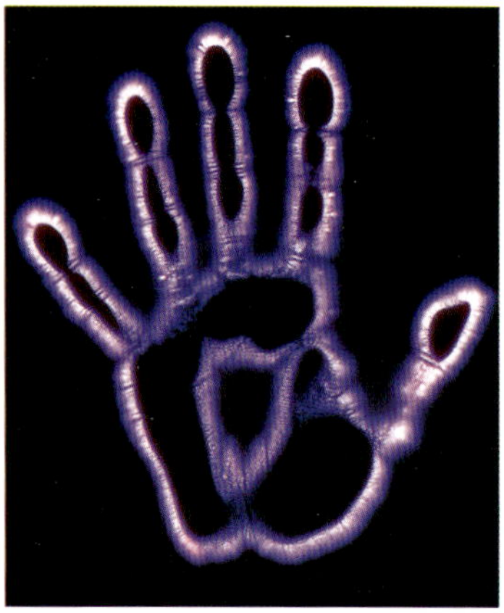

Zur Diagnose von Erkrankungen werden bei Patienten die Finger und Zehen fotografiert. Die Abstrahlungsfelder um die Haut repräsentieren das bioenergetische Feld: Stark verdichtete, schwache oder fehlende Strahlungsqualitäten lassen Rückschlüsse auf den Zustand von Organen und Organsystemen zu.

KRANIO-SAKRAL-THERAPIE

Der Name leitet sich von den lateinischen Begriffen für »Schädel« (cranium) und »Kreuzbein« (sacrum) ab. Grundlage der Kranio-Sakral-Therapie, die zur manuellen Medizin zählt, ist die Annahme, dass die Hirnflüssigkeit (Liquor) einem regelmäßig pulsierenden Rhythmus unterliegt, der vom Schädel bis zum Kreuzbein als leichte, kreis- oder pendelartige Bewegung tastbar ist. Krankhafte Prozesse beeinflussen diese Strömung: Chronische Krankheiten führen zu einer Verlangsamung, akute Erkrankungen zu einer Beschleunigung des Rhythmus.

Aufgabe der Kranio-Sakral-Therapie ist es, den Rhythmus wieder in ein harmonisches Gleichgewicht zu bringen. Dafür legt der Therapeut dem Patienten die Hände sanft um den Kopf, um so die Bewegungen der Hirnflüssigkeit zu erfühlen. Nachdem er sich in den Rhythmus eingeschwungen hat, um die Blockierung zu lokalisieren, drückt er leicht auf die von der Störung betroffene Körperpartie, um sie wieder in ein gleichmäßig pulsierendes Schwingen zu versetzen. Um dauerhafte Heilerfolge zu erzielen, sind in der Regel mehrere Sitzungen nötig.

LASERBEHANDLUNG

Eine Behandlung mit Soft- oder Kaltlichtlaser erfolgt mit einer Frequenz von 632,8 Nanome-

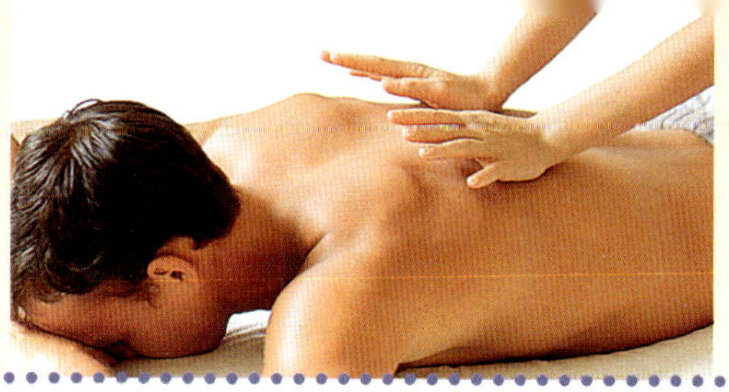

Massagegriffe wirken anregend auf Haut, Bindegewebe und Muskulatur.

tern, die der gesunden Eigenfrequenz der Körperzellen entsprechen. Der Softlaser stellt die gesunden Schwingungen der Zellen wieder her und arbeitet in völlig ungefährlichen Milliwattbereichen.

Bewährt hat sich die Softlaser-Behandlung insbesondere bei Hauterkrankungen, wie Gürtelrose oder Lippenherpes, bei der Reflexzonentherapie sowie zur schmerzfreien Stimulation von Akupunkturpunkten. Daher bietet sich die Softlaser-Therapie zur Behandlung von Kindern und schmerzempfindlichen Patienten an.

LYMPHDRAINAGE

Ziel der Lymphdrainage ist es, mit bestimmten Techniken aufgestaute Flüssigkeit aus dem Gewebe hin zu den Lymphbahnen zu streichen. So werden Schwellungen beseitigt und ein störungsfreies Strömen der Lymphe in den Lymphbahnen erreicht.

Mit kreisenden und leicht pressenden Bewegungen der Fingerspitzen massiert der erfahrene Therapeut die Lymphe aus der erkrankten Körperpartie heraus und leitet sie in stauungsfreie Lymphbahnen um.

MASSAGE

Massagen führen generell zu einer Lockerung der Muskulatur, einer Anregung des Stoffwechsels und einer verbesserten allgemeinen Durchblutung.

Spezielle Handgriffe üben eine mechanische Wirkung auf Haut, Bindegewebe und Muskulatur aus. Je nach Druck- oder Zugkraft und je nach Bewegungsrichtung und -geschwindigkeit werden die Massagetechniken bei den unterschiedlichsten Beschwerden eingesetzt.

MESOTHERAPIE

Die Mesotherapie ist eine neuartige Behandlungsmethode, die aus Frankreich kommt und inzwischen auch in Deutschland von Ärzten und Heilpraktikern erfolgreich eingesetzt wird. Sie vereint die Vorteile der Neuraltherapie, der Akupunktur sowie der Arzneimitteltherapie und bildet damit eine Brücke zwischen der Schulmedizin und der Naturheilkunde.

Bei einer mesotherapeutischen Behandlung werden Medikamentenmischungen in äußerst geringer Dosierung möglichst nahe am Ort der Erkrankung mittels mehrfacher Mikroinjektionen in die Haut gespritzt. Die Medikamentenmischungen werden individuell für den jeweiligen Patienten hergestellt. Es können dabei sowohl chemisch-synthetische als auch naturheilkundliche oder homöopathische Substanzen zum Einsatz gelangen.

Die Menge der verabreichten Medikamente ist zwar sehr klein, jedoch potenziert sich die Wirksamkeit durch die Kombination verschiedener Arzneien sowie durch die gezielte Art der Anwendung in die Haut, wo kleine »Wirkstoffdepots« gebildet werden. Die Verträglichkeit der Methode ist ausgezeichnet und die Häufigkeit der Therapiesitzungen wegen des schnellen und dauerhaften Behandlungseffekts gering.

NASENRÖDERN

Nasenrödern ist eine Reflexzonentherapie. Mit Hilfe von Wattestäbchen und einem Nasenreflexöl (aus ätherischen Ölen) werden die Nasengänge massiert. Der Effekt ist Anregung und Harmonisierung der Brust-, Bauch- und Beckenorgane und Schleimlösung in den Luftwegen. Dabei wird der heilsame Niesreflex ausgelöst.

Weitere Therapieverfahren

NEURALTHERAPIE

Ausgangspunkt dieser Heilmethode ist die These, dass Erkrankungen durch ein so genanntes Störfeld im Organismus hervorgerufen werden können, das die umliegenden Nerven reizt. Dies führt zu Schmerzen, die auch an Körperteilen, die von dem Störfeld weit entfernt sind, auftreten können.

Ziel der Neuraltherapie ist es, in den gestörten Regelkreis einzugreifen und das Störfeld aufzulösen. Um dies zu erreichen, wird dem Patienten ein lokal wirkendes Betäubungsmittel (Procain) gespritzt, das eine »Entblockierung« des Störfeldes bewirken soll. Gelingt es, das Störfeld auf diese Weise zu beseitigen, setzt häufig sofortige Beschwerdefreiheit ein.

NOSODENTHERAPIE

siehe Homöopathie Seite 32

OSTEOPATHIE UND AORT

Im Sinne der Osteopathie ist jede Verbindung eines Körpergewebes mit einem anderen ein Gelenk. Sie befasst sich also nicht nur mit Knochengelenken, sondern auch mit der richtigen Lage von Weichteilen und Organen zueinander. Sind alle »Gelenke« beweglich und in ihrer richtigen Position, ist der Mensch gesund. Osteopathie ist eine sehr sanfte Technik, die nur so weit eingreift, wie der Körper es zulässt.

AORT ist die Abkürzung für »Autonome osteopathische Repositionstechnik«. Sie besagt, dass ein Gelenk durch sehr sanfte Manipulationen wie von selbst (automatisch) in seine optimale Position zurückgeht und dadurch wieder seine volle Funktionsfähigkeit erhält.

OSTEOPHONIE

Der Einsatz von Tönen oder Musik als Heilmittel ist aus allen Zivilisationen bekannt, beispielsweise die tibetischen Gongs, die indischen Mantras oder die Rhythmen der Indianer.

François Louche, der Begründer der Osteophonie, gelangte zu der Überzeugung, dass wir nicht nur mit dem Ohr hören, sondern dass unser ganzer Körper von den Tönen berührt und stimuliert wird, was wiederum zu Heilzwecken eingesetzt werden kann. Die Fortleitung der Töne geschieht vor allem über die Wirbelsäule und die knöchernen Strukturen. Osteophonie wirkt sehr gut bei Ohrgeräuschen und Therapieblockaden, die dadurch gelöst werden können.

PROPRIOZEPTION

Propriozeptoren sitzen in unseren Gelenken wie kleine Relais-Stationen, die dem Zentralnervensystem die Stellung der Gelenke mitteilen. Werden sie durch äußere Einwirkung wie Umknicken, Stoß oder Unfall gestört, werden die Impulse zum Gehirn nicht mehr richtig weitergeleitet. Krank machende Fehlstellungen der Gelenke können die Folge sein. Die Behandlung gestörter Propriozeptoren erfolgt durch eine besondere Technik mit sanfter Manipulation an den Gelenken.

SCHRÖPFEN

Schröpfen gehört wie die Blutegeltherapie und der Aderlass zu den ausleitenden Verfahren. An bestimmten Reflexzonen – meist am Bauch oder Rücken – setzt der Therapeut Schröpfgläser auf, in denen vorher durch ab-

STÖRFELDER ZÄHNE

Wechselwirkungen zwischen Zähnen und Organen

11/12/22/23	Niere, Blase, Genitalien, Stirnhöhle, Kreuzbein, Steißbein, Knie, Fuß
13/23	Leber, Gallenblase, Hüfte, Auge
14/15/24/25	Dickdarm, Lunge, Hand, Fuß, Schulter, Ellbogen
16/17/27/28	Brust, Magen, Pankreas, Knie, Kieferhöhlen, Schilddrüse
18/28	Nerven, Psyche, Herz, Dünndarm, Hand, Fuß, Schulter, Ellbogen, Ohr
31/32/41/42	Niere, Blase, Genitalien, Stirnhöhle, Kreuzbein, Steißbein, Knie, Fuß
33/43	Leber, Gallenblase, Hüfte, Auge, Keimdrüsen
34/35/44/45	Magen, Milz, Brust, Lymphgefäße, Keimdrüsen, Knie, Kieferhöhlen
36/37/46/47	Dickdarm, Lunge, Schulter, Ellbogen, Hand, Fuß, Großzehe, Venen, Arterien
38/48	Energiehaushalt, Nerven, Ohr, Dünndarm, Herz, Schulter, Ellbogen

flammen ein Unterdruck erzeugt wurde. Nach etwa 30 Minuten ist ein Bluterguss entstanden, der vom Körper wieder abgebaut werden muss und einen »Heilreiz« darstellt.

Eine Variante ist das blutige Schröpfen, bei dem die Haut vor dem Aufsetzen der Schröpfköpfe ein wenig geritzt wird, so dass durch den Unterdruck Blut austritt.

STÖRFELDBEHANDLUNG

Ein Störfeld ist eine lokale Veränderung im Immunsystem, die eine gesundheitsschädliche Fernwirkung auf innere Organe ausübt. Dabei handelt es sich meist um eine lokale Entzündung, die durch Bakterien, Viren oder Gifte ausgelöst worden ist.

Chronische Krankheiten, die nicht ausheilen wollen, lassen sich fast immer auf Störfelder zurückführen. Typische Störfelder lassen sich an Zähnen (am häufigsten!), Nebenhöhlen, Mandeln, Hautnarben, Blinddarm, Eierstöcken, Prostata, Gallenblase und Mittelohr feststellen.

Wenn zum Beispiel an einem Zahn über Jahre hinweg eine Entzündung besteht, werden mit diesem Zahn in Zusammenhang stehende Organe geschwächt. Erst wenn das Störfeld beseitigt ist, kann die Erkrankung ausheilen.

THALASSOTHERAPIE

Das Wort Thalasso kommt aus dem Griechischen und bedeutet »Meer«. Die Thalassotherapie nutzt Elemente des Meeres – wie Meerwasser, Meerklima, Meersalz oder Algenextrakte – zur Heilung und Gesunderhaltung. Es gibt mittlerweile viele Thalassozentren in Europa. Besonders empfehlenswert ist die Atlantikküste wegen des besonderen Mikroklimas.

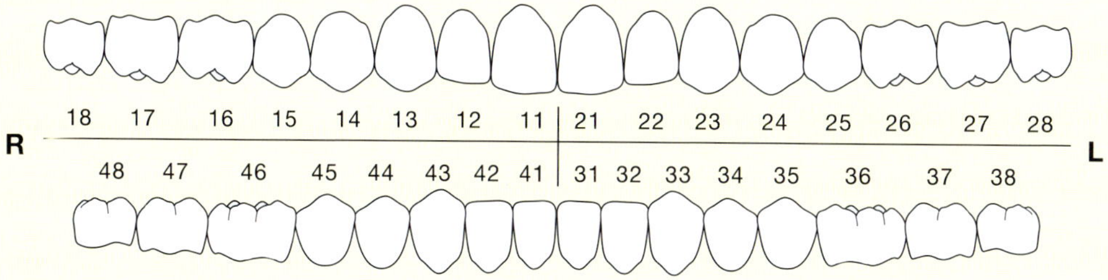

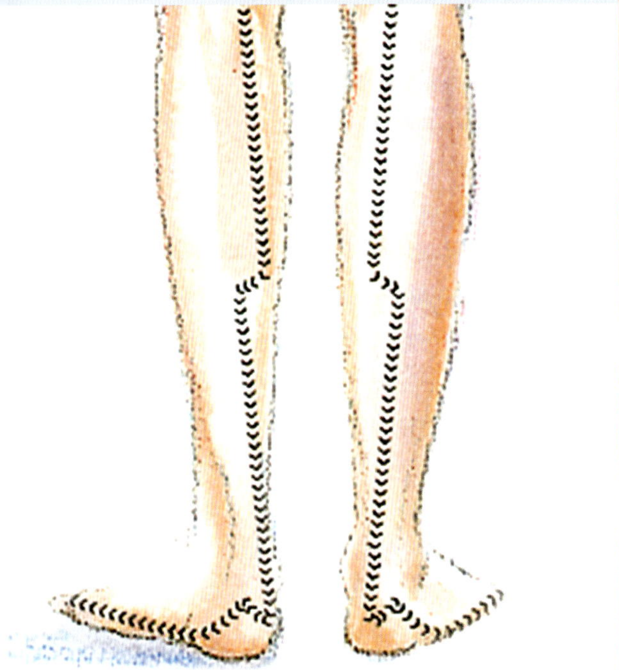

3

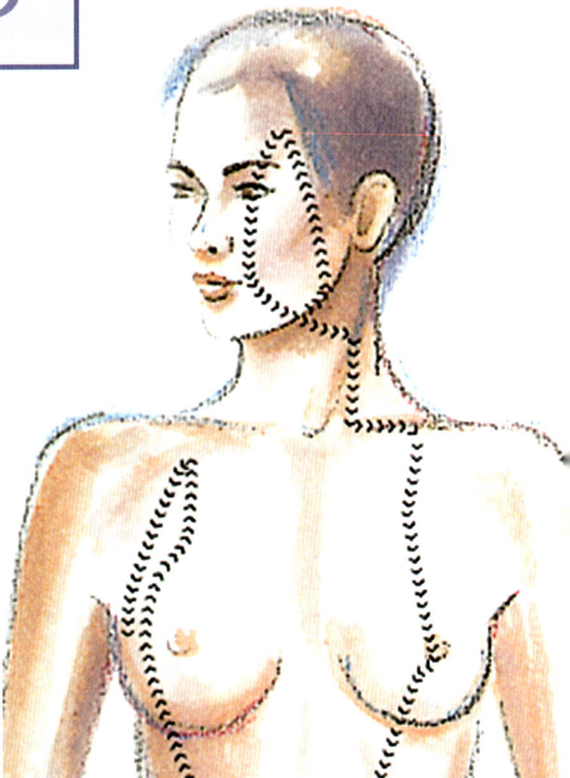

Die Heilzonen

- BESCHWERDEN
- MERIDIANMASSAGE
- OHRZONEN
- HOMÖOPATHIE
- HEILPFLANZEN
- BACH-BLÜTENTHERAPIE
- ERNÄHRUNGSEMPFEHLUNG
- MERIDIANGYMNASTIK
- WAS SONST NOCH HILFT
- WEITERE THERAPIEN

Ihr Heilzonen-Wegweiser

Bevor Sie sich mit den einzelnen Heilzonen vertraut machen, möchte ich Ihnen einige Hinweise geben, wie Sie dieses Heilsystem optimal nutzen, um eine Linderung oder Heilung Ihrer Beschwerden zu erreichen.

Die Zone bestimmen

Wenn Sie irgendwo Schmerzen oder andere Beschwerden haben, versuchen Sie zunächst festzustellen, wo diese am stärksten sind.

- Beispiel: Sie haben Schmerzen im rechten Oberarm. Wo tut es am meisten weh: in der Schulter, mehr vorn oder hinten, an der Arminnenseite oder unter der Achsel?

Die Grafiken in den vorderen und hinteren Umschlagklappen helfen Ihnen, sich zu orientieren und die richtige Zone zu bestimmen. Die Zonen sind mit einer Nummer versehen, unter der Sie auf den folgenden Seiten Ihre Heilzone finden. Sollten es mehrere Schmerzstellen sein, die Ihnen zu schaffen machen, behandeln Sie zuerst jene, die besonders schmerzhaft ist.

Wenn Sie das Gefühl haben, dass der Schmerz allgemein und nicht genau auf eine Heilzone begrenzt ist, schlagen Sie bitte unter den »Speziellen Krankheitsbildern« nach: Dort finden Sie Beschwerden und Erkrankungen, die sich auf den ganzen Körper beziehen, wie Rheuma, Erkältungskrankheiten oder Schlafstörungen.

Sie haben nun Ihre Schmerzstelle gefunden, zum Beispiel: Rechte Schulter hinten, das ist Heilzone 26. Wenn Sie die entsprechende Seite aufschlagen, sehen Sie dort eine kleine Grafik, die noch mal die genaue Lage der Heilzone wiedergibt, außerdem sind eine ganze Reihe von

Auch positive Gedanken können Energieblockaden lösen. Sprechen Sie aufmunternde Worte mehrmals täglich zu sich selbst.

Behandlungen aufgeführt, die ich Ihnen für diese Heilzone empfehle.

Wie Sie unter der Überschrift »Beschwerden« sehen, spielt es zunächst keine Rolle, ob es sich bei Ihren Symptomen um Schmerzen, Bewegungseinschränkung, Entzündungen, Schwellungen oder Hauterscheinungen handelt. Vielmehr gilt es, die Ursachen Ihrer Krankheitserscheinung zu behandeln, nicht das Symptom.

Blockaden lösen

Jede Heilzone ist einem Meridian zugeordnet, der Energiebahn, die durch diese Zone verläuft (siehe Seite 152). Im Fall von Heilzone 26 ist es der Dünndarmmeridian: Eine Blockade in dieser Energiebahn ist wahrscheinlich ursächlich für Ihre Beschwerden verantwortlich.

Jeder Energiestau in einem Meridian führt zu Beschwerden, die sich auf unterschiedliche Weise äußern können. Wenn es gelingt, die gestaute Energie wieder zum Fließen zu bringen, verschwinden die Beschwerden manchmal wie »durch ein Wunder«. Ihnen zu zeigen, wie Sie diese Energieblockaden selbst auflösen können, ist das Hauptanliegen dieses Buches.

Zu Beginn jeder Heilzonen-Seite finden Sie die Information, welchem Meridian und damit welchem Organsystem Ihre Heilzone zugeordnet ist. In engem Zusammenhang damit stehen bestimmte Tageszeiten, Farben und Gefühle.

DIE ORGANUHR

Die Hauptorganfunktionszeit eines Meridians kann Ihnen Aufschluss geben, ob der entsprechende Meridian belastet ist. Nehmen wir an, Sie wachen jeden Tag zwischen 5 und 7 Uhr morgens auf, obwohl Sie eigentlich noch länger schlafen könnten. Das ist die so genannte Dickdarm-Maximal-Zeit. Das könnte ein Hinweis darauf sein, dass Ihr Dickdarm in seiner Funktion beeinträchtigt ist, wobei die ausgeschiedene Stuhlmenge nicht relevant ist. Es kommt vor allem darauf an, ob Ihr Dickdarm in der Lage ist, alle Gifte und Stoffwechselrückstände auszuscheiden, was sehr oft nicht der Fall ist.

Aufgrund der Uhrzeit, zu der bestimmte Beschwerden immer wiederkehren, ist es also möglich festzustellen, welches Organ betroffen sein könnte.

POSITIVE UND NEGATIVE GEFÜHLE

Jedem Meridian sind auch seelische Zustände zugeordnet, und zwar sowohl in ihrer positiven wie in ihrer negativen Ausprägung. So empfinden Sie bei einer Blockade des Blasenmeridians »Ungeduld und Ruhelosigkeit«. Um die Blockade zu lösen, hilft es, dieses Gefühl für sich selbst positiv umzuwandeln. Sprechen Sie die positive Affirmation »Ich bin ausgeglichen, ich

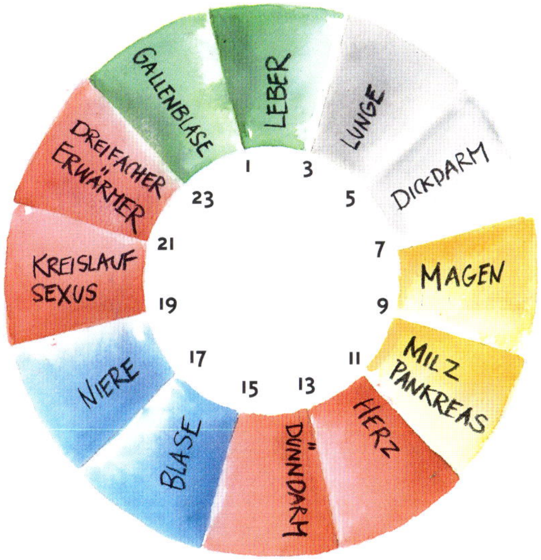

Innerhalb von 24 Stunden durchlaufen die Meridiane einen Energiekreislauf. Jeder Meridian hat 2 Stunden lang »maximale Energie«.

bin friedvoll« wenn möglich mehrmals täglich laut aus, am besten vor dem Spiegel. Dabei sollten Sie versuchen, sich anzulachen – auch wenn Ihnen vielleicht im Augenblick nicht danach zumute ist. Allein das Sprechen und die Muskelbewegung beim Lachen bewirken eine positive Reaktion in Ihrem Gehirn.

Jeder negative Gedanke baut ein negatives Feld um uns auf. Inzwischen kann man messen, welche Gehirnbezirke bei welchen Gedanken aktiviert werden. Da das Gehirn nicht in der Lage ist, zwei Gedanken gleichzeitig zu fassen, sollten wir mit möglichst vielen guten und schönen Gedanken die hässlichen, negativen möglichst schnell aus unserem Gehirn verdrängen. Denken Sie also positiv!

DIE FARBEN DER MERIDIANE

In der Chinesischen Medizin sind den Meridianen bestimmte Farben zugeordnet. Diese Farbzuordnung habe ich auf die Heilzonen übertragen, je nachdem, zu welchem Meridian sie gehören. So sind alle Heilzonen, die zum Nierenmeridian gehören, blau, alle, die zum Lebermeridian gehören, grün eingefärbt. Die gleiche Farbkodierung finden Sie auch in der Abbildung der Ohrzonen, so dass Sie sich besser orientieren können und die energetischen Verbindungen für Sie optisch sichtbar werden.

➤ Lungenmeridian	Weiß
➤ Dickdarmmeridian	Schwarz
➤ Magenmeridian	Beige
➤ Milz-Pankreas-Meridian	Gelb
➤ Herzmeridian	Rot
➤ Dünndarmmeridian	Lila
➤ Blasenmeridian	Türkis
➤ Nierenmeridian	Blau
➤ Kreislaufmeridian	Pink
➤ Dreifacher Erwärmer	Orange
➤ Gallenblasenmeridian	Braun
➤ Lebermeridian	Grün

Von innen und von außen behandeln

Wenden wir uns nun den verschiedenen äußerlichen und innerlichen Anwendungen zu, mit denen energetisch gestörte Heilzonen behandelt werden können. Bei der Selbstbehandlung richten Sie sich am besten nach der Reihenfolge, wie sie auch auf den Heilzonen-Seiten aufgeführt ist.

Heilzone

Die wichtigste äußere Anwendung der Heilzonen-Therapie ist die Meridianmassage. Dabei reiben Sie den schmerzenden Bereich im Meridianverlauf mit homöopathischen Mitteln, Heilkräutertinkturen und Bach-Blüten ein.

Wenn Sie sich über den Verlauf des Meridians innerhalb Ihrer Heilzone nicht sicher sind, so schlagen Sie auf Seite 152 nach. Dort finden Sie genaue Abbildungen aller Meridiane.

Die Einreibungen erfolgen mit den für diese Heilzone empfohlenen Mitteln. Geben Sie dazu etwa 10–20 Tropfen unverdünnt in die hohle Hand und massieren Sie die Tinktur mit den Fingerspitzen oder der ganzen Hand mit festen Aufwärts- und Abwärtsstrichen in die Haut ein. Sie können die Mittel einzeln nacheinander anwenden oder zuerst eine Mischung herstellen und diese dann verreiben. Wenden Sie diese Heilzonen-Massage mehrmals täglich an, in akuten Fällen alle 10 Minuten.

Wenn Schmerzen plötzlich auftreten und Sie gerade kein spezifisch wirkendes Präparat zur Hand haben, können Sie die Heilzonen vorübergehend auch mit Arnikatinktur, Bitterkräutertinktur, Melissengeist, Franzbranntwein oder zur Not einfach mit Wodka einreiben.

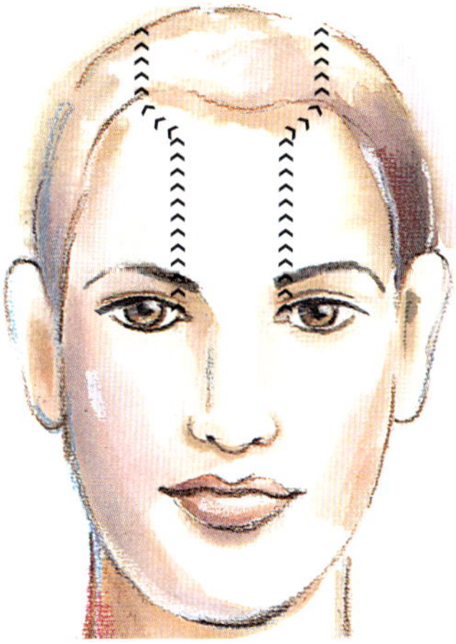

Die Meridianmassage ist die wichtigste äußere Anwendung der Heilzonen-Therapie: Der Blasenmeridian verläuft rechts und links über die Stirn. Haben Sie in diesem Bereich Schmerzen, so massieren Sie einige Tropfen Heilkräutertinktur, homöopathische Tropfen oder Bach-Blüten mit den Fingerspitzen im Meridianverlauf in die Haut ein.

Ohrzonen

Die Ohrzonen sind besonders in der Schmerztherapie sehr wichtig. Schlagen Sie die Ohrzonen-Grafik auf (hintere Buchklappe und Seite 166) und suchen Sie die im Text angegebenen Zonen. Mit einem Wattestäbchen, das mit homöopathischen Mitteln, den Heilpflanzentinkturen oder den Bach-Blüten getränkt ist, reiben Sie die entsprechende Zone sanft kreisend ein. Führen Sie diese Anwendung mehrmals täglich für 2–3 Minuten am besten mit Hilfe eines Partners durch.

Homöopathie

Die Besonderheiten der Selbstbehandlung mit homöopathischen Mitteln sind auf Seite 167 erklärt. Lesen Sie die unter Ihrer Heilzone angegebenen Mittelbeschreibungen durch und versuchen Sie dasjenige Mittel zu finden, das am ehesten auf Sie zutrifft. Beachten Sie dabei vor allem die Qualität des Schmerzes, z. B. ob er heftig, pulsierend, stechend oder reißend ist.

Wenn Sie sich für ein Mittel entschieden haben, können Sie es in jeder Apotheke in Tropfenform kaufen. Sollte keine der angegebenen Begleiterscheinungen passen, nehmen Sie nicht irgendein anderes Mittel, sondern lassen Sie es in diesem Fall lieber ganz weg.

Nehmen Sie 3 mal täglich 20 Tropfen in etwas Wasser immer vor den Mahlzeiten ein. Wer keinen Alkohol zu sich nehmen möchte, gibt die Tropfen zunächst in warmes Wasser, damit der Alkohol verdampft (siehe auch Seite 168), oder nimmt sie als Globuli (3-mal 7 Stück) oder Tabletten (3-mal 2 Stück) ein.

Die homöopathischen Tropfen dienen auch zur Heilzonen-Massage, wie oben beschrieben.

Heilpflanzen

Die angegebenen Heilkräuter lassen sich am besten in Form von Tinkturen anwenden. Ihr Apotheker kann Ihnen pflanzliche Fertigprodukte empfehlen oder die Mittel für Sie herstellen. Sie können die Heilkräutertinkturen einzeln oder in Kombination anwenden (siehe

Ihr Heilzonen-Wegweiser

auch Seite 170). Sie sollten sie 3-mal täglich einnehmen, am besten 20 Tropfen in $^1/_2$ Glas Wasser vor den Mahlzeiten.

Die Heilkräutertinkturen dienen auch zur Heilzonen-Massage, wie oben beschrieben.

Zu jedem Organsystem empfehle ich außerdem eine oder mehrere spezielle Tee-Mischungen. Die Rezepte dazu stehen auf Seite 172. Trinken Sie die Tees in der angegebenen Menge.

Bach-Blütentherapie

Bach-Blüten heißen auch Seelenblüten, und tatsächlich haben die meisten Beschwerden immer auch eine seelische Komponente. Die Anleitung zur Herstellung einer Blütenmischung steht auf Seite 169. Nehmen Sie die Tropfen 3-mal täglich ein und nutzen Sie sie ebenfalls zur Heilzonen-Massage. Falls Sie die passende Blüte nicht zu Hause haben, reichen vorübergehend auch die Notfalltropfen (Rescue Remedy).

Ernährungsempfehlung

Hippokrates sagte bereits: »Deine Lebensmittel seien deine Heilmittel.« Halten Sie sich an die entsprechende Heilzonen-Diät (Seite 174), wenigstens so lange, bis sich die Beschwerden bessern oder ganz verschwunden sind. Wichtig dabei ist, dass alle Zutaten so biologisch wie möglich sind, das heißt aus kontrolliertem Anbau, ohne Spritzmittel und ohne chemische Zusätze oder Konservierungsmittel.

Meridiangymnastik

Machen Sie 2-mal täglich die angegebene Meridiangymnastik. Die Übungen sind leicht verständlich und auch für ältere Menschen bestens geeignet, um sich fit und vital zu halten. Trotzdem sollte die Wirkung nicht unterschätzt werden! Durch diese Bewegungen wird ebenfalls die »gestaute« Energie in den Meridianen in Fluss gebracht (Seite 157). Wenn Sie alle Meridian-Übungen nacheinander machen, dient das der Pflege und Erhaltung Ihrer Gesundheit.

WAS SONST NOCH HILFT

Im Kasten mit dieser Überschrift finden Sie bewährte Hausmittel und persönliche Tipps, die den Therapieerfolg noch verbessern und zu einem dauerhaften Ergebnis führen.

GRENZEN DER SELBSTBEHANDLUNG

Wenn Sie alle empfohlenen Maßnahmen miteinander kombinieren, sollte dies relativ schnell zu einer Linderung Ihrer Beschwerden führen. Wenn jedoch nach 2–3 Tagen Therapie keine Besserung eintritt, dann sollten Sie sich an Ihren Heilpraktiker oder Naturheilarzt wenden, um die Ursachen abzuklären. Er kann bei Bedarf die von mir unter »Weitere Therapien« erwähnten Heilverfahren anwenden.

Bei bestimmten Zonen steht ein »Vorsicht!«-Hinweis. Treten bei diesen Zonen starke, akute Schmerzen auf, die sich trotz Behandlung nicht bessern, dann sollten Sie keinesfalls mehrere Tage warten, sondern baldmöglichst einen Arzt aufsuchen.

Ich wünsche Ihnen viel Erfolg bei der Anwendung meiner Heilzonen-Therapie

Oberkopf 1

Beschwerden:
Schmerzen, Druck, Schwindel, Brennen, Juckreiz, Entzündung, Hauterscheinung, Haarausfall, Sonnenstich, Gedächtnisschwäche, lokaler Schweiß

Bezug: Blasenmeridian
Hauptorganfunktionszeit: 15–17 Uhr
Farbe: Türkis
Gefühl: Ungeduld, Ruhelosigkeit
Affirmation: »Ich bin ausgeglichen, ich bin friedvoll«

Heilzone

Vom Haaransatz über den Scheitel bis zum Nacken im Meridianverlauf homöopathische Mittel, Heilkräutertinkturen und Bach-Blüten einreiben (s. S. 56)

Ohrzonen

Blasen-Nieren-Zone und Kopfzone mit getränktem Wattestäbchen kreisend einreiben (s. S. 166)

Homöopathie

Bryonia D6 bei Scheitelkopfschmerz; Spigelia D6 bei heftigem pulsierendem Schmerz; Cocculus D6 bei Schwindel; Glonoinum D4 bei Sonnenstich

Heilpflanzen

Goldrutenkraut, Berberitzenfrüchte, Weidenrinde, Pestwurz;
3-mal täglich 20 Tropfen, einzeln oder als Mischung, vor dem Essen in etwas Wasser einnehmen und evtl. auch einreiben;
bei Schuppen: Brennnesselhaarwasser
Tee-Rezept: Nieren-Blasen-Tee, 1 Liter täglich (s. S. 171)

Bach-Blütentherapie

Impatiens, Pine, Rock Water und Sweet Chestnut einnehmen und einreiben

Ernährungsempfehlung

Nieren-Diät (s. S. 174)

Meridiangymnastik

Blasenmeridian-Übung (s. S. 158)

Weitere Therapien beim Heilpraktiker oder Naturheilarzt

Akupunktur, Homöosiniatrie, Nosodentherapie, Kranio-Sakral-Therapie, Atemtherapie, Aderlass bei Bluthochdruck
Osteopathie: Wirbelsegmente C1 – C2 – C3
Störfelder Zähne: 11/21/31/41
Neuraltherapie: Stirnhöhlen, Nebenhöhlen, Tonsillen, Narben, Unterleib

WAS SONST NOCH HILFT:

- Warme Salzfußbäder wirken entspannend auf die Kopfnerven.
- Bei Kopfschmerz eine Tasse starken Kaffee mit dem Saft einer Zitrone trinken.
- Die Aminosäure Phenylalanin wirkt positiv auf das Gedächtnis und hilft auch gegen Migräne und Depressionen.
- Gedächtnisverlust kann bei älteren Menschen auch durch Austrocknung entstehen. Daher täglich mindestens 2 Liter Flüssigkeit trinken, am besten Wasser oder Kräutertees.
- Bei Haarausfall empfehle ich Haarspiritus nach Dr. Weiss: Nehmen Sie 1 ml Lavendelöl, 1 ml Kalmusöl, 10 ml Enziantinktur und füllen diese mit Rosmarinspiritus auf 100 ml auf.

VORSICHT!
Akut auftretende Kopfschmerzen könnten Schlaganfall bedeuten. In diesem Fall kommen weitere Symptome hinzu wie hängende Mundwinkel, Armlähmung, Lähmungen einer Seite. Ein Hinweis auf Gehirnhautreizung oder Gehirnhautentzündung ist immer stärker werdende Nackensteifigkeit!

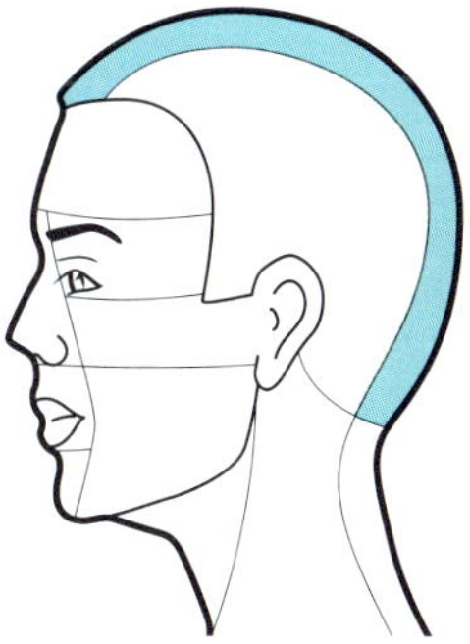

2 Kopf seitlich rechts

Bezug: Gallenblasenmeridian
Hauptorganfunktionszeit: 23–1 Uhr
Farbe: Braun
Gefühl: Wut, Jähzorn
Affirmation: »Ich gehe liebevoll auf andere zu«

Beschwerden:
Schmerzen, Druck, Schwindel, Brennen, Juckreiz, Entzündung, Hauterscheinungen, Haarausfall, Sonnenstich, Gedächtnisschwäche, lokaler Schweiß

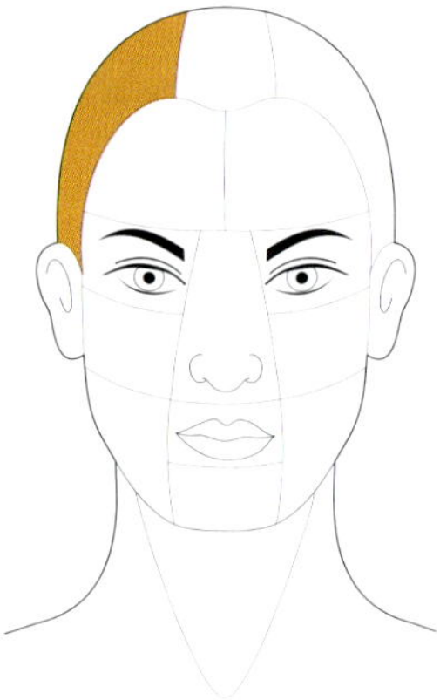

Heilzone

An der rechten Kopfseite im Meridianverlauf homöopathische Mittel, Heilkräutertinkturen und Bach-Blüten einreiben (s. S. 56)

Ohrzonen

Gallenblasenzone und Kopfzone mit getränktem Wattestäbchen kreisend einreiben (s. S. 166)

Homöopathie

Lycopodium D4 bei klopfendem, drückendem Schmerz;
Chelidonium D4 bei bleischwerem Kopf;
Gelsemium D4 bei Kopfschmerz von hinten nach vorne

VORSICHT!
Akut auftretende Kopfschmerzen könnten Schlaganfall bedeuten. In diesem Fall kommen weitere Symptome hinzu wie hängende Mundwinkel, Armlähmung, Lähmungen einer Seite. Ein Hinweis auf Gehirnhautreizung oder Gehirnhautentzündung ist immer stärker werdende Nackensteifigkeit!

Heilpflanzen

Bitterkräutertinktur, Löwenzahnkraut und -wurzel, Pfefferminze, Pestwurz, Odermennig, gelbes Labkraut;
3-mal täglich 20 Tropfen, einzeln oder als Mischung, vor dem Essen in etwas Wasser einnehmen und evtl. auch einreiben;
bei Schuppen und Haarausfall: Haarwasser mit Brennnesselkraut, Birkenblättern oder Klettenwurzel in die Kopfhaut einmassieren
Tee-Rezept: Leber-Galle-Tee $^1/_2$ Liter morgens, $^1/_2$ Liter abends (s. S. 171)

WAS SONST NOCH HILFT:

- **Der Saft des schwarzen Rettich regt den Gallenfluss an: 2–3 EL täglich.**
- **Ein ansteigendes Fußbad mildert Kopfschmerzen.**
- **Zur Steigerung der Gedächtnisfunktion und der Konzentration die Aminosäure Glutamin einnehmen.**
- **Es gelten auch die Empfehlungen von Heilzone 1.**

Bach-Blütentherapie

Centaury, Chicory, Gorse, Holly, Sweet Chestnut und Wild Rose einnehmen und einreiben

Ernährungsempfehlung

Leber-Galle-Diät (s. S. 174)

Meridiangymnastik

Gallenblasenmeridian-Übung (s. S. 158)

Weitere Therapien beim Heilpraktiker oder Naturheilarzt

Akupunktur, Homöosiniatrie, Nosodentherapie, Kranio-Sakral-Therapie, Aderlass bei Bluthochdruck
Osteopathie: Wirbelsegmente C1 – C2 – C3
Störfelder Zähne: 13/23/33/43
Neuraltherapie: Stirnhöhlen, Nebenhöhlen, Tonsillen, Narben, Gallenblase, Unterleib

Kopf seitlich links 3

Beschwerden:
Schmerzen, Druck, Schwindel, Brennen, Juckreiz, Entzündung, Hauterscheinungen, Haarausfall, Sonnenstich, Gedächtnisschwäche, lokaler Schweiß

Bezug: Gallenblasenmeridian
Hauptorganfunktionszeit: 23–1 Uhr
Farbe: Braun
Gefühl: Wut, Jähzorn
Affirmation: »Ich gehe liebevoll auf andere zu«

Heilzone

An der linken Kopfseite im Meridianverlauf homöopathische Mittel, Heilkräutertinkturen und Bach-Blüten einreiben (s. S. 56)

Ohrzonen

Gallenblasenzone und Kopfzone mit getränktem Wattestäbchen kreisend einreiben (s. S. 166)

Homöopathie

Nux vomica D6 bei Kopfschmerz nach zu viel Essen und Alkohol;
Spigelia D6 bei pulsierendem Schmerz;
Gelsemium D4 bei Kopfschmerz von hinten nach vorne

Heilpflanzen

Bitterkräutertinktur, Löwenzahnkraut und -wurzel, Pfefferminze, Pestwurz, Odermennig, gelbes Labkraut;
3-mal täglich 20 Tropfen, einzeln oder als Mischung, vor dem Essen in etwas Wasser einnehmen und evtl. auch einreiben;
bei Schuppen und Haarausfall: Haarwasser mit Brennnesselkraut, Birkenblättern oder Klettenwurzel in die Kopfhaut einmassieren
Tee-Rezept: Leber-Galle-Tee 1/2 Liter morgens, 1/2 Liter abends (s. S. 171)

Bach-Blütentherapie

Centaury, Holly, Oak, Vine, White Chestnut und Wild Rose einnehmen und einreiben

Ernährungsempfehlung

Leber-Galle-Diät (s. S. 174)

Meridiangymnastik

Gallenblasenmeridian-Übung (s. S. 158)

Weitere Therapien beim Heilpraktiker oder Naturheilarzt

Akupunktur, Homöosiniatrie, Nosodentherapie, Kranio Sakral Therapie, Aderlass bei Bluthochdruck
Osteopathie: Wirbelsegmente C1 – C2 – C3
Störfelder Zähne: 13/23/33/43
Neuraltherapie: Stirnhöhlen, Nebenhöhlen, Tonsillen, Narben, Gallenblase, Unterleib

WAS SONST NOCH HILFT:

- Der Saft des schwarzen Rettich regt den Gallenfluss an: 2–3 EL täglich.
- Ein ansteigendes Fußbad mildert Kopfschmerzen.
- Zur Steigerung der Gedächtnisfunktion und der Konzentration die Aminosäure Glutamin einnehmen.
- Es gelten auch die Empfehlungen von Heilzone 1.

VORSICHT!
Akut auftretende Kopfschmerzen könnten Schlaganfall bedeuten. In diesem Fall kommen weitere Symptome hinzu wie hängende Mundwinkel, Armlähmung, Lähmungen einer Seite. Ein Hinweis auf Gehirnhautreizung oder Gehirnhautentzündung ist immer stärker werdende Nackensteifigkeit!

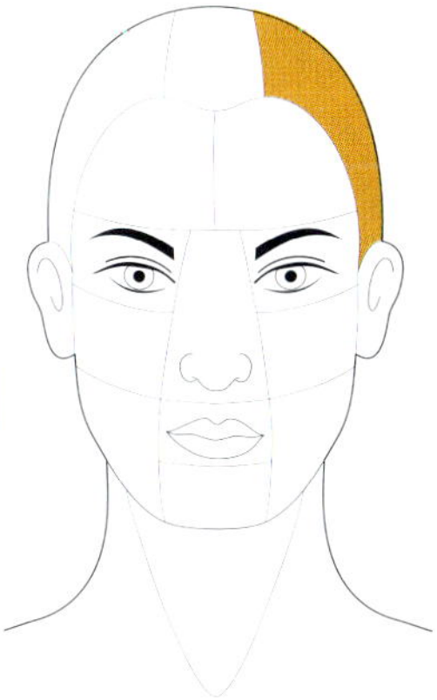

4 Stirn rechts

Bezug: Magenmeridian
Hauptorganfunktionszeit: 7–9 Uhr
Farbe: Beige
Gefühl: Enttäuschung, Bitterkeit
Affirmation: »Ich bin zufrieden, ich bin ruhig«

Beschwerden:
Schmerzen, Druck, Schwindel, Brennen, Juckreiz, Stirnhöhlenentzündung, Hauterscheinungen, Haarausfall

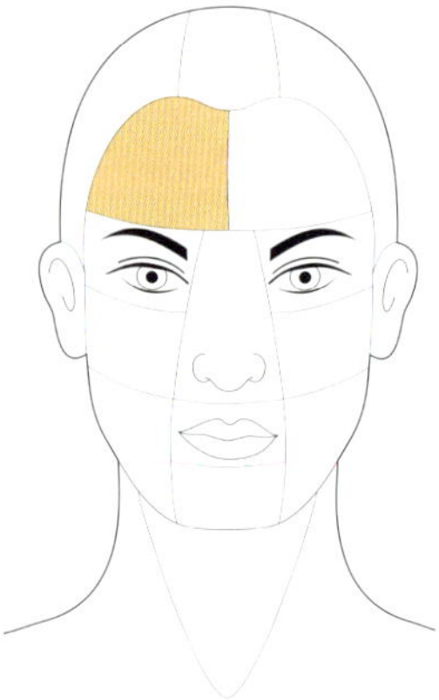

Heilzone

Auf der rechten Stirnseite im Meridianverlauf homöopathische Mittel, Heilkräutertinkturen und Bach-Blüten einreiben (s. S. 56)

Ohrzonen

Magenzone und Kopfzone mit getränktem Wattestäbchen kreisend einreiben (s. S. 166)

Homöopathie

Cinnabaris D4 bei akuter und chronischer Stirnhöhlenentzündung;
Aloe vera D4 bei dumpfem Schmerz mit Übelkeit;
Carduus marianus D4 bei dumpfem Schmerz mit Schwindel

Heilpflanzen

Echinacea, Eibisch, Käsepappel;
Bitterkräuter wie Enzian, Kalmus, Tausendgüldenkraut, Schafgarbe, Wermut, Engelswurz, Condurango;
bei Säureüberschuss im Magen: Kamille, Süßholz;
3-mal täglich 20 Tropfen, einzeln oder als Mischung, vor dem Essen in etwas Wasser einnehmen und evtl. auch einreiben
Tee-Rezept: Magen-Tee (s. S. 171) oder Kamillentee

WAS SONST NOCH HILFT:

- Ein ansteigendes Fußbad mildert Kopfschmerzen.
- Bei Stirnhöhlenentzündung helfen tägliche Kopfdampfbäder mit 5–10 Tropfen Teebaumöl oder Kamillenextrakt.
- Die Aminosäure Cystein stimuliert das Immunsystem und lässt Sie neue Energie gewinnen.

Bach-Blütentherapie

Holly, Scleranthus, Star of Bethlehem und Water Violet einnehmen und einreiben

Ernährungsempfehlung

Magen-Diät (s. S. 174), Basenbrühe

Meridiangymnastik

Magenmeridian-Übung (s. S. 158)

Weitere Therapien beim Heilpraktiker oder Naturheilarzt

Eigenbluttherapie zur Abwehrsteigerung bei Stirnhöhlenentzündung, Akupunktur, Homöosiniatrie, Nosodentherapie, Kranio-Sakral-Therapie, Nase rödern
Osteopathie: Wirbelsegmente Th 6 – Th 5
Störfelder Zähne: 16/17/26/27/34/35/44/45
Neuraltherapie: Stirnhöhlen, Nebenhöhlen, Tonsillen, Weihe-Punkte, Solarplexus, Narben

Stirn links 5

Beschwerden:
Schmerzen, Druck, Schwindel, Brennen, Juckreiz, Stirnhöhlenentzündung, Hauterscheinungen, Haarausfall

Bezug: Magenmeridian
Hauptorganfunktionszeit: 7–9 Uhr
Farbe: Beige
Gefühl: Enttäuschung, Bitterkeit
Affirmation: »Ich bin zufrieden, ich bin ruhig«

Heilzone

Auf der linken Stirnseite im Meridianverlauf homöopathische Mittel, Heilkräutertinkturen und Bach-Blüten einreiben (s. S. 56)

Ohrzonen

Magenzone und Kopfzone mit getränktem Wattestäbchen kreisend einreiben (s. S. 166)

Homöopathie

Hydrastis D6 bei Stirnhöhlenentzündung mit dickem, gelbem Sekret;
Argentum nitr. D12 bei klopfendem, bohrendem Schmerz;
Spigelia D4 bei heftigem, pulsierendem Schmerz

Heilpflanzen

Echinacea, Eibisch, Käsepappel;
Bitterkräuter wie Enzian, Kalmus, Tausendgüldenkraut, Schafgarbe, Wermut, Engelswurz, Condurango;
bei Säureüberschuss im Magen: Kamille, Süßholz;
3-mal täglich 20 Tropfen, einzeln oder als Mischung, vor dem Essen in etwas Wasser einnehmen und evtl. auch einreiben
Tee-Rezept: Magen-Tee (s. S. 171) oder Kamillentee

Bach-Blütentherapie

Holly, Olive, Star of Bethlehem und Water Violet einnehmen und einreiben

Ernährungsempfehlung

Magen-Diät (s. S. 174), Basenbrühe

Meridiangymnastik

Magenmeridian-Übung (s. S. 158)

Weitere Therapien beim Heilpraktiker oder Naturheilarzt

Eigenbluttherapie zur Abwehrsteigerung bei Stirnhöhlenentzündung, Akupunktur, Homöosiniatrie, Nosodentherapie, Kranio-Sakral-Therapie, Nase rödern
Osteopathie: Wirbelsegmente Th 6 – Th 5
Störfelder Zähne: 16/17/26/27/34/35/44/45
Neuraltherapie: Stirnhöhlen, Nebenhöhlen, Tonsillen, Weihe-Punkte, Solarplexus, Narben

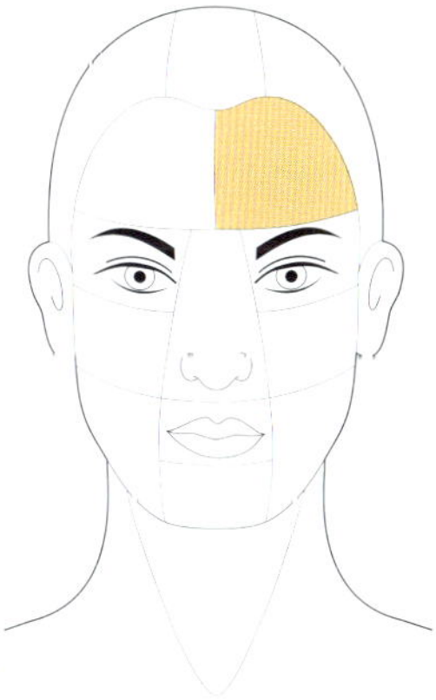

WAS SONST NOCH HILFT:

- Ein ansteigendes Fußbad mildert Kopfschmerzen.
- Bei Stirnhöhlenentzündung helfen tägliche Kopfdampfbäder mit 5–10 Tropfen Teebaumöl oder Kamillenextrakt, wer es verträgt, auch Eukalyptusextrakt.
- Die Aminosäure Cystein stimuliert das Immunsystem und lässt Sie neue Energie gewinnen.

6 Auge rechts

Bezug: Gallenblasenmeridian
Hauptorganfunktionszeit: 23–1 Uhr
Farbe: Braun
Gefühl: Wut, Jähzorn
Affirmation: »Ich gehe liebevoll auf andere zu«

Beschwerden:
Schmerzen, Brennen, Druck, Juckreiz, Entzündung, Hauterscheinungen, Sehstörung, Lichtscheu, Tränenfluss

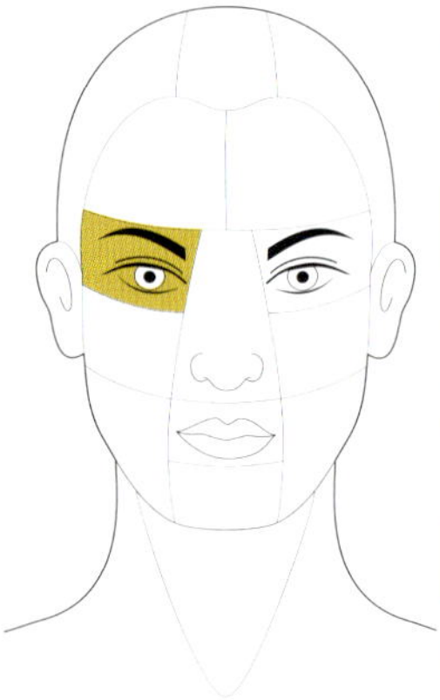

Heilzone

Um das rechte Auge herum (Achtung, nicht ins Auge!) im Meridianverlauf homöopathische Mittel, Heilkräutertinkturen und Bach-Blüten einreiben (s. S. 56)

Ohrzonen

Gallenblasenzone und Kopfzone mit getränktem Wattestäbchen kreisend einreiben (s. S. 166)

Homöopathie

Kalium carbonicum D4 bei schwarzen Punkten vor den Augen, Stichen im Auge;
Ledum D4 bei Schmerzen nach einer Verletzung;
Comocladia dentata D12 bei Bindehautentzündung, Augenschmerz mit Kopfweh

Heilpflanzen

Augentrostkraut, Bitterkräutertinktur, Löwenzahnkraut und -wurzel, Pfefferminze, Pestwurz, Odermennig, gelbes Labkraut;
3-mal täglich 20 Tropfen, einzeln oder als Mischung, vor dem Essen in etwas Wasser einnehmen und evtl. auch einreiben;
Augentrost hilft auch als Augenkompresse
Tee-Rezept: Augentrosttee 1 Liter tagsüber, Leber-Galle-Tee 1/2 Liter abends (s. S. 171)

VORSICHT!
Bei starken, brennenden Schmerzen könnte es sich um eine Herpes-Infektion handeln. Bringt eine Herpes-Nosodentherapie nach 1/2 Tag keine Besserung, muss evtl. Cortison gegeben werden. Sonst können Vernarbungen auf der Hornhaut zurückbleiben.

WAS SONST NOCH HILFT:

- **Augenspülungen mit Augentrosttee lindern Entzündungen und Schmerzen, oft genügt auch schon kaltes Wasser.**
- **Wenn eine Schwellung unter dem Auge auftritt, dann müssen Niere und Blase mit behandelt werden: Goldrutentropfen einnehmen und Nieren-Blasen-Tee trinken.**
- **Das Oberlid hat Bezug zum Herzen: Bei Lidschmerzen Weißdorntropfen einnehmen und Herz-Tee trinken.**

Bach-Blütentherapie

Chicory und Walnut einnehmen und einreiben

Ernährungsempfehlung

Leber-Galle-Diät (s. S. 174)

Meridiangymnastik

Gallenblasenmeridian-Übung (s. S. 158)

Weitere Therapien beim Heilpraktiker oder Naturheilarzt

Augendruck messen lassen!, Akupunktur, Homöosiniatrie, Nosodentherapie, Kranio-Sakral-Therapie, Atemtherapie
Osteopathie: Wirbelsegmente C1 – C2 – C3 – Th 4 – Th 10
Störfelder Zähne: 13/23/33/43
Neuraltherapie: Stirnhöhlen, Nebenhöhlen, Tonsillen, Narben

Auge links 7

Beschwerden:
Schmerzen, Brennen, Druck, Juckreiz, Entzündung, Hauterscheinungen, Sehstörung, Lichtscheu, Tränenfluss

Bezug: Gallenblasenmeridian
Hauptorganfunktionszeit: 23–1 Uhr
Farbe: Braun
Gefühl: Wut, Jähzorn
Affirmation: »Ich gehe liebevoll auf andere zu«

Heilzone

Um das linke Auge herum (Achtung, nicht ins Auge!) im Meridianverlauf homöopathische Mittel, Heilkräutertinkturen und Bach-Blüten einreiben (s. S. 56)

Ohrzonen

Gallenblasenzone und Kopfzone mit getränktem Wattestäbchen kreisend einreiben (s. S. 166)

Homöopathie

Ruta D4 bei Schmerzen durch Überanstrengung;
Colocynthis D4 bei bohrenden Schmerzen;
Spigelia D6 bei pulsierenden Schmerzen

Heilpflanzen

Augentrostkraut, Bitterkräutertinktur, Löwenzahnkraut und -wurzel, Pfefferminze, Pestwurz, Odermennig, gelbes Labkraut;
3-mal täglich 20 Tropfen, einzeln oder als Mischung, vor dem Essen in etwas Wasser einnehmen und evtl. auch einreiben;
Augentrost hilft auch äußerlich als Augenkompresse
Tee-Rezept: Augentrosttee 1 Liter tagsüber, Leber-Galle-Tee 1/2 Liter abends (s. S. 171)

Bach-Blütentherapie

Star of Bethlehem und Sweet Chestnut einnehmen und einreiben

Ernährungsempfehlung

Leber-Galle-Diät (s. S. 174)

Meridiangymnastik

Gallenblasenmeridian-Übung (s. S. 158)

Weitere Therapien beim Heilpraktiker oder Naturheilarzt

Augendruck messen lassen!, Akupunktur, Homöosiniatrie, Nosodentherapie, Kranio-Sakral Therapie, Atemtherapie
Osteopathie: Wirbelsegmente C1 – C2 – Th 4 – Th 10
Störfelder Zähne: 13/23/33/43
Neuraltherapie: Stirnhöhlen, Nebenhöhlen, Tonsillen, Narben

WAS SONST NOCH HILFT:

- Augenspülungen mit Augentrosttee lindern Entzündungen und Schmerzen, oft genügt auch schon kaltes Wasser.
- Wenn eine Schwellung unter dem Auge auftritt, dann müssen Niere und Blase mit behandelt werden: Goldrutentropfen einnehmen und Nieren-Blasen-Tee trinken.
- Das Oberlid hat Bezug zum Herzen: Bei Lidschmerzen Weißdorntropfen einnehmen und Herz-Tee trinken.

VORSICHT!
Bei starken, brennenden Schmerzen könnte es sich um eine Herpes-Infektion handeln. Bringt eine Herpes-Nosodentherapie nach 1/2 Tag keine Besserung, muss evtl. Cortison gegeben werden. Sonst können Vernarbungen auf der Hornhaut zurückbleiben.

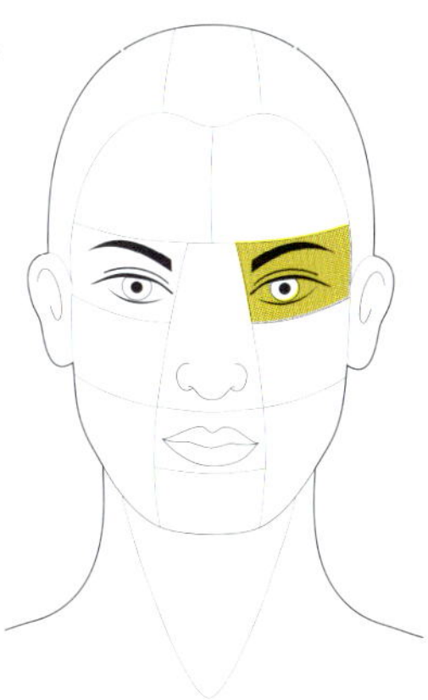

8 Ohr rechts

Bezug: Dreifacher-Erwärmer-Meridian
Hauptorganfunktionszeit: 21–23 Uhr
Farbe: Orange
Gefühl: Freude
Affirmation: »Ich bin hoffnungsfroh, leicht und beschwingt«

Beschwerden:
Schmerzen, Druck, Ohrgeräusche, Brennen, Juckreiz, Entzündung, Hauterscheinungen, Schwindel, »Ohr ist zu«

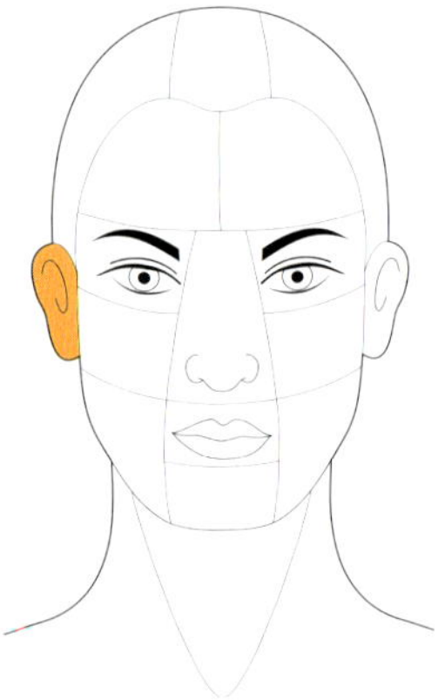

VORSICHT!
Plötzlich auftretende, starke Ohrenschmerzen könnten einen Hörsturz bedeuten! Dann schnell zum Arzt.

Heilzone

Um das rechte Ohr im Meridianverlauf homöopathische Mittel, Heilkräutertinkturen und Bach-Blüten einreiben (s. S. 56)

Ohrzonen

Nierenzone und Leber-Galle-Zone mit getränktem Wattestäbchen kreisend einreiben (s. S. 166)

Homöopathie

Aconitum D6 bei Mittelohrentzündung;
Chamomilla D8 bei stechendem Schmerz;
Phosphor D6 bei brennendem Schmerz

Heilpflanzen

Goldrutenkraut, Schachtelhalm, Löwenzahnkraut und -wurzel, Tausendgüldenkraut und Bitterkräutertinktur;
3-mal täglich 20 Tropfen, einzeln oder als Mischung, vor dem Essen in etwas Wasser einnehmen und evtl. auch einreiben
Tee-Rezept: $^{1}/_{2}$ Liter Nieren-Blasen-Tee morgens, $^{1}/_{2}$ Liter Leber-Galle-Tee abends (s. S. 171)

Bach-Blütentherapie

Sweet Chestnut und Rescue Remedy einnehmen und einreiben

WAS SONST NOCH HILFT:

- Bei Ohrenschmerzen etwas Watte mit Bitterkräutertinktur, Rescue Remedy und dem passenden Homöopathikum tränken, die Watte in warmem Öl wälzen und in den Gehörgang schieben. Etwas trockene Watte zum Schutz darüber geben.
- Umschläge mit einem warmen Brei aus Bockshornkleesamen haben sich ebenfalls sehr bewährt.
- Die Ohrkerzen der Hopi-Indianer reinigen, schaffen Druckausgleich und machen den Kopf wieder frei.
- Die Ohren haben auch einen Bezug zur Niere, deshalb ist es wichtig, stets genug zu trinken (Wasser oder Kräutertee)!

Ernährungsempfehlung

Leber-Galle-Diät (s. S. 174)

Meridiangymnastik

Dreifacher-Erwärmer-Übung (s. S. 158)

Weitere Therapien beim Heilpraktiker oder Naturheilarzt

Ohrpropf wenn nötig entfernen lassen, Akupunktur, Homöosiniatrie, Nosodentherapie, Osteophonie, Atemtherapie, Kranio-Sakral-Therapie
Osteopathie: Wirbelsegmente C1 – C2 – C3 – C4
Störfelder Zähne: 18/28/38/48
Neuraltherapie: Stirnhöhlen, Nebenhöhlen, Tonsillen, Mastoid, Narben

Ohr links 9

Beschwerden:
Schmerzen, Druck, Ohrgeräusche, Brennen, Juckreiz, Entzündung, Hauterscheinungen, Schwindel, »Ohr ist zu«

Bezug: Dreifacher-Erwärmer-Meridian
Hauptorganfunktionszeit: 21–23 Uhr
Farbe: Orange
Gefühl: Freude
Affirmation: »Ich bin hoffnungsfroh, leicht und beschwingt«

Heilzone

Um das linke Ohr im Meridianverlauf homöopathische Mittel, Heilkräutertinkturen und Bach-Blüten einreiben (s. S. 56)

Ohrzonen

Nierenzone und Leber-Galle-Zone mit getränktem Wattestäbchen kreisend einreiben (s. S. 166)

Homöopathie

Theridion D6 bei Ohrenschmerzen mit Schwindel und Kopfschmerz;
Staphysagria D4 bei stechendem Schmerz;
Capsicum D6 bei brennendem Schmerz

Heilpflanzen

Goldrutenkraut, Schachtelhalm, Löwenzahnkraut und -wurzel, Tausendgüldenkraut und Bitterkräutertinktur;
3-mal täglich 20 Tropfen, einzeln oder als Mischung, vor dem Essen in etwas Wasser einnehmen und evtl. auch einreiben
Tee-Rezept: 1/2 Liter Nieren-Blasen-Tee morgens, 1/2 Liter Leber-Galle-Tee abends (s. S. 171)

Bach-Blütentherapie

Clematis und Rescue Remedy einnehmen und einreiben

Ernährungsempfehlung

Leber-Galle-Diät (s. S. 174)

Meridiangymnastik

Dreifacher-Erwärmer-Übung (s. S. 158)

Weitere Therapien beim Heilpraktiker oder Naturheilarzt

Ohrpropf wenn nötig entfernen lassen, Akupunktur, Homöosiniatrie, Nosodentherapie, Osteophonie, Atemtherapie, Kranio-Sakral-Therapie
Osteopathie: Wirbelsegmente C1 – C2 – C3 – C4
Störfelder Zähne: 18/28/38/48
Neuraltherapie: Stirnhöhlen, Nebenhöhlen, Tonsillen, Mastoid, Narben

WAS SONST NOCH HILFT:

- Bei Ohrenschmerzen etwas Watte mit Bitterkräutertinktur, Rescue Remedy und dem passenden Homöopathikum tränken, die Watte in warmem Öl wälzen und in den Gehörgang schieben. Etwas trockene Watte zum Schutz darüber geben.
- Umschläge mit einem warmen Brei aus Bockshornkleesamen haben sich ebenfalls sehr bewährt.
- Die Ohrkerzen der Hopi-Indianer reinigen, schaffen Druckausgleich und machen den Kopf wieder frei.
- Die Ohren haben auch einen Bezug zur Niere, deshalb ist es wichtig, stets genug zu trinken (Wasser oder Kräutertee)!

VORSICHT!
Plötzlich auftretende, starke Ohrenschmerzen könnten einen Hörsturz bedeuten! Dann schnell zum Arzt.

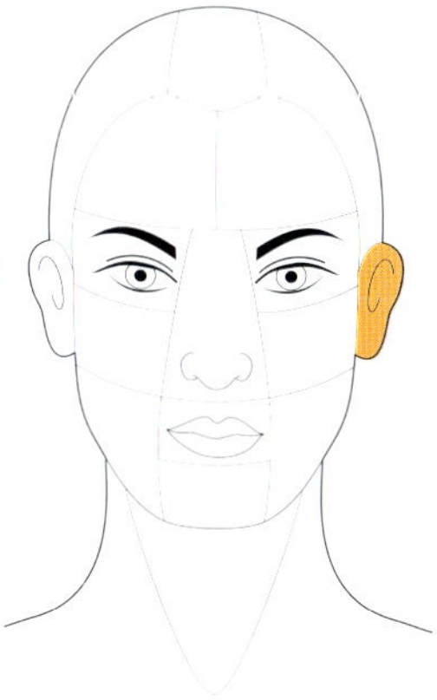

10 Wange rechts

Bezug: Magenmeridian
Hauptorganfunktionszeit: 7–9 Uhr
Farbe: Beige
Gefühl: Enttäuschung, Bitterkeit
Affirmation: »Ich bin zufrieden, ich bin ruhig«

Beschwerden:
Schmerzen, Brennen, Juckreiz, Hauterscheinungen, lokaler Schweiß, Kieferhöhlenentzündung, Trigeminusneuralgie

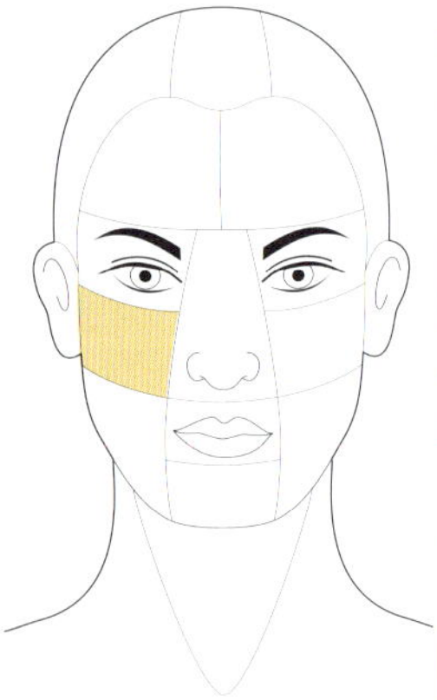

Heilzone

Auf der rechten Wange im Meridianverlauf homöopathische Mittel, Heilkräutertinkturen und Bach-Blüten einreiben (s. S. 56)

Ohrzonen

Magenzone und Kopfzone mit getränktem Wattestäbchen kreisend einreiben (s. S. 166)

Homöopathie

Cedron D4 bei Trigeminusneuralgie;
Magnesium phosph. D6 bei krampfartigem Schmerz;
Capsicum D6 bei brennendem Schmerz

Heilpflanzen

Bitterkräuter wie Enzian, Tausendgüldenkraut, Schafgarbe, Kalmus, Wermut, Engelswurz, Condurango, Pfefferminze;
3-mal täglich 20 Tropfen, einzeln oder als Mischung, vor dem Essen in etwas Wasser einnehmen und evtl. auch einreiben
Tee-Rezept: Magen-Tee (s. S. 171) oder Kamillentee

Bach-Blütentherapie

Clematis und Vervain einnehmen und einreiben

WAS SONST NOCH HILFT:

- Bei Säureüberschuss im Magen Kamille- und Süßholzextrakt einnehmen.
- Bei Kieferhöhlenentzündung helfen tägliche Kopfdampfbäder mit 5–10 Tropfen Teebaumöl oder Kamillenextrakt.
- Eine deutlich umschriebene Rötung auf beiden Wangen kann auf eine Herzschwäche hindeuten: In diesem Fall Weißdornpräparate einnehmen und Herz-Tee trinken.
- Hautreizungen kann man sehr wirkungsvoll mit Eigenurin behandeln. Dazu vom Morgenurin den Mittelstrahl auffangen (der ist steril) und die Haut einreiben.
- Die Farbe Blau beruhigt: Bei Trigeminusneuralgie ein blaues Seidentuch umbinden.

Ernährungsempfehlung

Magen-Diät (s. S. 174), Basenbrühe

Meridiangymnastik

Magenmeridian-Übung (s. S. 158)

Weitere Therapien beim Heilpraktiker oder Naturheilarzt

Akupunktur, Homöosiniatrie, Nosodentherapie, Mesotherapie, Kranio-Sakral-Therapie, Lymphdrainage
Osteopathie: Wirbelsegmente C1 – C2 – C3
Störfelder Zähne: 16/17/26/27/34/35/44/45
Neuraltherapie: Stirnhöhlen, Nebenhöhlen, Tonsillen, Weihe-Punkte, Narben

Wange links 11

Beschwerden:
Schmerzen, Brennen, Juckreiz, Hauterscheinungen, lokaler Schweiß, Kieferhöhlenentzündung, Trigeminusneuralgie

Bezug: Magenmeridian
Hauptorganfunktionszeit: 7–9 Uhr
Farbe: Beige
Gefühl: Enttäuschung, Bitterkeit
Affirmation: »Ich bin zufrieden, ich bin ruhig«

Heilzone

Auf der linken Wange im Meridianverlauf homöopathische Mittel, Heilkräutertinkturen und Bach-Blüten einreiben (s. S. 56)

Ohrzonen

Magenzone und Kopfzone mit getränktem Wattestäbchen kreisend einreiben (s. S. 166)

Homöopathie

Lachesis D6 bei Schmerzen, die zum Ohr ziehen;
Spigelia D6 bei Schwellung;
Colocynthis D6 bei krampfartigem Schmerz

Heilpflanzen

Bitterkräuter wie Enzian, Tausendgüldenkraut, Schafgarbe, Kalmus, Wermut, Engelswurz, Condurango, Pfefferminze; 3-mal täglich 20 Tropfen, einzeln oder als Mischung, vor dem Essen in etwas Wasser einnehmen und evtl. auch einreiben
Tee-Rezept: Magen-Tee (s. S. 171) oder Kamillentee

Bach-Blütentherapie

Centaury und Oak einnehmen und einreiben

Ernährungsempfehlung

Magen-Diät (s. S. 174), Basenbrühe

Meridiangymnastik

Magenmeridian-Übung (s. S. 158)

Weitere Therapien beim Heilpraktiker oder Naturheilarzt

Akupunktur, Homöosiniatrie, Nosodentherapie, Mesotherapie, Kranio-Sakral-Therapie, Lymphdrainage
Osteopathie: Wirbelsegmente C1 – C2 – C3
Störfelder Zähne: 16/17/26/27/34/35/44/45
Neuraltherapie: Stirnhöhlen, Nebenhöhlen, Tonsillen, Weihe-Punkte, Narben

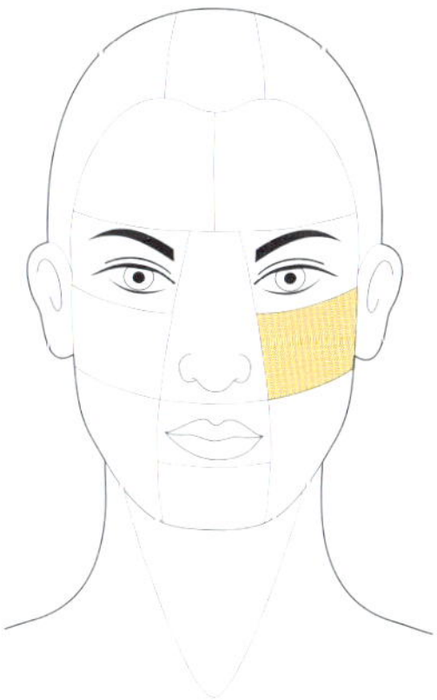

WAS SONST NOCH HILFT:

- Bei Säureüberschuss im Magen Kamille- und Süßholzextrakt einnehmen.
- Bei Kieferhöhlenentzündung helfen tägliche Kopfdampfbäder mit 5–10 Tropfen Teebaumöl oder Kamillenextrakt.
- Eine deutlich umschriebene Rötung auf beiden Wangen kann auf eine Herzschwäche hindeuten: In diesem Fall Weißdornpräparate einnehmen und Herz-Tee trinken.
- Hautreizungen kann man sehr wirkungsvoll mit Eigenurin behandeln. Dazu vom Morgenurin den Mittelstrahl auffangen (der ist steril) und die Haut einreiben.
- Die Farbe Blau beruhigt: Bei Trigeminusneuralgie ein blaues Seidentuch umbinden.

12 Nase

Bezug: Dickdarmmeridian
Hauptorganfunktionszeit: 5–7 Uhr
Farbe: Schwarz (Grau)
Gefühl: Schuldgefühle, kein Selbstwertgefühl
Affirmation: »Ich bin es wert, geliebt zu werden«

Beschwerden:
Schnupfen, Heuschnupfen, verstopfte Nase, Schmerzen, Druck, Brennen, Juckreiz, Entzündung, Hauterscheinung, Geruchsstörungen, Nasenbluten

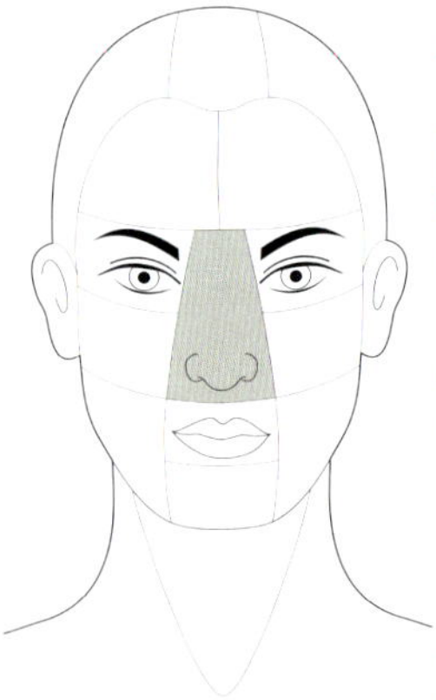

Heilzone

Auf der Nase im Meridianverlauf homöopathische Mittel, Heilkräutertinkturen und Bach-Blüten einreiben (s. S. 56)

Ohrzonen

Kopfzone und Darmzone mit getränktem Wattestäbchen kreisend einreiben (s. S. 166)

Homöopathie

Allium Cepa D4 bei Fließschnupfen;
Kalium bichrom. D4 bei Druck an der Nasenwurzel;
Phosphor D6 bei Nasenbluten

Heilpflanzen

Für die Nase: Pimpinelle, Eukalyptus, Spitzwegerich;
für den Dickdarm: Bitterkräutertinktur, Faulbaumrinde, Kümmel, Pfefferminze, Aloe vera;
3-mal täglich 20 Tropfen, einzeln oder als Mischung, vor dem Essen in etwas Wasser einnehmen und evtl. auch einreiben
Tee-Rezept: Darm-Tee (s. S. 171)

Bach-Blütentherapie

Agrimony, Aspen und Star of Bethlehem einnehmen und einreiben

WAS SONST NOCH HILFT:

- Bei Schnupfen helfen tägliche Inhalationen mit Eukalyptus- oder Kamillenextrakt.
- Versuchen Sie es mit Luffa-Nasentropfen.
- Ansteigende Fußbäder, am besten mit Meersalz, tun ihre Wirkung bei Erkältungsschnupfen.
- Manche Erkältung mit Schnupfen könnte durch ein gutes altes Niesmittel verhindert werden. Lassen Sie sich »Hufelands Niespulver« vom Apotheker mischen: je 25 g Maiglöckchenblüten, Lavendelblüten und Majorankraut, je 12,5 g Saponariae med. und Sachari, je 15 Tropfen Bergamotteöl und Nelkenöl.
- Bei Nasenbluten: Ein kaltes Tuch in den Nacken legen und die Nasenlöcher für etwa 10 Minuten zuhalten.

Ernährungsempfehlung

Darm-Diät (s. S. 174)

Meridiangymnastik

Dickdarmmeridian-Übung (s. S. 158)

Weitere Therapien beim Heilpraktiker oder Naturheilarzt

Colon-Hydro-Therapie, Akupunktur, Homöosiniatrie, Nosodentherapie, Atemtherapie, Kranio-Sakral-Therapie
Osteopathie: Wirbelsegmente C1 – C2 – C3
Störfelder Zähne: 11/21/31/41
Neuraltherapie: Stirnhöhlen, Nebenhöhlen, Tonsillen, Narben, Dickdarm

Unterkiefer links 13

Beschwerden:
Schmerzen, Brennen, Juckreiz, Entzündung, Schwellung, Hauterscheinungen, Trigeminusneuralgie

Bezug: Magenmeridian
Hauptorganfunktionszeit: 7–9 Uhr
Farbe: Beige
Gefühl: Enttäuschung, Bitterkeit
Affirmation: »Ich bin zufrieden, ich bin ruhig«

Heilzone

Am linken Unterkiefer im Meridianverlauf homöopathische Mittel, Heilkräutertinkturen und Bach-Blüten einreiben (s. S. 56)

Ohrzonen

Magenzone mit getränktem Wattestäbchen kreisend einreiben (s. S. 166)

Homöopathie

Aconit D30 bei akuten Zahnschmerzen;
Belladonna D6 bei klopfendem, pulsierendem Schmerz;
Causticum D6 bei reißendem, ziehendem, brennendem Schmerz

Heilpflanzen

Bitterkräuter wie Enzian, Tausendgüldenkraut, Schafgarbe, Wermut, Engelswurz, Condurango, Pfefferminze;
3-mal täglich 20 Tropfen, einzeln oder als Mischung, vor dem Essen in etwas Wasser einnehmen und evtl. auch einreiben
Tee-Rezept: Magen-Tee (s. S. 171) oder Kamillentee

Bach-Blütentherapie

Centaury, Gentian, Holly und Pine einnehmen und einreiben

Ernährungsempfehlung

Magen-Diät (s. S. 174)

Meridiangymnastik

Magenmeridian-Übung (s. S. 158)

Weitere Therapien beim Heilpraktiker oder Naturheilarzt

Akupunktur, Homöosiniatrie, Nosodentherapie, Mesotherapie, Atemtherapie, Kranio-Sakral-Therapie
Osteopathie: Wirbelsegment C3
Störfelder Zähne: 16/17/26/27
Neuraltherapie: Stirnhöhlen, Nebenhöhlen, Tonsillen, Weihe-Punkte, Narben

WAS SONST NOCH HILFT:

- Ein übersäuerter Magen lässt sich durch Kamille und Süßholz beruhigen: 1–2 Lakritzstangen zerkleinern, in 1 Glas heißem Kamillentee auflösen, über den Tag verteilt trinken.
- Roher Kartoffelsaft und roher Weißkohlsaft binden ebenfalls Magensäure: Kleine Mengen über den Tag verteilt trinken.
- Die Unterkieferzone zeigt reflektorisch die Verdauungsleistung des Darms an: Dadurch bilden sich hier leicht Falten, bei schlechter Verdauung wird das Gewebe schwach und »sackt ab« zum Doppelkinn.
- In der Farbtherapie steht Blau für beruhigend und kühl: Bei Trigeminusneuralgie kann ein blaues Seidentuch, um den Kiefer gebunden, die Schmerzen lindern.

VORSICHT!
Eine Schwellung am Unterkiefer kann bedeuten, dass der Ausgang der Ohrspeicheldrüse verstopft ist. Vom Therapeuten untersuchen lassen.

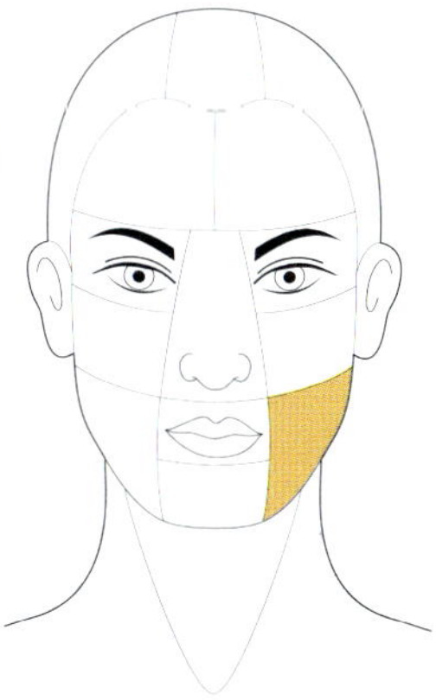

14 Unterkiefer rechts

Bezug: Magenmeridian
Hauptorganfunktionszeit: 7–9 Uhr
Farbe: Beige
Gefühl: Enttäuschung, Bitterkeit
Affirmation: »Ich bin zufrieden, ich bin ruhig«

Beschwerden:
Schmerzen, Brennen, Juckreiz, Entzündung, Schwellung, Hauterscheinungen, Trigeminusneuralgie

VORSICHT!
Eine Schwellung am Unterkiefer kann bedeuten, dass der Ausgang der Ohrspeicheldrüse verstopft ist. Vom Therapeuten untersuchen lassen.

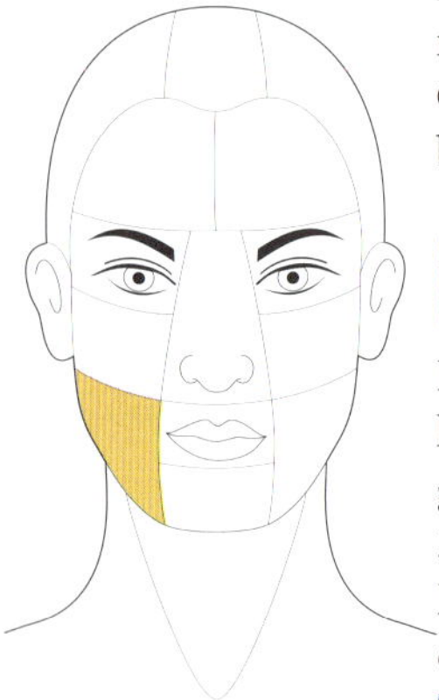

Heilzone

Am rechten Unterkiefer im Meridianverlauf homöopathische Mittel, Heilkräutertinkturen und Bach-Blüten einreiben (s. S. 56)

Ohrzonen

Magenzone mit getränktem Wattestäbchen kreisend einreiben (s. S. 166)

Homöopathie

Aconit D30 bei akuten Zahnschmerzen;
Belladonna D6 bei klopfendem, pulsierendem Schmerz;
Causticum D6 bei reißendem, ziehendem, brennendem Schmerz

Heilpflanzen

Bitterkräuter wie Enzian, Tausendgüldenkraut, Schafgarbe, Kalmus, Wermut, Engelswurz, Condurango, Pfefferminze;
3-mal täglich 20 Tropfen, einzeln oder als Mischung, vor dem Essen in etwas Wasser einnehmen und evtl. auch einreiben
Tee-Rezept: Magen-Tee (s. S. 171) oder Kamillentee

Bach-Blütentherapie

Beech, Holly, Mustard und Vervain einnehmen und einreiben

Ernährungsempfehlung

Magen-Diät (s. S. 174)

Meridiangymnastik

Magenmeridian-Übung (s. S. 158)

Weitere Therapien beim Heilpraktiker oder Naturheilarzt

Akupunktur, Homöosiniatrie, Nosodentherapie, Mesotherapie, Atemtherapie, Kranio-Sakral-Therapie
Osteopathie: Wirbelsegment C3
Störfelder Zähne: 16/17/26/27
Neuraltherapie: Stirnhöhlen, Nebenhöhlen, Tonsillen, Weihe-Punkte, Narben

WAS SONST NOCH HILFT:

- Ein übersäuerter Magen lässt sich durch Kamille und Süßholz beruhigen: 1–2 Lakritzstangen zerkleinern, in 1 Glas heißem Kamillentee auflösen, über den Tag verteilt trinken.
- Roher Kartoffelsaft und roher Weißkohlsaft binden ebenfalls Magensäure: Kleine Mengen über den Tag verteilt trinken.
- Die Unterkieferzone zeigt reflektorisch die Verdauungsleistung des Darms an: Dadurch bilden sich hier leicht Falten, bei schlechter Verdauung wird das Gewebe schwach und »sackt ab« zum Doppelkinn.
- In der Farbtherapie steht Blau für beruhigend und kühl: Bei Trigeminusneuralgie kann ein blaues Seidentuch, um den Kiefer gebunden, die Schmerzen lindern.

Zwischen Mund und Nase 15

Beschwerden:
Schmerzen, Brennen, Juckreiz, Entzündung, Hauterscheinungen

Bezug: Dickdarmmeridian
Hauptorganfunktionszeit: 5–7 Uhr
Farbe: Schwarz (Grau)
Gefühl: Schuldgefühle, kein Selbstwertgefühl
Affirmation: »Ich bin es wert, geliebt zu werden«

Heilzone

Zwischen Mund und Nase im Meridianverlauf homöopathische Mittel, Heilkräutertinkturen und Bach-Blüten einreiben (s. S. 56)

Ohrzonen

Kopfzone und Darmzone mit getränktem Wattestäbchen kreisend einreiben (s. S. 166)

Homöopathie

Natrium muriaticum D4 bei Ausschlag oder Schwellung um den Mund;
Rhus toxicodendron D6 bei Schmerzen

Heilpflanzen

Bitterkräuter wie Engelswurz, Löwenzahn, Tausendgüldenkraut, Benediktenkraut, Harongabaum, Pfefferminze, Melisse, Fenchel, Kümmel;
3-mal täglich 20 Tropfen, einzeln oder als Mischung, vor dem Essen in etwas Wasser einnehmen und evtl. auch einreiben;
bei Verdauungsbeschwerden siehe auch Heilzonen 48 und 49
Tee-Rezept: Darm-Tee (s. S. 171)

Bach-Blütentherapie

Willow einnehmen und einreiben

WAS SONST NOCH HILFT:

- **Zwischen Nase und Mund befindet sich ein wichtiger Akupunkturpunkt, der bei Schmerzen aller Art und Kreislaufstörungen schnelle Hilfe bringt: Drücken Sie mit dem Zeigefinger genau auf die Mitte über den beiden Schneidezähnen.**
- **Bei Kreislaufstörungen hilft es, die ganze Zone zwischen Mund und Nase mit den Bach-Notfalltropfen »Rescue Remedy« einzumassieren.**
- **Hilfreich bei Verdauungsbeschwerden sind Papayafrüchte, Tomaten – frisch oder gekocht – und Gewürze wie Majoran.**

Ernährungsempfehlung

Darm-Diät (s. S. 174)

Meridiangymnastik

Dickdarmmeridian-Übung (s. S. 158)

Weitere Therapien beim Heilpraktiker oder Naturheilarzt

Colon-Hydro-Therapie, Akupunktur, Nosodentherapie, Homöosiniatrie, Mesotherapie
Osteopathie: Wirbelsegmente C2 – C3
Störfelder Zähne: 14/15/24/25/34/45
Neuraltherapie: Stirnhöhlen, Nebenhöhlen, Tonsillen, Weihe-Punkte, Narben

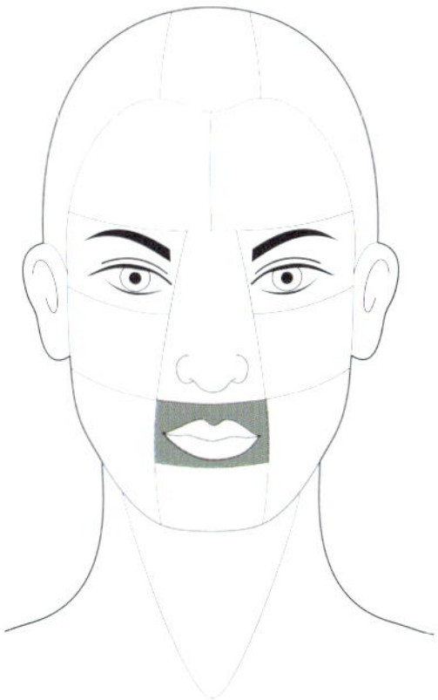

16 Mund

Bezug: Magenmeridian
Hauptorganfunktionszeit: 7–9 Uhr
Farbe: Beige
Gefühl: Enttäuschung, Bitterkeit
Affirmation: »Ich bin zufrieden, ich bin ruhig«

Beschwerden:
Schmerzen, Brennen, Juckreiz, Hauterscheinungen, Herpes-Infektion, Entzündung der Mundwinkel, Mundgeruch, Heiserkeit, Stimmverlust, Zahnschmerzen

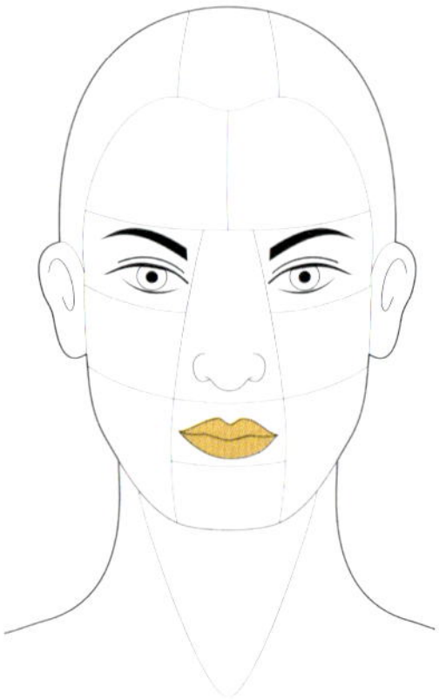

Heilzone

Um den Mund herum im Meridianverlauf homöopathische Mittel, Heilkräutertinkturen und Bach-Blüten einreiben (s. S. 56)

Ohrzonen

Magenzone mit getränktem Wattestäbchen kreisend einreiben (s. S. 166)

Homöopathie

Arsenicum alb. D6 bei Rissen, Rhagaden; Natrium muriaticum D6 bei Schmerzen; Chamomilla D8 bei Zahnschmerzen

Heilpflanzen

Bitterkräuter wie Enzian, Tausendgüldenkraut, Schafgarbe, Wermut, Engelswurz, Condurango, Pfefferminze;
3-mal täglich 20 Tropfen, einzeln oder als Mischung, vor dem Essen in etwas Wasser einnehmen und evtl. auch einreiben;
bei Entzündungen im Mund mit Blutwurztinktur oder Salbeitinktur gurgeln: $^1/_2$ TL auf 1 Glas Wasser;
Kamillentinktur bei entzündeter Mundschleimhaut: 10 Tropfen auf 1 Glas Wasser
Tee-Rezept: Magen-Tee (s. S. 171)

Bach-Blütentherapie

Willow einnehmen und einreiben

WAS SONST NOCH HILFT:

- Der Mund ist der Eingang zum Verdauungstrakt. Achten Sie sorgfältig auf alles, was Sie in den Mund nehmen und schlucken. Und vergessen Sie nicht: »Gut gekaut ist halb verdaut!«
- Bei Mundgeruch Bitterkräutertinktur in Wasser einnehmen und damit gurgeln.
- Bei Heiserkeit frisch geriebenen Meerrettich in kleinen Portionen zur Desinfektion des Kehlkopfes essen.
- Wenn die Stimme wegzubleiben droht: mit einer Mischung aus Kamillen-Salbei-Arnika-Extrakt oder mit Ratanhiatinktur gurgeln (20–30 Tropfen auf 1 Glas Wasser).
- Entzündete Mundschleimhaut mit Myrren- oder Salbeitinktur einpinseln.

Ernährungsempfehlung

Magen-Diät (s. S. 174)

Meridiangymnastik

Magenmeridian-Übung (s. S. 158)

Weitere Therapien beim Heilpraktiker oder Naturheilarzt

Vitamin-B_{12}-Injektionen bei entzündeten Mundwinkeln, Akupunktur, Homöosiniatrie, Nosodentherapie, Atemtherapie, Kranio-Sakral-Therapie
Osteopathie: Wirbelsegment C3
Störfelder Zähne: 16/17/26/27
Neuraltherapie: Stirnhöhlen, Nebenhöhlen, Tonsillen, Weihe-Punkte, Narben

Kinn 17

Beschwerden:
Schmerzen, Brennen, Juckreiz, Entzündung, Hauterscheinungen

Bezug: Dickdarmmeridian
Hauptorganfunktionszeit: 5–7 Uhr
Farbe: Schwarz (Grau)
Gefühl: Schuldgefühle, kein Selbstwertgefühl
Affirmation: »Ich bin es wert, geliebt zu werden«

Heilzone

Am Kinn im Meridianverlauf homöopathische Mittel, Heilkräutertinkturen und Bach-Blüten einreiben (s. S. 56)

Ohrzonen

Kopfzone und Darmzone mit getränktem Wattestäbchen kreisend einreiben (s. S. 166)

Homöopathie

Antimonium crudum D4 bei unreiner Haut am Kinn;
Cicuta virosa D6 bei Ausschlägen

Heilpflanzen

Bitterkräuter wie Engelswurz, Löwenzahn, Tausendgüldenkraut, Benediktenkraut, Harongabaum, Pfefferminze, Melisse, Fenchel, Kümmel;
bei Verstopfung: Cascararinde, Aloe, erlenblättriger Kreuzdorn, Faulbaumrinde;
bei Durchfall: Uzara, Blutwurz, Eichenrinde;
3-mal täglich 20 Tropfen, einzeln oder als Mischung, vor dem Essen in etwas Wasser einnehmen und evtl. auch einreiben
Tee-Rezept: Darm-Tee und Vier-Winde-Tee (s. S. 171)

Bach-Blütentherapie

Aspen einnehmen und einreiben

Ernährungsempfehlung

Darm-Diät (s. S. 174)

Meridiangymnastik

Dickdarmmeridian-Übung (s. S. 158)

Weitere Therapien beim Heilpraktiker oder Naturheilarzt

Colon-Hydro-Therapie und Darmsymbioselenkung, Akupunktur, Homöosiniatrie, Nosodentherapie, Mesotherapie
Osteopathie: Wirbelsegment C3
Störfelder Zähne: 15/16/24/25/36/37/46/47
Neuraltherapie: Stirnhöhlen, Nebenhöhlen, Tonsillen, Weihe-Punkte, Narben

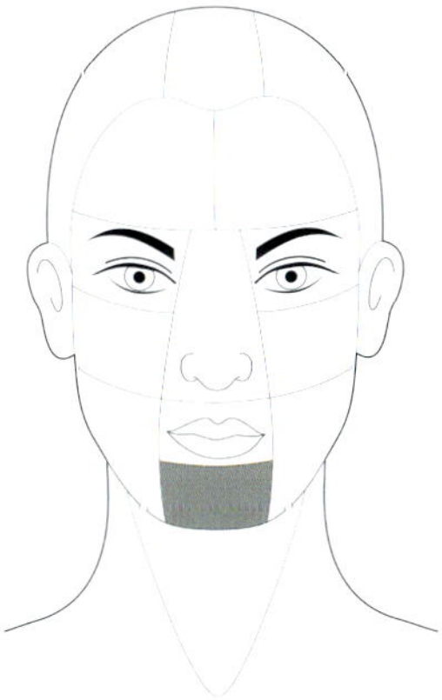

WAS SONST NOCH HILFT:

- Wenn sich am Kinn ständig Pickel bilden oder die Hautbeschaffenheit gröber ist als die restliche Gesichtshaut, dann helfen Einläufe und Darmsymbioselenkung.
- Heilerde gegen Hautunreinheiten innerlich und äußerlich anwenden.
- Hautreizungen kann man sehr wirkungsvoll mit Eigenurin behandeln. Dazu vom Morgenurin den Mittelstrahl auffangen (der ist steril) und die Haut einreiben.
- Die Verdauung unterstützen Tomaten, Papayafrüchte und Gewürze wie Majoran.

18 Hals vorne

Bezug: Magenmeridian
Hauptorganfunktionszeit: 7–9 Uhr
Farbe: Beige
Gefühl: Enttäuschung, Bitterkeit
Affirmation: »Ich bin zufrieden, ich bin ruhig«

Beschwerden:
Schmerzen, Druck, Brennen, Juckreiz, Entzündung, Hauterscheinungen, Heiserkeit, Stimmverlust

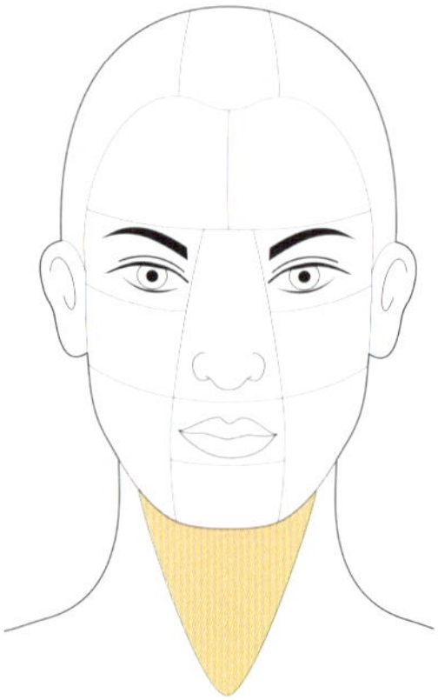

Heilzone

Am Hals vorne im Meridianverlauf homöopathische Mittel, Heilkräutertinkturen und Bach-Blüten einreiben (s. S. 56)

Ohrzonen

Halszone und Magenzone mit getränktem Wattestäbchen kreisend einreiben (s. S. 166)

Homöopathie

Mercurius solubilis D6 bei Kratzen, rauem Hals, Heiserkeit;
Causticum D6 bei Stimmverlust;
Bryonia D4 bei Schluckbeschwerden;
Ignatia D6 bei »Knödelgefühl im Hals«

Heilpflanzen

Bitterkräuter wie Enzian, Tausendgüldenkraut, Schafgarbe, Kalmus, Wermut, Engelswurz, Condurango, Pfefferminze;
3-mal täglich 20 Tropfen, einzeln oder als Mischung, vor dem Essen in etwas Wasser einnehmen und evtl. auch einreiben
Tee-Rezept: Magen-Tee (s. S. 171) und Kamillentee

Bach-Blütentherapie

Crab Apple und Water Violet einnehmen und einreiben

WAS SONST NOCH HILFT:

- Bei Halsschmerzen kann ein kalter Prießnitz-Halswickel Schlimmeres verhüten.
- Bei Heiserkeit frisch geriebenen Meerrettich in kleinen Portionen zur Desinfektion des Kehlkopfes essen.
- Wenn die Stimme wegzubleiben droht: mit einer Mischung aus Kamillen-Salbei-Arnika-Extrakt oder mit Ratanhiatinktur gurgeln (20–30 Tropfen auf 1 Glas Wasser).
- Die Farbtherapie empfiehlt ein blaues oder grünes Seidentuch umzubinden.
- Bei Säureüberschuss im Magen Kamille- und Süßholzextrakt einnehmen.

Ernährungsempfehlung

Magen-Diät (s. S. 174)

Meridiangymnastik

Magenmeridian-Übung (s. S. 158)

Weitere Therapien beim Heilpraktiker oder Naturheilarzt

Bei Druckgefühl Schilddrüse untersuchen lassen, Akupunktur, Homöosiniatrie, Nosodentherapie, Atemtherapie, Kranio-Sakral-Therapie
Osteopathie: Wirbelsegment C4
Störfelder Zähne: 16/26
Neuraltherapie: Stirnhöhlen, Nebenhöhlen, Tonsillen, Schilddrüse, Narben

Hals seitlich links 19

Beschwerden:
Schmerzen, Verspannung, Bewegungseinschränkung, Schiefhals, Brennen, Juckreiz, Entzündung, Hauterscheinungen

Bezug: Dünndarmmeridian
Hauptorganfunktionszeit: 13–15 Uhr
Farbe: Lila
Gefühl: Traurigkeit, Kummer
Affirmation: »Ich bin voller Freude, ich hüpfe vor Freude«

Heilzone

An der linken Halsseite im Meridianverlauf homöopathische Mittel, Heilkräutertinkturen und Bach-Blüten einreiben (s. S. 56)

Ohrzonen

Darmzone und Halszone mit getränktem Wattestäbchen kreisend einreiben (s. S. 166)

Homöopathie

Rhus toxicodendron D6 bei Schiefhals;
Causticum D4 bei Schiefhals und Verkrampfungen;
Cimicifuga D6 bei Steifheit und Verkrampfung, die ausstrahlt

Heilpflanzen

Bitterkräutertinktur, Löwenzahn, Pestwurz, Odermennig, gelbes Labkraut;
3-mal täglich 20 Tropfen, einzeln oder als Mischung, vor dem Essen in etwas Wasser einnehmen und evtl. auch einreiben
Tee-Rezept: Darm-Tee und Leber-Galle-Tee (s. S. 171)

Bach-Blütentherapie

Clematis, Mimulus, Oak und Vervain einnehmen und einreiben

Ernährungsempfehlung

Darm-Diät, Leber-Galle-Diät (s. S. 174)

Meridiangymnastik

Dünndarmmeridian-Übung, Dreifacher-Erwärmer-Übung (s. S. 158)

Weitere Therapien beim Heilpraktiker oder Naturheilarzt

Akupunktur, Homöosiniatrie, Nosodentherapie, Mesotherapie, Atemtherapie, Kranio-Sakral-Therapie
Osteopathie: Wirbelsegmente C1 – C3 – C4
Störfelder Zähne: 13/23/33/43
Neuraltherapie: Stirnhöhlen, Nebenhöhlen, Tonsillen, Weihe-Punkte, Narben

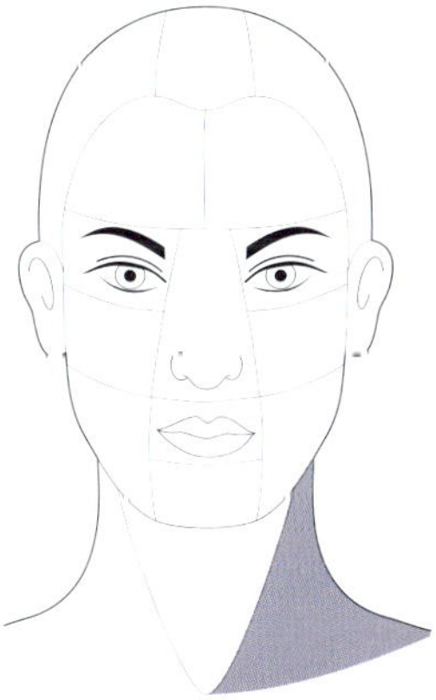

WAS SONST NOCH HILFT:

- Bei Verspannungen Magnesium phosphoricum D6 »biochemisch« einnehmen: 10 Tabletten in heißem Wasser auflösen und trinken.
- Seitlich am Hals rechts und links begegnen sich die Dünndarm-, Dickdarm-, Gallenblasen- und Dreifacher-Erwärmer-Meridiane. Sie alle haben somit ebenfalls Bezug zu dieser Heilzone.
- Wenn Halsschmerzen bis zur Seite ausstrahlen, ist ein kalter Prießnitz-Halswickel zu empfehlen.
- Die Farbtherapie empfiehlt zur Linderung und Entspannung ein blaues oder grünes Seidentuch umzubinden.

20 *Hals seitlich rechts*

Bezug: Dünndarmmeridian
Hauptorganfunktionszeit: 13–15 Uhr
Farbe: Lila
Gefühl: Traurigkeit, Kummer
Affirmation: »Ich bin voller Freude, ich hüpfe vor Freude«

Beschwerden:
Schmerzen, Verspannung, Schiefhals, Brennen, Juckreiz, Entzündung, Hauterscheinungen

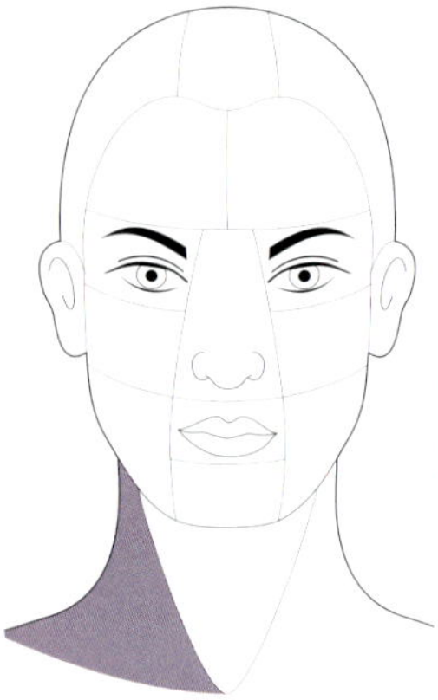

Heilzone

An der rechten Halsseite im Meridianverlauf homöopathische Mittel, Heilkräutertinkturen und Bach-Blüten einreiben (s. S. 56)

Ohrzonen

Darmzone und Halszone mit getränktem Wattestäbchen kreisend einreiben (s. S. 166)

Homöopathie

Arnica D3 bei wie zerschlagenen Muskeln; Causticum D4 bei Schiefhals und Verspannungen;
Bryonia D4 bei ziehenden, reißenden Schmerzen

Heilpflanzen

Bitterkräutertinktur, Löwenzahn, Pestwurz, Odermennig, gelbes Labkraut;
3-mal täglich 20 Tropfen, einzeln oder als Mischung, vor dem Essen in etwas Wasser einnehmen und evtl. auch einreiben
Tee-Rezept: Darm-Tee und Leber-Galle-Tee (s. S. 171)

Bach-Blütentherapie

Gorse, Sweet Chestnut, Vervain und Willow einnehmen und einreiben

Ernährungsempfehlung

Darm-Diät (s. S. 174)

Meridiangymnastik

Dünndarmmeridian-Übung, Dreifacher-Erwärmer-Übung (s. S. 158)

Weitere Therapien beim Heilpraktiker oder Naturheilarzt

Akupunktur, Homöosiniatrie, Nosodentherapie, Mesotherapie, Atemtherapie, Kranio-Sakral-Therapie
Osteopathie: Wirbelsegmente C1 – C3 – C4
Störfelder Zähne: 13/23/33/43
Neuraltherapie: Stirnhöhlen, Nebenhöhlen, Tonsillen, Weihe-Punkte, Narben

WAS SONST NOCH HILFT:

- Bei Verspannungen Magnesium phosphoricum D6 »biochemisch« einnehmen: 10 Tabletten in heißem Wasser auflösen und trinken.
- Seitlich am Hals rechts und links begegnen sich die Dünndarm-, Dickdarm-, Gallenblasen- und Dreifacher-Erwärmer-Meridiane. Sie alle haben somit ebenfalls Bezug zu dieser Heilzone.
- Wenn Halsschmerzen bis zur Seite ausstrahlen, ist ein kalter Prießnitz-Halswickel zu empfehlen.
- Die Farbtherapie empfiehlt zur Linderung und Entspannung ein blaues oder grünes Seidentuch umzubinden.

Hals hinten 21

Beschwerden:
Schmerzen, Brennen, Juckreiz, Entzündung, Hauterscheinungen, Schwellung, Bewegungseinschränkung

Bezug: Blasenmeridian
Hauptorganfunktionszeit: 15–17 Uhr
Farbe: Türkis
Gefühl: Ungeduld, Ruhelosigkeit
Affirmation: »Ich bin ausgeglichen, ich bin friedvoll«

Heilzone

Auf dem Nacken im Meridianverlauf homöopathische Mittel, Heilkräutertinkturen und Bach-Blüten einreiben (s. S. 56)

Ohrzonen

Halszone und Nieren-Blasen-Zone mit getränktem Wattestäbchen kreisend einreiben (s. S. 166)

Homöopathie

Gelsemium D6 bei Nackensteifigkeit;
Causticum D6 bei brennendem Schmerz;
Staphysagria D4 bei Ausschlag;
Cimicifuga D6 bei Schwellung am 7. Halswirbel, meist bei Frauen

Heilpflanzen

Goldrutenkraut, Berberitzenfrüchte, Weidenrinde, Pestwurz;
3-mal täglich 20 Tropfen, einzeln oder als Mischung, vor dem Essen in etwas Wasser einnehmen und evtl. auch einreiben
Tee-Rezept: Nieren-Blasen-Tee (s. S. 171)

Bach-Blütentherapie

Water Violet einnehmen und einreiben

WAS SONST NOCH HILFT:

- Der Bereich um den 7. Halswirbel ist bei Frauen in den Wechseljahren oft geschwollen – der so genannte »Hormonbuckel«. Hier eignen sich besonders ausleitende Verfahren wie das Baunscheidtieren oder das Schröpfen.
- Bei Verkrampfungen den Nacken 2-mal täglich mit Lymphsalbe einmassieren.

Ernährungsempfehlung

Nieren-Diät (s. S. 174)

Meridiangymnastik

Blasenmeridian-Übung, Nierenmeridian-Übung (s. S. 158)

Weitere Therapien beim Heilpraktiker oder Naturheilarzt

Baunscheidtieren oder blutig schröpfen, Akupunktur, Homöosiniatrie, Nosodentherapie, Kranio-Sakral-Therapie
Osteopathie: Wirbelsegmente C3 – C4
Störfelder Zähne: 11/21/31/41/12/22/32/42
Neuraltherapie: Stirnhöhlen, Nebenhöhlen, Tonsillen, Weihe-Punkte, Narben

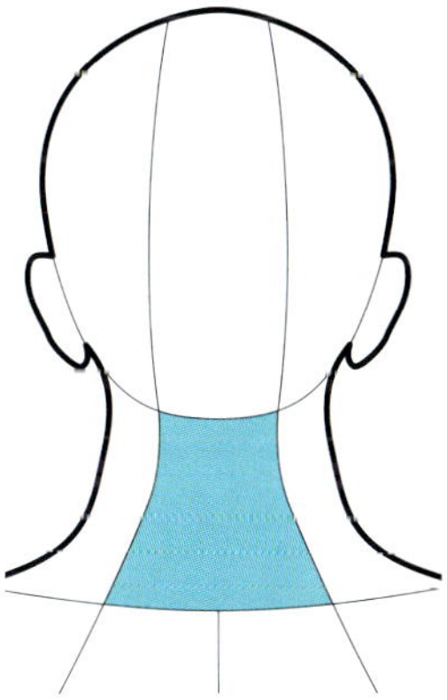

VORSICHT!
Bei plötzlich auftretender Nackensteife ist Vorsicht geboten: Es könnte eine Gehirnhautreizung oder beginnende Gehirnhautentzündung sein!

22 Lungenbereich rechts

Bezug: Nierenmeridian
Hauptorganfunktionszeit: 17–19 Uhr
Farbe: Blau
Gefühl: Sexuelle Probleme
Affirmation: »Ich spüre meine sexuellen Energien«

Beschwerden:
Schmerzen, Druck, Atemnot, Brennen, Jucken, Entzündung, Erkältung

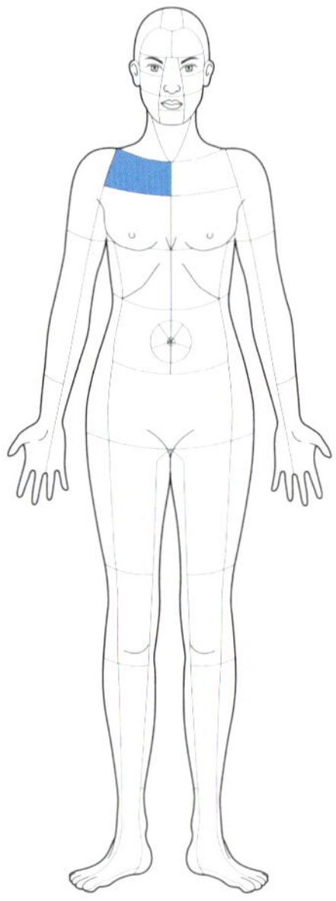

Heilzone

Auf der Brust rechts oben im Meridianverlauf homöopathische Mittel, Heilkräutertinkturen und Bach-Blüten einreiben (s. S. 56)

Ohrzonen

Lungenzone, Nierenzone und Darmzone (die Lunge hat auch einen Bezug zum Dickdarm!) mit getränktem Wattestäbchen kreisend einreiben (s. S. 166)

Homöopathie

Bryonia D4 bei trockenem, hartem Husten; Phosphor D6 bei trockenem Husten mit wenig Auswurf; Kalium carb. D3 bei Stichen in der Brust, trockenem Husten

Heilpflanzen

Lungenkraut, Thymiankraut, Schlüsselblume, Ackerschachtelhalm, Königskerze, Thymian, Sonnentau, Schöllkraut, Goldrutenkraut, Berberitze, Liebstöckelwurzel, Huflattichblüten und -blätter, Bitterkräutertinktur;
3-mal täglich 20 Tropfen, einzeln oder als Mischung, vor dem Essen in etwas Wasser einnehmen und evtl. auch einreiben
Tee-Rezept: Nieren-Tee 1/2 Liter morgens, Darm-Tee 1/2 Liter mittags, Lungen-Tee 1/2 Liter abends (s. S. 171)

WAS SONST NOCH HILFT:

- Rauchen vermeiden!
- Inhalieren mit Latschenkieferöl oder Eukalyptusöl
- Auflagen mit erwärmtem Schweinefett

Bach-Blütentherapie

Oak, Star of Bethlehem und Wild Oat einnehmen und einreiben

Ernährungsempfehlung

Darm-Diät, Nieren-Diät (s. S. 174)

Meridiangymnastik

Nierenmeridian-Übung, Lungenmeridian-Übung, Dickdarmmeridian-Übung (s. S. 158)

Weitere Therapien beim Heilpraktiker oder Naturheilarzt

Eigenbluttherapie zur Abwehrsteigerung, Baunscheidtieren, Schröpfen, Colon-Hydro-Therapie, Mesotherapie, Akupunktur, Homöosiniatrie, Nosodentherapie, Atemtherapie, Kranio-Sakral-Therapie, Lymphdrainage
Osteopathie: Wirbelsegmente C4 – Th 2 – Th 3
Störfelder Zähne: 14/15/24/25/36/37/46/47
Neuraltherapie: Stirnhöhlen, Nebenhöhlen, Tonsillen, Weihe-Punkte, Narben

Lungenbereich links 23

Beschwerden:
Schmerzen, Druck, Atemnot, Brennen, Juckreiz, Entzündung, Hauterscheinungen, Erkältung

Bezug: Nierenmeridian
Hauptorganfunktionszeit: 17–19 Uhr
Farbe: Blau
Gefühl: Sexuelle Probleme
Affirmation: »Ich spüre meine sexuellen Energien«

Heilzone

Auf der Brust links oben im Meridianverlauf homöopathische Mittel, Heilkräutertinkturen und Bach-Blüten einreiben (s. S. 56)

Ohrzonen

Lungenzone, Nierenzone und Darmzone (die Lunge hat auch einen Bezug zum Dickdarm!) mit getränktem Wattestäbchen kreisend einreiben (s. S. 166)

Homöopathie

Drosera D4 bei Kitzel-, Krampf- oder Bellhusten; Ipecacuanha D4 bei trockenem, erstickendem Husten mit Brechreiz; Arsenicum album D6 bei nächtlichen Hustenanfällen

Heilpflanzen

Lungenkraut, Thymiankraut, Schlüsselblume, Ackerschachtelhalm, Königskerze, Thymian, Sonnentau, Schöllkraut, Goldrutenkraut, Berberitze, Liebstöckelwurzel, Huflattich, Bitterkräutertinktur;
3-mal täglich 20 Tropfen, einzeln oder als Mischung, vor dem Essen in etwas Wasser einnehmen und evtl. auch einreiben
Tee-Rezept: Nieren-Tee $^1/_2$ Liter morgens, Darm-Tee $^1/_2$ Liter mittags, Lungen-Tee $^1/_2$ Liter abends (s. S. 171)

Bach-Blütentherapie

Oak, Star of Bethlehem und Vervain einnehmen und einreiben

Ernährungsempfehlung

Darm-Diät, Nieren-Diät (s. S. 174)

Meridiangymnastik

Nierenmeridian-Übung, Lungenmeridian-Übung, Dickdarmmeridian-Übung (s. S. 158)

Weitere Therapien beim Heilpraktiker oder Naturheilarzt

Eigenbluttherapie zur Abwehrsteigerung, Baunscheidtieren, Schröpfen, Colon-Hydro-Therapie, Mesotherapie, Akupunktur, Homöosiniatrie, Nosodentherapie, Atemtherapie, Kranio-Sakral-Therapie, Lymphdrainage
Osteopathie: Wirbelsegmente C4 – Th 2 – Th 3
Störfelder Zähne: 14/15/24/25/36/37/46/47
Neuraltherapie: Stirnhöhlen, Nebenhöhlen, Tonsillen, Weihe-Punkte, Narben

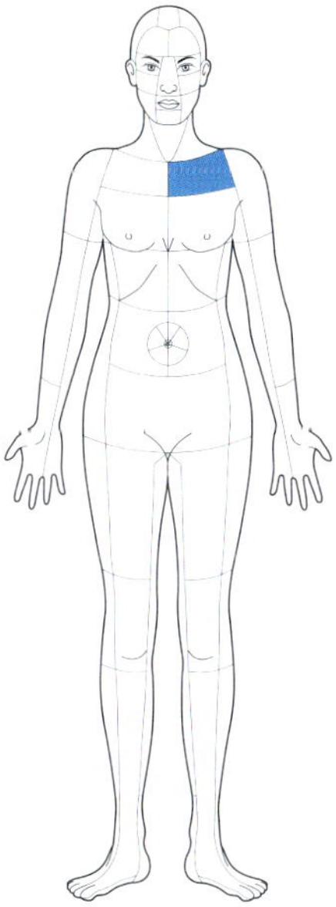

WAS SONST NOCH HILFT:

- Rauchen vermeiden!
- Inhalieren mit Latschenkieferöl oder Eukalyptusöl
- Auflagen mit erwärmtem Schweinefett

24 Rechte Schulter vorn

Bezug: Lungenmeridian und Dickdarmmeridian
Hauptorganfunktionszeit: 3–5 Uhr und 5–7 Uhr
Farbe: Weiß und Schwarz (Grau)
Gefühl: Hochmut und Schuldgefühle
Affirmation: »Ich bin tolerant« und
»Ich ch bin es wert, geliebt zu werden«

Beschwerden:
Schmerzen, Bewegungseinschränkung, Brennen, Juckreiz, Entzündung, Hauterscheinungen

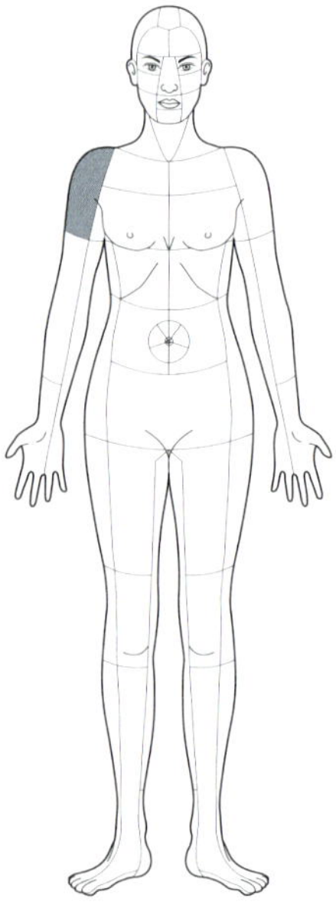

VORSICHT!
Wenn der Schmerz in den Arm ausstrahlt – und zugleich Angst auftritt –, könnte er Vorbote eines Herzinfarkts sein. Ein EKG ist nicht aussagefähig, weil es ohne Befund sein kann. Besser sollte man die Herzenzyme untersuchen!

Heilzone

An der Schulter im Meridianverlauf homöopathische Mittel, Heilkräutertinkturen und Bach-Blüten einreiben (s. S. 56)

Ohrzonen

Schulterzone, Lungenzone und Darmzone mit getränktem Wattestäbchen kreisend einreiben (s. S. 166)

Homöopathie

Sanguinaria D4 bei brennendem, stechendem Schmerz; Ferrum met. D4 bei rheumatischen Schmerzen; Rhus toxicodendron D6 bei ziehendem, reißendem, spannendem Schmerz

Heilpflanzen

Gegen Schmerzen: Teufelskralle, Taigawurzel, Weihrauch, Pestwurz;
für die Lunge: Lungenkraut, Königskerze, Huflattich, Schlüsselblume;
für den Darm: Bitterkräuter wie Engelswurz, Löwenzahn, Tausendgüldenkraut, Benediktenkraut, Löwenzahn, Harongabaum, Pfefferminze, Melisse, Fenchel, Kümmel;
3-mal täglich 20 Tropfen, einzeln oder als Mischung, vor dem Essen in etwas Wasser einnehmen und evtl. auch einreiben
Tee-Rezept: Lungen-Tee und Darm-Tee

WAS SONST NOCH HILFT:

- Täglich 1 EL Lebertran für 1–2 Monate löst Kalkablagerungen im Schultergelenk.
- Heilerde zur Entgiftung des Darms über mehrere Tage einnehmen.
- Eine Schwellung am Übergang vom Hals zur Schulter kann auf eine Herzschwäche hindeuten (»Herzbuckel«, siehe Zone 36).

Bach-Blütentherapie

Elm, Pine und Wild Oat einnehmen und einreiben

Ernährungsempfehlung

Darm-Diät (s. S. 174)

Meridiangymnastik

Lungenmeridian-Übung, Dickdarmmeridian-Übung (s. S. 158)

Weitere Therapien beim Heilpraktiker oder Naturheilarzt

Colon-Hydro-Therapie und Darmsymbioselenkung, Mesotherapie, Enzymtherapie, Schröpftherapie, Baunscheidt-Therapie, Akupunktur, Homöosiniatrie, Nosodentherapie, Massagen, Lymphdrainage, Kranio-Sakral-Therapie, Atemtherapie
Osteopathie: Wirbelsegmente C5 – Th 2
Störfelder Zähne: 18/28/37/38/47/48
Neuraltherapie: Stirnhöhlen, Nebenhöhlen, Tonsillen, Weihe-Punkte, Narben

Linke Schulter vorn 25

Beschwerden:
Schmerzen, Bewegungseinschränkung, Brennen, Juckreiz, Entzündung, Hauterscheinungen

Bezug: Lungenmeridian und Dickdarmmeridian
Hauptorganfunktionszeit: 3–5 Uhr und 5–7 Uhr
Farbe: Weiß und Schwarz (Grau)
Gefühl: Hochmut und Schuldgefühle
Affirmation: »Ich bin tolerant« und
»Ich ch bin es wert, geliebt zu werden«

Heilzone

An der Schulter im Meridianverlauf homöopathische Mittel, Heilkräutertinkturen und Bach-Blüten einreiben (s. S. 56)

Ohrzonen

Schulterzone, Lungenzone und Darmzone mit getränktem Wattestäbchen kreisend einreiben (s. S. 166)

Homöopathie

Gelsemium D4 bei dumpfem Schmerz, Muskelschwäche
Ferrum phos. D6 bei stechendem Schmerz
Arnica D3 bei Zerschlagenheitsgefühl

Heilpflanzen

Gegen Schmerzen: Teufelskralle, Taigawurzel, Weihrauch, Pestwurz;
für die Lunge: Lungenkraut, Königskerze, Huflattich, Schlüsselblume;
für den Darm: Bitterkräuter wie Engelswurz, Löwenzahn, Tausendgüldenkraut, Benediktenkraut, Löwenzahn, Harongabaum, Pfefferminze, Melisse, Fenchel, Kümmel;
3-mal täglich 20 Tropfen, einzeln oder als Mischung, vor dem Essen in etwas Wasser einnehmen und evtl. auch einreiben
Tee-Rezept: Lungen-Tee und Darm-Tee (s. S. 171)

Bach-Blütentherapie

Mimulus, Vervain und Willow einnehmen und einreiben

Ernährungsempfehlung

Darm-Diät (s. S. 174)

Meridiangymnastik

Lungenmeridian-Übung, Dickdarmmeridian-Übung (s. S. 158)

Weitere Therapien beim Heilpraktiker oder Naturheilarzt

Colon-Hydro-Therapie, Enzymtherapie, Mesotherapie, Schröpfen, Baunscheidtieren, Akupunktur, Homöosiniatrie, Nosodentherapie, Massagen, Lymphdrainage, Kranio-Sakral-Therapie, Atemtherapie
Osteopathie: Wirbelsegmente C5 – Th 2
Störfelder Zähne: 18/28/37/38/47/48
Neuraltherapie: Stirnhöhlen, Nebenhöhlen, Tonsillen, Weihe-Punkte, Narben

WAS SONST NOCH HILFT:

- Es gelten die gleichen Empfehlungen wie bei Heilzone 24.
- Die linke Schulter hat einen energetischen Bezug zur Bauhin-Klappe zwischen Dünndarm und Dickdarm. Schmerzt die Schulter, so besteht oft eine Dysfunktion im Schließmechanismus der Klappe. Hier hilft eine fachgerechte Bauchmassage.

VORSICHT!
Wenn der Schmerz in den Arm ausstrahlt – und zugleich Angst auftritt –, könnte er Vorbote eines Herzinfarkts sein. Ein EKG ist nicht aussagefähig, weil es ohne Befund sein kann. Besser sollte man die Herzenzyme untersuchen!

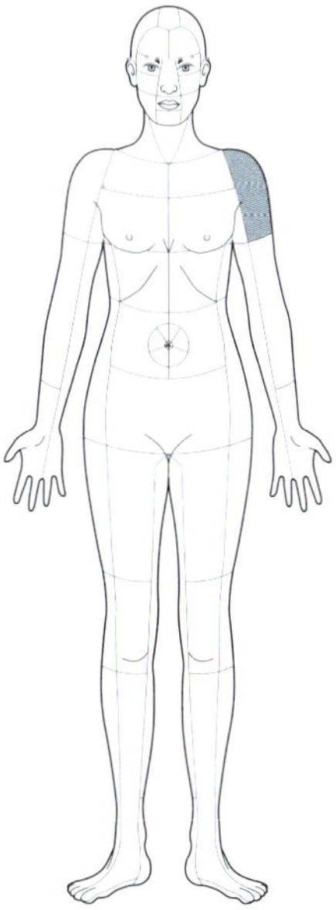

26 *Rechte Schulter hinten*

Bezug: Dünndarmmeridian
Hauptorganfunktionszeit: 13–15 Uhr
Farbe: Lila
Gefühl: Traurigkeit, Kummer
Affirmation: »Ich bin voller Freude, ich hüpfe vor Freude«

Beschwerden:
Schmerzen, Bewegungseinschränkung, Brennen, Juckreiz, Entzündung, Hauterscheinungen

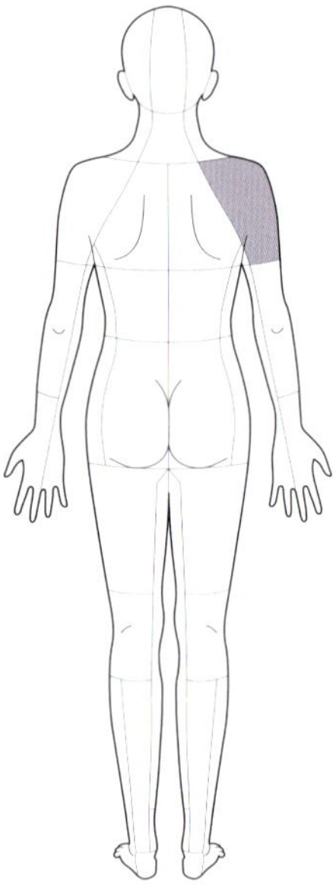

Heilzone

An der rechten Schulter im Meridianverlauf homöopathische Mittel, Heilkräutertinkturen und Bach-Blüten einreiben (s. S. 56)

Ohrzonen

Schulterzone und Darmzone mit getränktem Wattestäbchen kreisend einreiben (s. S. 166)

Homöopathie

Magnesium carbonicum D4 bei Gefühl »wie verrenkt«, Muskelkater;
Sanguinaria D4 bei stechendem, schießendem Schmerz;
Rhus toxicodendron D6 bei brennendem, reißendem Schmerz

Heilpflanzen

Gegen Schmerzen: Teufelskralle, Taigawurzel, Weihrauch, Pestwurz;
für den Darm: Bitterkräutertinktur, Odermennig, gelbes Labkraut;
3-mal täglich 20 Tropfen, einzeln oder als Mischung, vor dem Essen in etwas Wasser einnehmen und evtl. auch einreiben
Tee-Rezept: Darm-Tee 1/2 Liter morgens und Weidenrindentee 1/2 Liter mittags (s. S. 171)

VORSICHT!
Wenn der Schmerz in den Arm ausstrahlt – und zugleich Angst auftritt –, könnte er Vorbote eines Herzinfarkts sein. Ein EKG ist nicht aussagefähig, weil es ohne Befund sein kann. Besser sollte man die Herzenzyme untersuchen!

WAS SONST NOCH HILFT:

- **Einreibungen mit pflanzlichen Rheumasalben**
- **Einreibungen mit durchblutungsfördernden Salben**

Bach-Blütentherapie

Aspen, Chicory, Olive, Pine und Vervain einnehmen und einreiben

Ernährungsempfehlung

Darm-Diät (s. S. 174)

Meridiangymnastik

Dünndarmmeridian-Übung (s. S. 158)

Weitere Therapien beim Heilpraktiker oder Naturheilarzt

Lasertherapie bei evtl. bestehenden Kalkablagerungen, Akupunktur, Homöosiniatrie, Nosodentherapie, Mesotherapie, Baunscheidtieren, Schröpfen, Massagen, Lymphdrainage, Atemtherapie, Kranio-Sakral-Therapie
Osteopathie: Wirbelsegmente C3 – Th 2 – Th 3 – Th 4
Störfelder Zähne: 18/28/38/48
Neuraltherapie: Stirnhöhlen, Nebenhöhlen, Tonsillen, Weihe-Punkte, Narben

Linke Schulter hinten 27

Beschwerden:
Schmerzen, Bewegungseinschränkung, Brennen, Juckreiz, Entzündung, Hauterscheinungen

Bezug: Dünndarmmeridian
Hauptorganfunktionszeit: 13–15 Uhr
Farbe: Lila
Gefühl: Traurigkeit, Kummer
Affirmation: »Ich bin voller Freude, ich hüpfe vor Freude«

Heilzone

An der linken Schulter im Meridianverlauf homöopathische Mittel, Heilkräutertinkturen und Bach-Blüten einreiben (s. S. 56)

Ohrzonen

Schulterzone und Darmzone mit getränktem Wattestäbchen kreisend einreiben (s. S. 166)

Homöopathie

Ferrum metallicum D4 bei periodisch bohrendem Schmerz;
Antimonium tataricum D12 bei heftigem Schmerz, Gliederzittern;
Ranunculus bulbosus D4 bei rheumatischem, stechendem Schmerz

Heilpflanzen

Gegen Schmerzen: Teufelskralle, Taigawurzel, Weihrauch, Pestwurz;
für den Darm: Bitterkräutertinktur, Odermennig, gelbes Labkraut;
3-mal täglich 20 Tropfen, einzeln oder als Mischung, vor dem Essen in etwas Wasser einnehmen und evtl. auch einreiben
Tee-Rezept: Darm-Tee $^1/_2$ Liter morgens und Weidenrindentee $^1/_2$ Liter mittags (s. S. 171)

Bach-Blütentherapie

Holly, Olive, Red Chestnut, Vervain und Willow einnehmen und einreiben

Ernährungsempfehlung

Darm-Diät (s. S. 174)

Meridiangymnastik

Dünndarmmeridian-Übung (s. S. 158)

Weitere Therapien beim Heilpraktiker oder Naturheilarzt

Lasertherapie bei evtl. bestehenden Kalkablagerungen, Akupunktur, Homöosiniatrie, Nosodentherapie, Mesotherapie, Baunscheidtieren, Schröpfen, Massagen, Lymphdrainage, Atemtherapie, Kranio-Sakral-Therapie
Osteopathie: Wirbelsegmente C3 – Th 2 – Th 3 – Th 4
Störfelder Zähne: 18/28/38/48
Neuraltherapie: Stirnhöhlen, Nebenhöhlen, Tonsillen, Weihe-Punkte, Narben

WAS SONST NOCH HILFT:

- Einreibungen mit pflanzlichen Rheumasalben
- Einreibungen mit durchblutungsfördernden Salben

VORSICHT!
Wenn der Schmerz in den Arm ausstrahlt – und zugleich Angst auftritt –, könnte er Vorbote eines Herzinfarkts sein. Ein EKG ist nicht aussagefähig, weil es ohne Befund sein kann. Besser sollte man die Herzenzyme untersuchen!

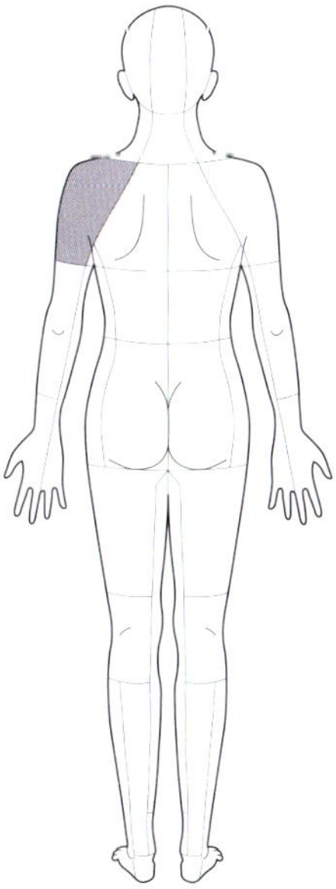

28 Schulterblatt rechts

Bezug: Blasenmeridian
Hauptorganfunktionszeit: 15–17 Uhr
Farbe: Türkis
Gefühl: Ungeduld, Ruhelosigkeit
Affirmation: »Ich bin ausgeglichen, ich bin friedvoll«

Beschwerden:
Schmerzen, Brennen, Juckreiz, Entzündung, Hauterscheinungen, Bewegungseinschränkung

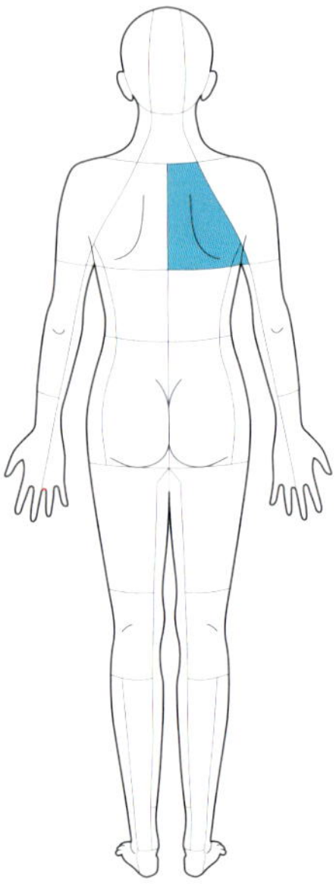

Heilzone

Am rechten Schulterblatt im Meridianverlauf homöopathische Mittel, Heilkräutertinkturen und Bach-Blüten einreiben (s. S. 56)

Ohrzonen

Schulterzone und Blasen-Nieren-Zone mit getränktem Wattestäbchen kreisend einreiben (s. S. 166)

Homöopathie

Chelidonium D4 bei Schmerz am unteren Schulterblattwinkel;
Pulsatilla D4 bei reißenden, rheumatischen Schmerzen;
Hydrastis D4 bei stechenden, wandernden Schmerzen

Heilpflanzen

Gegen Schmerzen: Berberitzenfrüchte, Weidenrinde, Pestwurz, Teufelskralle, Goldrutenkraut;
für die Galle: Löwenzahn, Pfefferminze, gelbes Labkraut, Odermennig, Bitterkräutertinktur;
3-mal täglich 20 Tropfen, einzeln oder als Mischung, vor dem Essen in etwas Wasser einnehmen und evtl. auch einreiben
Tee-Rezept: Nieren-Blasen-Tee $^1/_2$ Liter morgens, Leber-Galle-Tee $^1/_2$ Liter abends

WAS SONST NOCH HILFT:

- **Muskelverhärtungen am inneren Rand des rechten Schulterblattes haben einen Bezug zu Galle und Leber. Schröpf- und Baunscheidt-Behandlungen wirken hier sehr gut.**
- **Zusätzlich mit durchblutungsfördernden Pflanzensalben einreiben und pflanzliche Leber-Galle-Mittel einnehmen.**

Bach-Blütentherapie

Aspen, Beech und Centaury einnehmen und einreiben

Ernährungsempfehlung

Leber-Galle-Diät (s. S. 174)

Meridiangymnastik

Blasenmeridian-Übung (s. S. 158)

Weitere Therapien beim Heilpraktiker oder Naturheilarzt

Die Galle untersuchen lassen, Akupunktur, Homöosiniatrie, Nosodentherapie, Mesotherapie, Atemtherapie, Schröpfen, Baunscheidtieren, Kranio-Sakral-Therapie, Massagen
Osteopathie: Wirbelsegmente C4 – Th 2 – Th 10
Störfelder Zähne: 13/23/33/43
Neuraltherapie: Stirnhöhlen, Nebenhöhlen, Tonsillen, Weihe-Punkte, Narben

Schulterblatt links 29

Beschwerden:
Schmerzen, Brennen, Juckreiz, Entzündung, Hauterscheinungen, Bewegungseinschränkung

Bezug: Blasenmeridian
Hauptorganfunktionszeit: 15–17 Uhr
Farbe: Türkis
Gefühl: Ungeduld, Ruhelosigkeit
Affirmation: »Ich bin ausgeglichen, ich bin friedvoll«

Heilzone

Am linken Schulterblatt im Meridianverlauf homöopathische Mittel, Heilkräutertinkturen und Bach-Blüten einreiben (s. S. 56)

Ohrzonen

Schulterzone und Blasen-Nieren-Zone mit getränktem Wattestäbchen kreisend einreiben (s. S. 166)

Homöopathie

Cimicifuga D4 bei Schmerz am unteren Schulterblattwinkel und verkrampfter, steifer Muskulatur;
Kalmia latifolia D4 bei ausstrahlenden, rheumatischen Schmerzen;
Ranunculus bulbosus D6 bei stechenden, neuralgischen Schmerzen

Heilpflanzen

Goldrutenkraut, Berberitzenfrüchte, Weidenrinde, Pestwurz, Teufelskralle;
3-mal täglich 20 Tropfen, einzeln oder als Mischung, vor dem Essen in etwas Wasser einnehmen und evtl. auch einreiben
Tee-Rezept: 1/2 Liter Nieren-Blasen-Tee morgens, 1/2 Liter Leber-Galle-Tee abends (s. S. 171)

Bach-Blütentherapie

Larch, Red Chestnut, Mimulus und Vervain einnehmen und einreiben

Ernährungsempfehlung

Leber-Galle-Diät, Nieren-Blasen-Diät (s. S. 174)

Meridiangymnastik

Blasenmeridian-Übung (s. S. 158)

Weitere Therapien beim Heilpraktiker oder Naturheilarzt

Lunge und Pankreas untersuchen lassen, Akupunktur, Homöosiniatrie, Nosodentherapie, Atemtherapie, Kranio-Sakral-Therapie, Massagen, Lymphdrainage
Osteopathie: Wirbelsegmente C4 – Th 2 – Th 10
Störfelder Zähne: 13/23/33/43
Neuraltherapie: Stirnhöhlen, Nebenhöhlen, Tonsillen, Weihe-Punkte, Narben

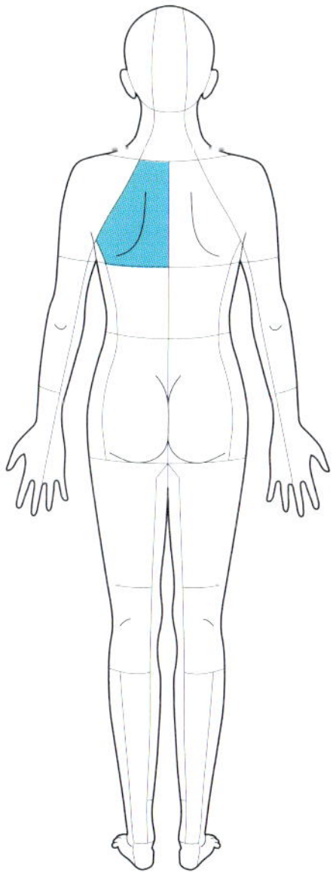

WAS SONST NOCH HILFT:

- Muskelverhärtungen am oberen inneren Rand des linken Schulterblattes haben einen Bezug zu Herz und Lunge. Siehe Heilzonen 22/23 und 30/31.
- Etwas weiter unten befindet sich eine Reflexzone des Magens. Bei Verhärtung oder Schwellung Bitterkräutertinktur einnehmen und damit einreiben. Mit etwas Olivenöl nachmassieren.

30 Brust rechts

Bezug: Magenmeridian
Hauptorganfunktionszeit:7–9 Uhr
Farbe: Beige
Gefühl: Enttäuschung, Bitterkeit
Affirmation: »Ich bin zufrieden, ich bin ruhig«

Beschwerden:
Schmerzen, Druck, Brennen, Juckreiz, Entzündung, Hauterscheinungen, Zysten, Verhärtungen

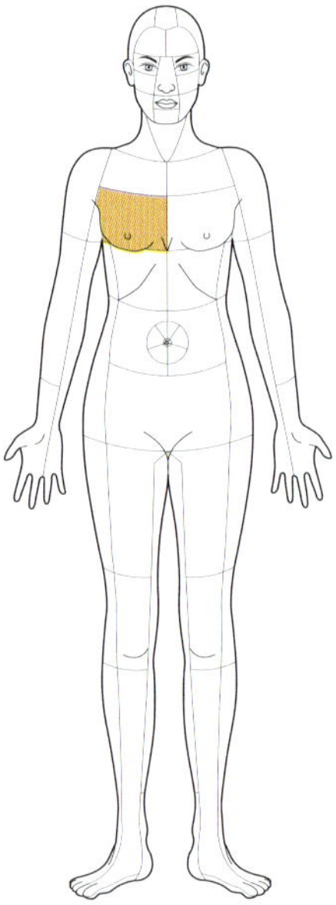

Heilzone

Auf der rechten Brust im Meridianverlauf homöopathische Mittel, Heilkräutertinkturen und Bach-Blüten einreiben (s. S. 56)

Ohrzonen

Brustzone und Magenzone mit getränktem Wattestäbchen kreisend einreiben (s. S. 166)

Homöopathie

Conium D6 bei stechendem Schmerz; Hepar sulf. D6 bei berührungsempfindlicher Brust; Kalmia D3, wenn der Schmerz in den rechten Arm ausstrahlt

Heilpflanzen

Bei Stauungen in der Brust: Mönchspfeffer; für den Magen: Bitterkräuter wie Enzian, Tausendgüldenkraut, Schafgarbe, Wermut, Engelswurz, Condurango;
3-mal täglich 20 Tropfen, einzeln oder als Mischung, vor dem Essen in etwas Wasser einnehmen und evtl. auch einreiben
Tee-Rezept: Magen-Tee und Lymph-Tee (s. S. 171)

Bach-Blütentherapie

Centaury, Holly und Star of Bethlehem einnehmen und einreiben

VORSICHT!
Wenn der Schmerz in den Arm ausstrahlt – und zugleich Angst auftritt –, könnte er Vorbote eines Herzinfarkts sein. Ein EKG ist nicht aussagefähig, weil es ohne Befund sein kann. Besser sollte man die Herzenzyme untersuchen!

WAS SONST NOCH HILFT:

- Bohnenkaffee, Schwarzer Tee, Cola und Schokolade begünstigen Brustzysten und -knoten. Verzicht auf diese Substanzen und hoch dosiert Vitamin E und Enzyme einnehmen kann evtl. Zysten und Knoten verschwinden lassen.
- Die Brust gehört zu den Geschlechtsmerkmalen und ist deshalb anfällig bei psychischen Belastungen in der Partnerschaft.
- Es gelten auch die Empfehlungen von Heilzone 31.

Ernährungsempfehlung

Magen-Diät (s. S. 174)

Meridiangymnastik

Magenmeridian-Übung (s. S. 158)

Weitere Therapien beim Heilpraktiker oder Naturheilarzt

Die Brust untersuchen lassen, Enzymtherapie, Familienaufstellung nach Hellinger, Akupunktur, Homöosiniatrie, Nosodentherapie, Atemtherapie, Lymphdrainage, Kranio-Sakral-Therapie
Osteopathie: Segmente Th 3 – Th 4 – Th 5
Störfelder Zähne: 34/35/44/45, außerdem kann die linke Kieferhöhle die rechte Brust belasten und die rechte Kieferhöhle die linke Brust
Neuraltherapie: Tonsillen, Weihe-Punkte Schulter, Narben

Brust links 31

Beschwerden:
Schmerzen, Druck, Brennen, Juckreiz, Entzündung, Hauterscheinungen, Zysten, Verhärtungen

Bezug: Magenmeridian
Hauptorganfunktionszeit: 7–9 Uhr
Farbe: Beige
Gefühl: Enttäuschung, Bitterkeit
Affirmation: »Ich bin zufrieden, ich bin ruhig«

Heilzone

Auf der linken Brust im Meridianverlauf homöopathische Mittel, Heilkräutertinkturen und Bach-Blüten einreiben (s. S. 56)

Ohrzonen

Brustzone und Magenzone mit getränktem Wattestäbchen kreisend einreiben (s. S. 166)

Homöopathie

Natrium sulf. D6 bei Wundheitsgefühl; Strophantur D4 bei Herzbeschwerden; Lachesis D8 bei Herzenge, Schweregefühl auf der Brust; Crataegus D4 bei Krampfschmerz, heftigen Stichen mit Angst

Heilpflanzen

Bei Stauungen in der Brust: Mönchspfeffer; für den Magen: Bitterkräuter wie Enzian, Tausendgüldenkraut, Schafgarbe, Wermut, Engelswurz, Condurango;
3-mal täglich 20 Tropfen, einzeln oder als Mischung, vor dem Essen in etwas Wasser einnehmen und evtl. auch einreiben
Tee-Rezept: Magen-Tee und Lymph-Tee

Bach-Blütentherapie

Centaury, Heather, Honeysuckle und Star of Bethlehem einnehmen und einreiben

Ernährungsempfehlung

Magen-Diät (s. S. 174)

Meridiangymnastik

Magenmeridian-Übung (s. S. 158)

Weitere Therapien beim Heilpraktiker oder Naturheilarzt

Die Brust untersuchen lassen, Enzymtherapie, Familienaufstellung nach Hellinger, Akupunktur, Homöosiniatrie, Nosodentherapie, Atemtherapie, Lymphdrainage, Kranio-Sakral-Therapie
Osteopathie: Segmente Th 3 – Th 4 – Th 5
Störfelder Zähne: 34/35/44/45, außerdem kann die linke Kieferhöhle die rechte Brust belasten und die rechte Kieferhöhle die linke Brust
Neuraltherapie: Tonsillen, Weihe-Punkte Schulter, Narben

WAS SONST NOCH HILFT:

- Es gelten auch die Empfehlungen von Heilzone 30.
- Bei Brustschmerzen Lymphtropfen einnehmen und mit Lymphsalbe einreiben.
- Bei Magensäureüberschuss beruhigen Kamille und Süßholz: 1–2 Lakritzstangen zerkleinern, in 1 Glas heißem Kamillentee auflösen, über den Tag verteilt trinken.
- Auch roher Kartoffelsaft und roher Weißkohlsaft helfen dem Magen: Kleine Mengen über den Tag verteilt trinken.

VORSICHT!
Wenn der Schmerz in den Arm ausstrahlt – und zugleich Angst auftritt –, könnte er Vorbote eines Herzinfarkts sein. Ein EKG ist nicht aussagefähig, weil es ohne Befund sein kann. Besser sollte man die Herzenzyme untersuchen!

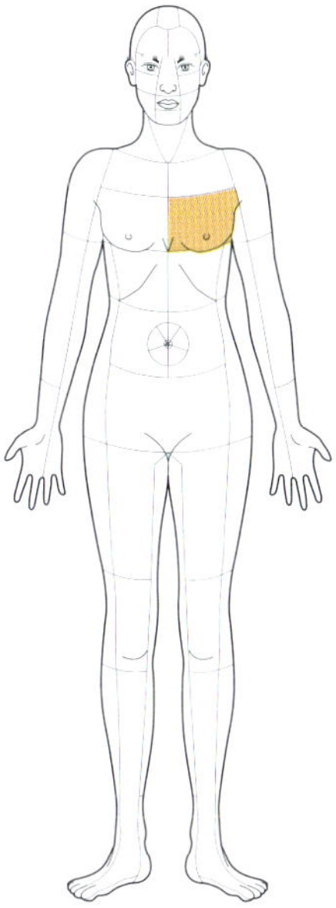

32 Leberbereich rechts

Bezug: Lebermeridian
Hauptorganfunktionszeit: 1–3 Uhr
Farbe: Grün
Gefühl: Unglücklichsein
Affirmation: »Ich bin glücklich, ich bin fröhlich«

Beschwerden:
Schmerzen, Druck, Brennen, Juckreiz, Entzündung, Hauterscheinungen, Schwellung

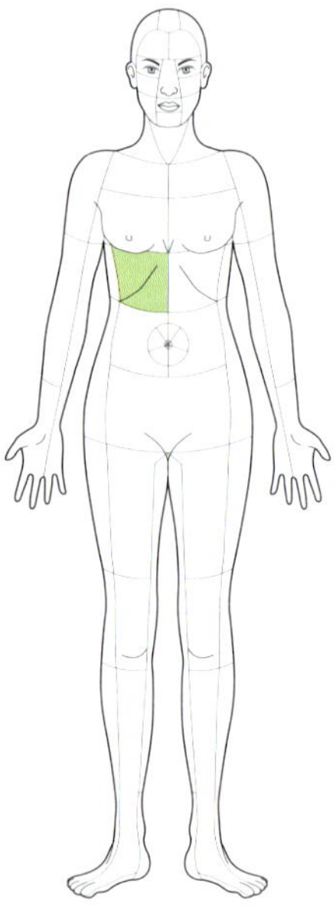

Heilzone

Über der Leber im Meridianverlauf homöopathische Mittel, Heilkräutertinkturen und Bach-Blüten einreiben (s. S. 56)

Ohrzonen

Leberzone mit getränktem Wattestäbchen kreisend einreiben (s. S. 166)

Homöopathie

Natrium sulfuricum D6 bei stechendem Schmerz und Berührungsempfindlichkeit;
Bryonia D6 bei Wundheitsgefühl;
Podophyllum D4 bei krampfartigem Schmerz

Heilpflanzen

Mariendistel, Boldo, Bitterholz, Artischocke, Schöllkraut;
3-mal täglich 20 Tropfen, einzeln oder als Mischung, vor dem Essen in etwas Wasser einnehmen und evtl. auch einreiben;
bei Verstopfung oder Durchfall siehe auch Heilzonen 47/48
Tee-Rezept: Leber-Galle-Tee (s. S. 171)

Bach-Blütentherapie

Elm, Holly, Olive und Pine einnehmen und einreiben

WAS SONST NOCH HILFT:

- **Als Allererstes: Alkoholverzicht!**
- **Leber und Galle gehören eng zusammen, daher stets auch Bitterkräutertinkturen einnehmen (evtl. in warmes Wasser geben, damit der Alkohol verdunstet).**
- **Wichtige Aminosäuren zur Leberentgiftung sind Methionin, Glutamin und Glycin.**
- **Es gelten auch die Empfehlungen von Heilzone 33.**

Ernährungsempfehlung

Leber-Galle-Diät (s. S. 174)

Meridiangymnastik

Lebermeridian-Übung (s. S. 158)

Weitere Therapien beim Heilpraktiker oder Naturheilarzt

Vitamin-B-Injektionen 2- bis 3-mal pro Woche, Blutegeltherapie, F.-X.-Mayr-Kur, Heilfasten, Baunscheidtieren, Schröpfen, Akupunktur, Homöosiniatrie, Nosodentherapie, Mesotherapie, Kranio-Sakral-Therapie, Atemtherapie
Osteopathie: Wirbelsegmente Th 6 – Th 7 – Th 8 – Th 9
Störfelder Zähne: 13/23/15/16/33/43, eine chronische Störung der Darmflora im Dickdarm wirkt ebenfalls als Störfeld
Neuraltherapie: Stirnhöhlen, Nebenhöhlen, Tonsillen, Narben

Milzbereich links 33

Beschwerden:
Schmerzen, Druck, Brennen, Juckreiz, Entzündung, Hauterscheinungen, Schwellung

Bezug: Lebermeridian
Hauptorganfunktionszeit: 1–3 Uhr
Farbe: Grün
Gefühl: Unglücklichsein
Affirmation: »Ich bin glücklich, ich bin fröhlich«

Heilzone

Über der Milz im Meridianverlauf homöopathische Mittel, Heilkräutertinkturen und Bach-Blüten einreiben (s. S. 56)

Ohrzonen

Leber- und Milzzone mit getränktem Wattestäbchen kreisend einreiben (s. S. 166)

Homöopathie

Ceanothus D4, wenn die ganze linke Seite schmerzt; China D4 bei Wundheitsgefühl und Völlegefühl; Arsenicum album D4 bei nagendem, brennendem Schmerz

Heilpflanzen

Für die Leber: Mariendistel, Boldo, Bitterholz, Artischocke, Schöllkraut;
für die Milz: Grindeliakraut und Wegwarte;
3-mal täglich 20 Tropfen, einzeln oder als Mischung, vor dem Essen in etwas Wasser einnehmen und evtl. auch einreiben;
bei Verstopfung siehe auch Zone 48
Tee-Rezept: Lymph-Tee $^1/_2$ Liter morgens und Leber-Galle-Tee $^1/_2$ Liter abends

Bach-Blütentherapie

Gorse, Pine und Vervain einnehmen und einreiben

Ernährungsempfehlung

Leber-Galle-Diät (s. S. 174)

Meridiangymnastik

Lebermeridian-Übung (s. S. 158)

Weitere Therapien beim Heilpraktiker oder Naturheilarzt

Vitamin-B-Injektionen 2- bis 3-mal pro Woche, Blutegeltherapie, F.-X.-Mayr-Kur, Heilfasten, Baunscheidtieren, Schröpfen, Akupunktur, Homöosiniatrie, Nosodentherapie, Mesotherapie, Kranio-Sakral-Therapie, Atemtherapie
Osteopathie: Wirbelsegmente Th 6 – Th 7 Th 8 Th 9
Störfelder Zähne: 13/23/15/16/33/43, eine chronische Störung der Darmflora im Dickdarm wirkt ebenfalls als Störfeld durch den Entero-hepatischen Kreislauf!
Neuraltherapie: Stirnhöhlen, Nebenhöhlen, Tonsillen, Narben

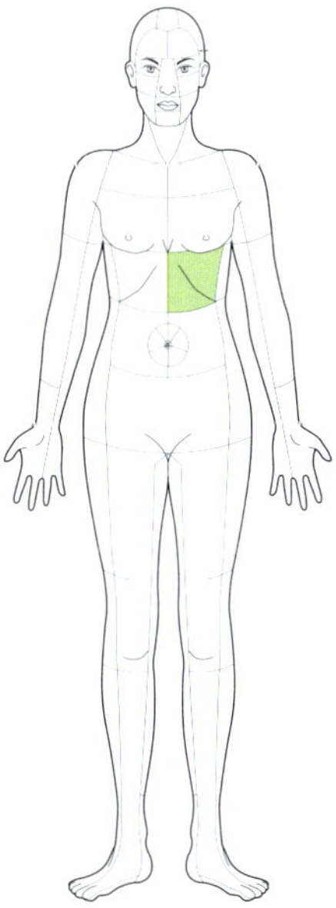

WAS SONST NOCH HILFT:

- Es gelten auch die Empfehlungen von Heilzone 32.
- Eine Erholung für die Leber sind feucht-heiße Kompressen oder ein Kneippscher Heublumensack: $^3/_4$ Stunde lang so heiß wie verträglich auf Leber und Milz legen, am besten abends im Bett.
- Schwarzer Rettich ist sehr gut für den Leberstoffwechsel, am besten als Saft.

34 Rechte Armbeuge vorn

Bezug: Dickdarmmeridian
Hauptorganfunktionszeit: 5–7 Uhr
Farbe: Schwarz (Grau)
Gefühl: Schuldgefühle, kein Selbstwertgefühl
Affirmation: »Ich bin es wert, geliebt zu werden«

Beschwerden:
Schmerzen, »Tennis-Ellbogen«, Bewegungseinschränkung, Brennen, Juckreiz, Entzündung, Hauterscheinungen

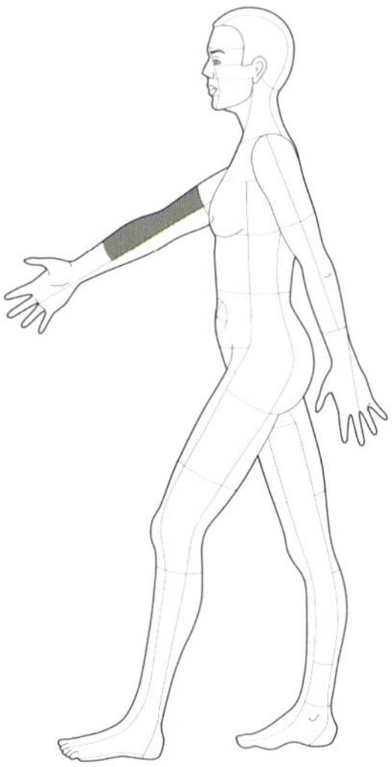

Heilzone

In der rechten Armbeuge im Meridianverlauf homöopathische Mittel, Heilkräutertinkturen und Bach-Blüten einreiben (s. S. 56)

Ohrzonen

Armzone und Darmzone mit getränktem Wattestäbchen kreisend einreiben (s. S. 166)

Homöopathie

Ferrum phosphoricum D6 bei Schmerzen bis ins Handgelenk;
Eupatorium perfoliatum D6 bei anhaltendem Schmerz, Gefühl wie zerschlagen;
Causticum D6 bei dumpfem, ziehendem Schmerz

Heilpflanzen

Gegen Schmerzen: Teufelskralle, Lungenkraut, Königskerze, Huflattich, Schlüsselblume;
für den Darm: Bitterkräuter wie Engelswurz, Löwenzahn, Tausendgüldenkraut, Benediktenkraut, Harongabaum, Pfefferminze, Melisse, Fenchel, Kümmel;
3-mal täglich 20 Tropfen, einzeln oder als Mischung, vor dem Essen in etwas Wasser einnehmen und evtl. auch einreiben
Tee-Rezept: Darm-Tee (s. S. 171)

VORSICHT!
Wenn der Schmerz in den Arm ausstrahlt – und zugleich Angst auftritt –, könnte er Vorbote eines Herzinfarkts sein. Ein EKG ist nicht aussagefähig, weil es ohne Befund sein kann. Besser sollte man die Herzenzyme untersuchen!

WAS SONST NOCH HILFT:

- Ein Wickel mit Beinwellblättern oder gewalkten Weißkrautblättern.
- Bewegungseinschränkungen bessern sich, wenn Sie während der Ohrzonenstimulierung den Arm bewegen, immer ein wenig über die Schmerzgrenze hinaus.
- Es gelten auch die Empfehlungen von Heilzone 35.

Bach-Blütentherapie

Cerato, Elm und Hornbeam einnehmen und einreiben

Ernährungsempfehlung

Darm-Diät (s. S. 174)

Meridiangymnastik

Dickdarmmeridian-Übung (s. S. 158)

Weitere Therapien beim Heilpraktiker oder Naturheilarzt

Colon-Hydro-Therapie, Softlaser-Behandlung, Farbtherapie, Akupunktur, Homöosiniatrie, Nosodentherapie, Mesotherapie, Schröpfen, Baunscheidtieren, Kranio-Sakral-Therapie
Osteopathie: Segmente C6 – Th 1 – Th 2
Störfelder Zähne: 14/15/18/24/25/28/37/38/47/48
Neuraltherapie: Tonsillen, Nebenhöhlen, Narben

Linke Armbeuge vorn 35

Beschwerden:
Schmerzen, »Tennis-Ellbogen«, Bewegungseinschränkung, Brennen, Juckreiz, Entzündung, Hauterscheinungen

Bezug: Dickdarmmeridian
Hauptorganfunktionszeit: 5–7 Uhr
Farbe: Schwarz (Grau)
Gefühl: Schuldgefühle, kein Selbstwertgefühl
Affirmation: »Ich bin es wert, geliebt zu werden«

Heilzone

In der linken Armbeuge im Meridianverlauf homöopathische Mittel, Heilkräutertinkturen und Bach-Blüten einreiben (s. S. 56)

Ohrzonen

Armzone und Darmzone mit getränktem Wattestäbchen kreisend einreiben (s. S. 166)

Homöopathie

Rhus toxicodendron D6 bei reißendem, ziehendem Schmerz;
Kalmia latifolia D4 bei plötzlichem, heftigem, reißendem Schmerz;
Spigelia D4 bei stechendem Schmerz

Heilpflanzen

Gegen Schmerzen: Teufelskralle, Lungenkraut, Königskerze, Huflattich, Schlüsselblume;
für den Darm: Bitterkräuter wie Engelswurz, Löwenzahn, Tausendgüldenkraut, Benediktenkraut, Harongabaum, Pfefferminze, Melisse, Fenchel, Kümmel;
3-mal täglich 20 Tropfen, einzeln oder als Mischung, vor dem Essen in etwas Wasser einnehmen und evtl. auch einreiben
Tee-Rezept: Darm-Tee (s. S. 171)

Bach-Blütentherapie

Gorse, Impatiens, Mimulus, Wild Rose und Star of Bethlehem einnehmen und einreiben

Ernährungsempfehlung

Darm-Diät (s. S. 174)

Meridiangymnastik

Dickdarmmeridian-Übung (s. S. 158)

Weitere Therapien beim Heilpraktiker oder Naturheilarzt

Colon-Hydro-Therapie, Softlaser-Behandlung, Farbtherapie, Akupunktur, Homöosiniatrie, Nosodentherapie, Mesotherapie, Schröpfen, Baunscheidtieren, Kranio-Sakral-Therapie
Osteopathie: Segmente C6 – Th 1 – Th 2
Störfelder Zähne: 14/15/18/24/25/28/37/38/47/48
Neuraltherapie: Tonsillen, Nebenhöhlen, Narben

WAS SONST NOCH HILFT:

- Es gelten auch die Empfehlungen von Heilzone 34.
- Einen Eiswürfel in eine Plastiktüte geben und die Schmerzstelle betupfen.
- Hilfreich bei Verdauungsbeschwerden sind Papayafrüchte, Tomaten – frisch oder gekocht – und Gewürze wie Majoran.

VORSICHT!
Wenn der Schmerz in den Arm ausstrahlt – und zugleich Angst auftritt –, könnte er Vorbote eines Herzinfarkts sein. Ein EKG ist nicht aussagefähig, weil es ohne Befund sein kann. Besser sollte man die Herzenzyme untersuchen!

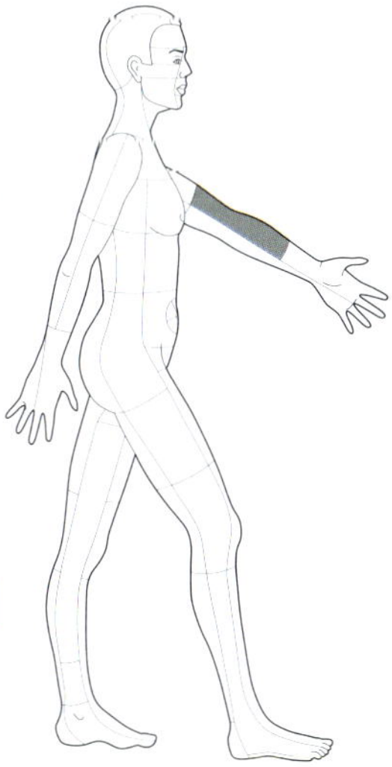

36 Arminnenseite rechts

Bezug: Herzmeridian
Hauptorganfunktionszeit: 11–13 Uhr
Farbe: Rot
Gefühl: Zorn, Ärger
Affirmation: »Ich verzeihe, mein Herz ist versöhnlich gestimmt«

Beschwerden:
Schmerzen, Bewegungseinschränkung, Taubheit, Kribbeln, Durchblutungsstörungen, Schwellung, »Tennis-Ellbogen«, Brennen, Juckreiz, Entzündung, Hauterscheinungen, Nagelpilz

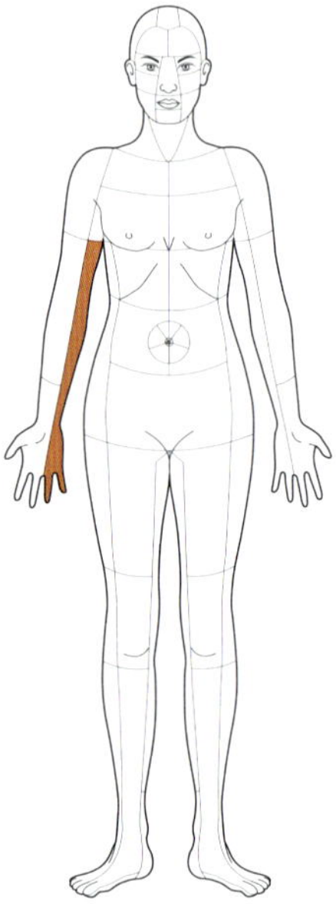

VORSICHT!
Wenn der Schmerz in den Arm ausstrahlt – und zugleich Angst auftritt –, könnte er Vorbote eines Herzinfarkts sein. Ein EKG ist nicht aussagefähig, weil es ohne Befund sein kann. Besser sollte man die Herzenzyme untersuchen!

Heilzone

An der rechten Arminnenseite entlang bis zum Ring- und kleinen Finger homöopathische Mittel, Heilkräutertinkturen und Bach-Blüten einreiben (s. S. 56)

Ohrzonen

Hand-, Arm- und Herzzone mit getränktem Wattestäbchen einreiben (s. S. 166)

Homöopathie

Phytolacca D4 bei Steifigkeit, Wundheitsgefühl; Ledum D4 bei Gicht oder Rheuma der kleinen Gelenke; Pulsatilla D4 bei Gelenkentzündung, Krampfschmerz

Heilpflanzen

Gegen Schmerzen: Teufelskralle, Weihrauch, Pestwurz; fürs Herz: Weißdorn, Adonisröschen; bei Herzrhythmusstörungen: Besenginster, gelber Jasmin;
3-mal täglich 20 Tropfen, einzeln oder als Mischung, vor dem Essen in etwas Wasser einnehmen und evtl. auch einreiben
Tee-Rezept: Herz-Tee $^1/_2$ Liter morgens, Lymph-Tee $^1/_2$ Liter mittags, Darm-Tee $^1/_2$ Liter abends (s. S. 171)

Ernährungsempfehlung

Darm-Diät (s. S. 174)

WAS SONST NOCH HILFT:

- Taubheit und Kribbeln in den Fingern entsteht meist durch Wirbelverschiebungen in der Hals- oder Brustwirbelsäule.
- Bei Quetschungen und Zerrungen helfen Auflagen mit Arnikatinktur, Zwiebelwickel und Ringelblumensalbe.
- Es besteht eine Verbindung zwischen Herz und Dünndarm. Viele Herzbeschwerden sind eigentlich Dünndarmbeschwerden und können durch entsprechende Diät und Lebensweise geheilt werden.
- Es gibt ein sog. »Lymphherz«, deshalb helfen oft Lymphtropfen und Lymphsalbe.
- Es gelten auch die Empfehlungen von Heilzone 37.

Bach-Blütentherapie

Centaury, Chicory, Larch, Sweet Chestnut und Vine einnehmen und einreiben

Meridiangymnastik

Herzmeridian-Übung (s. S. 158)

Weitere Therapien beim Heilpraktiker oder Naturheilarzt

Softlaser-Behandlung, Farbtherapie, Akupunktur, Homöosiniatrie, Nosodentherapie, Baunscheidtieren, Schröpfen, Atemtherapie, Kranio-Sakral-Therapie
Osteopathie: C7 – C8 – Th 1 – Th 2
Störfelder Zähne: 18/28/38/48
Neuraltherapie: Stirnhöhlen, Nebenhöhlen, Tonsillen, Narben

Arminnenseite links 37

Beschwerden:
Schmerzen, Bewegungseinschränkung, Taubheit, Kribbeln, Durchblutungsstörungen, Schwellung, »Tennis-Ellbogen«, Brennen, Juckreiz, Entzündung, Hauterscheinungen, Nagelpilz

Bezug: Herzmeridian
Hauptorganfunktionszeit: 11–13 Uhr
Farbe: Rot
Gefühl: Zorn, Ärger
Affirmation: »Ich verzeihe, mein Herz ist versöhnlich gestimmt«

Heilzone

An der linken Arminnenseite entlang bis zum Ring- und kleinen Finger homöopathische Mittel, Heilkräutertinkturen und Bach-Blüten einreiben (s. S. 56)

Ohrzonen

Hand-, Arm- und Herzzone mit getränktem Wattestäbchen einreiben (s. S. 166)

Homöopathie

Hedera helix D4 bei rheumatischen Schmerzen; Spigelia D4 bei vom Herzen ausstrahlenden Schmerzen; Kalmia D4 bei schießendem Schmerz, Taubheitsgefühl

Heilpflanzen

Gegen Schmerzen: Teufelskralle, Weihrauch, Pestwurz; fürs Herz: Weißdorn, Adonisröschen; bei Herzrhythmusstörungen: Besenginster, gelber Jasmin;
3-mal täglich 20 Tropfen, einzeln oder als Mischung, vor dem Essen in etwas Wasser einnehmen und evtl. auch einreiben
Tee-Rezept: Herz-Tee 1/2 Liter morgens, Lymph-Tee 1/2 Liter mittags, Darm-Tee 1/2 Liter abends (s. S. 171)

Ernährungsempfehlung

Darm-Diät (s. S. 174)

Bach-Blütentherapie

Chicory, Holly, Oak und Sweet Chestnut einnehmen und einreiben

Meridiangymnastik

Herz- und Dünndarmmeridian-Übung

Weitere Therapien beim Heilpraktiker oder Naturheilarzt

Softlaser-Behandlung, Farbtherapie, Akupunktur, Homöosiniatrie, Nosodentherapie, Baunscheidtieren, Schröpfen, Atemtherapie, Kranio-Sakral-Therapie
Osteopathie: C7 – C8 – Th1 – Th 2
Störfelder Zähne: 18/28/38/48
Neuraltherapie: Stirnhöhlen, Nebenhöhlen, Tonsillen, Narben

WAS SONST NOCH HILFT:

- Es gelten auch die Empfehlungen von Heilzone 36.
- Ein wichtiger Herz-Akupressurpunkt befindet sich am Ende der Armbeugenfalte außen: Die »Zone der Freude« drücken oder mit Herzmitteln massieren.
- Aminosäuren fürs Herz sind Taurin, Leucin und Ornithin.
- Bei Fingergelenksarthrose helfen Injektionen an den Gelenken mit homöopathischen Rheumamitteln oder Procain.
- Sehnen haben einen Bezug zur Leber: Eine Sehnenverhärtung von Ring- und kleinem Finger (Dupuytren-Kontraktur) kann ihre Ursache in zu viel Alkohol haben.

VORSICHT!
Wenn der Schmerz in den Arm ausstrahlt – und zugleich Angst auftritt –, könnte er Vorbote eines Herzinfarkts sein. Ein EKG ist nicht aussagefähig, weil es ohne Befund sein kann. Besser sollte man die Herzenzyme untersuchen!

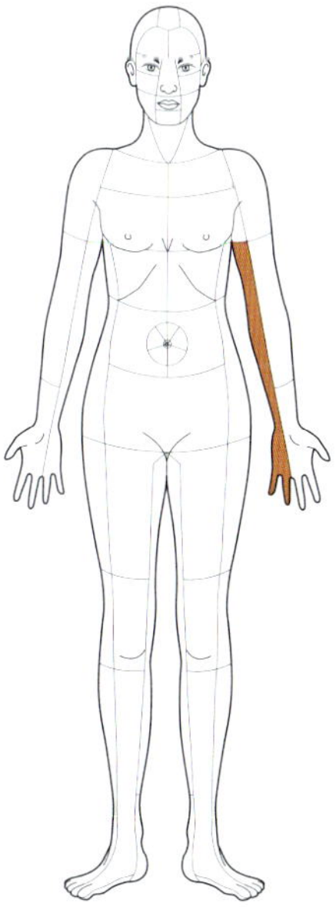

38 Achselhöhle rechts

Bezug: Herzmeridian
Hauptorganfunktionszeit: 11–13 Uhr
Farbe: Rot
Gefühl: Zorn, Ärger
Affirmation: »Ich verzeihe, mein Herz ist versöhnlich gestimmt«

Beschwerden:
Schmerzen, Schwellung, Brennen, Juckreiz, Entzündung, Hauterscheinungen

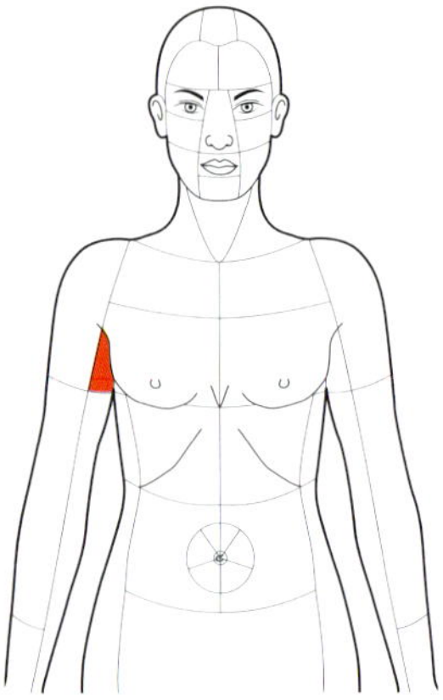

Heilzone

In der rechten Achselhöhle im Meridianverlauf homöopathische Mittel, Heilkräutertinkturen und Bach-Blüten einreiben (s. S. 56)

Ohrzonen

Armzone und Herzzone mit getränktem Wattestäbchen kreisend einreiben (s. S. 166)

Homöopathie

Juglans cin. D6 bei schießenden, stechenden Schmerzen;
Hepar sulfuris D4 bei Drüsenabszess und Splitterschmerz;
Carbo animalis D6 bei Drüsenverhärtung

Heilpflanzen

Weißdorn, Adonisröschen, Bitterkräutertinktur, Steinklee;
bei Herzrhythmusstörungen: Besenginster, gelber Jasmin;
3-mal täglich 20 Tropfen, einzeln oder als Mischung, vor dem Essen in etwas Wasser einnehmen und evtl. auch einreiben

Tee-Rezept: Herz-Tee 1/2 Liter morgens, Lymph-Tee 1/2 Liter mittags, Darm-Tee 1/2 Liter abends (s. S. 171)

WAS SONST NOCH HILFT:

- **Hautausschlag und Juckreiz können durch unverträgliche Deodorants entstehen.**
- **Bei Lymphschwellungen in der Achsel Lymphtropfen einnehmen, Lymph-Tee trinken (s. S. 172) und mit Lymphsalbe aus der Apotheke einreiben.**
- **Wenn die Lymphschwellung nach einigen Tagen nicht nachlässt, unbedingt vom Arzt abklären lassen.**

Bach-Blütentherapie

Beech einnehmen und einreiben

Ernährungsempfehlung

Darm-Diät (s. S. 174)

Meridiangymnastik

Herzmeridian-Übung, Dünndarmmeridian-Übung (s. S. 158)

Weitere Therapien beim Heilpraktiker oder Naturheilarzt

Evtl. Weißdorninjektionen, Lymphdrainage, Akupunktur, Homöosiniatrie, Nosodentherapie, Kranio-Sakral-Therapie, Atemtherapie
Osteopathie: Wirbelsegmente C7 – C8 – Th 1 – Th 2
Störfelder Zähne: 18/28/38/48
Neuraltherapie: Stirnhöhlen, Nebenhöhlen, Tonsillen, Weihe-Punkte, Narben

Achselhöhle links 39

Beschwerden:
Schmerzen, Schwellung, Brennen, Juckreiz, Entzündung, Hauterscheinungen

Bezug: Herzmeridian
Hauptorganfunktionszeit: 11–13 Uhr
Farbe: Rot
Gefühl: Zorn, Ärger
Affirmation: »Ich verzeihe, mein Herz ist versöhnlich gestimmt«

Heilzone

In der linken Achselhöhle im Meridianverlauf homöopathische Mittel, Heilkräutertinkturen und Bach-Blüten einreiben (s. S. 56)

Ohrzonen

Armzone und Herzzone mit getränktem Wattestäbchen kreisend einreiben (s. S. 166)

Homöopathie

Juglans cin. D6 bei schießenden, stechenden Schmerzen;
Hepar sulfuris D4 bei Drüsenabszess und Splitterschmerz;
Carbo animalis D6 bei Drüsenverhärtung

Heilpflanzen

Weißdorn, Adonisröschen, Bitterkräutertinktur, Steinklee;
bei Herzrhythmusstörungen: Besenginster, gelber Jasmin;
3-mal täglich 20 Tropfen, einzeln oder als Mischung, vor dem Essen in etwas Wasser einnehmen und evtl. auch einreiben

Tee-Rezept: Herz-Tee $^1/_2$ Liter morgens, Lymph-Tee $^1/_2$ Liter mittags, Darm-Tee $^1/_2$ Liter abends (s. S. 171)

Bach-Blütentherapie

Elm einnehmen und einreiben

Ernährungsempfehlung

Darm-Diät (s. S. 174)

Meridiangymnastik

Herzmeridian-Übung, Dünndarmmeridian-Übung (s. S. 158)

Weitere Therapien beim Heilpraktiker oder Naturheilarzt

Evtl. Weißdorninjektionen, Lymphdrainage, Akupunktur, Homöosiniatrie, Nosodentherapie, Kranio-Sakral-Therapie, Atemtherapie
Osteopathie: Wirbelsegmente C7 – C8 – Th 1 – Th 2
Störfelder Zähne: 18/28/38/48
Neuraltherapie: Stirnhöhlen, Nebenhöhlen, Tonsillen, Weihe-Punkte, Narben

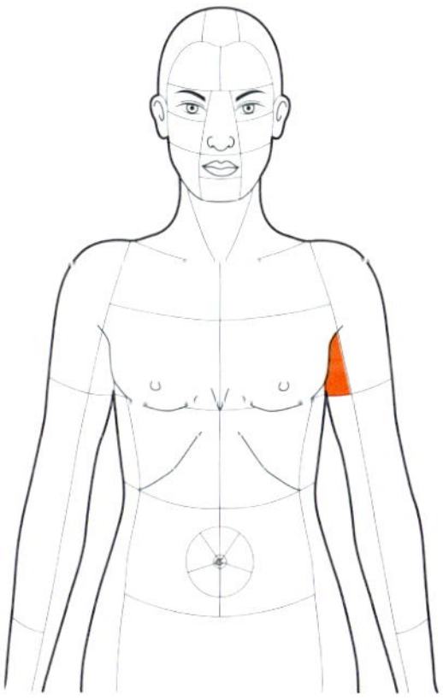

WAS SONST NOCH HILFT:

- Hautausschlag und Juckreiz können durch unverträgliche Deodorants entstehen.
- Bei Lymphschwellungen in der Achsel Lymphtropfen einnehmen, Lymph-Tee trinken (s. S. 172) und mit Lymphsalbe aus der Apotheke einreiben.
- Wenn die Lymphschwellung nach einigen Tagen nicht nachlässt, unbedingt vom Arzt abklären lassen.

40 Unterarm außen rechts

Bezug: Kreislaufmeridian und Lungenmeridian
Hauptorganfunktionszeit: 19–21 Uhr und 3–5 Uhr
Farbe: Pink und Weiß
Gefühl: Starrsinn und Hochmut
Affirmation: »Ich lasse los« und »Ich bin tolerant«

Beschwerden:
Schmerzen, Bewegungseinschränkung, Taubheit, Kribbeln, Durchblutungsstörungen, Brennen, Juckreiz, Entzündung, Hauterscheinungen

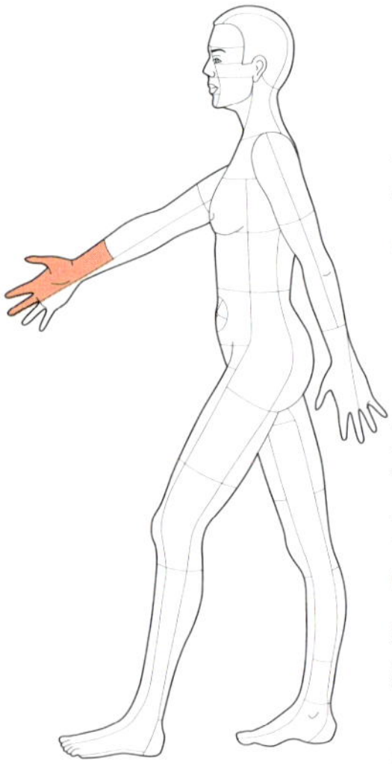

Heilzone

Auf dem rechten Unterarm mit Daumen, Zeige- und Mittelfinger im Meridianverlauf homöopathische Mittel, Heilkräutertinkturen und Bach-Blüten einreiben (s. S. 56)

Ohrzonen

Armzone und Lungenzone mit getränktem Wattestäbchen kreisend einreiben (s. S. 166)

Homöopathie

Naja tripud. D6 bei ziehendem Schmerz;
Veratrum album D6 bei Kältegefühl, Krämpfen, elektrischem Schlag;
Calcium carbonicum D4 bei Handschweiß, rheumatischen oder gichtigen Schmerzen

Heilpflanzen

Lungenkraut, Steinklee, Arnika, Ginkgo biloba, Rosskastanie, Rosmarin, Thymian, Ackerschachtelhalm;
3-mal täglich 20 Tropfen, einzeln oder als Mischung, vor dem Essen in etwas Wasser einnehmen und evtl. auch einreiben
Tee-Rezept: Lungen-Tee 1/2 Liter morgens und Lymph-Tee 1/2 Liter abends (s. S. 171)

WAS SONST NOCH HILFT:

- **Der Zeigefinger ist energetisch dem Dickdarm zugeordnet. Bei allen Beschwerden an diesem Finger auch Dickdarmtherapie durchführen, wie Heilzone 17.**
- **Bei Raynaud-Krankheit (Durchblutungsstörungen an der Hand): 3-mal täglich 15 Tropfen Mutterkorntinktur vor dem Essen in etwas Wasser einnehmen.**

Bach-Blütentherapie

Beech, Chicory, Gorse, Holly und Sweet Chestnut einnehmen und einreiben

Ernährungsempfehlung

Darm-Diät (s. S. 174)

Meridiangymnastik

Lungenmeridian-, Dickdarmmeridian- und Kreislaufmeridian-Übungen (s. S. 158)

Weitere Therapien beim Heilpraktiker oder Naturheilarzt

Evtl. Infusionen mit Vitamin C, Colon-Hydro-Therapie und Darmsymbioselenkung, Akupunktur, Homöosiniatrie, Nosodentherapie, Baunscheidtieren, Kranio-Sakral-Therapie, Atemtherapie
Osteopathie: Wirbelsegmente C6 – C7
Störfelder Zähne: 14/15/24/25/36/37/46/47
Neuraltherapie: Stirnhöhlen, Nebenhöhlen, Tonsillen, Weihe-Punkte, Narben

Unterarm außen links 41

Beschwerden:
Schmerzen, Bewegungseinschränkung, Taubheit, Kribbeln, Durchblutungsstörungen, Brennen, Juckreiz, Entzündung, Hauterscheinungen

Bezug: Kreislaufmeridian und Lungenmeridian
Hauptorganfunktionszeit: 19–21 Uhr und 3–5 Uhr
Farbe: Pink und Weiß
Gefühl: Starrsinn und Hochmut
Affirmation: »Ich lasse los« und »Ich bin tolerant«

Heilzone

Auf dem linken Unterarm mit Daumen, Zeige- und Mittelfinger im Meridianverlauf homöopathische Mittel, Heilkräutertinkturen und Bach-Blüten einreiben (s. S. 56)

Ohrzonen

Armzone und Lungenzone mit getränktem Wattestäbchen kreisend einreiben (s. S. 166)

Homöopathie

Naja tripud. D6 bei ziehendem Schmerz;
Veratrum album D6 bei Kältegefühl, Krämpfen, elektrischem Schlag;
Calcium carbonicum D4 bei Handschweiß, rheumatischen oder gichtigen Schmerzen

Heilpflanzen

Lungenkraut, Steinklee, Arnika, Ginkgo biloba, Rosskastanie, Rosmarin, Thymian, Ackerschachtelhalm;
3-mal täglich 20 Tropfen, einzeln oder als Mischung, vor dem Essen in etwas Wasser einnehmen und evtl. auch einreiben
Tee-Rezept: Lungen-Tee 1/2 Liter morgens und Lymph-Tee 1/2 Liter abends (s. S. 171)

Bach-Blütentherapie

Centaury, Cerato, Holly, Larch und Red Chestnut einnehmen und einreiben

Ernährungsempfehlung

Darm-Diät (s. S. 174)

Meridiangymnastik

Lungenmeridian-, Dickdarmmeridian- und Kreislaufmeridian-Übungen (s. S. 158)

Weitere Therapien beim Heilpraktiker oder Naturheilarzt

Evtl. Infusionen mit Vitamin C, Colon-Hydro-Therapie und Darmsymbioselenkung, Akupunktur, Homöosiniatrie, Nosodentherapie, Baunscheidtieren, Kranio-Sakral-Therapie, Atemtherapie
Osteopathie: Wirbelsegmente C6 – C7
Störfelder Zähne: 14/15/24/25/36/37/46/47
Neuraltherapie: Stirnhöhlen, Nebenhöhlen, Tonsillen, Weihe-Punkte, Narben

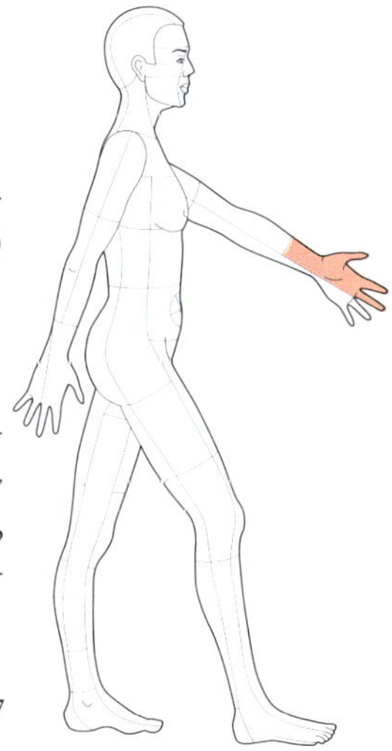

WAS SONST NOCH HILFT:

- Der Zeigefinger ist energetisch dem Dickdarm zugeordnet. Bei allen Beschwerden an diesem Finger auch Dickdarmtherapie durchführen, wie Heilzone 17.
- Bei Raynaud-Krankheit (Durchblutungsstörungen an der Hand): 3-mal täglich 15 Tropfen Mutterkorntinktur vor dem Essen in etwas Wasser einnehmen.

42 Ellbogen rechts

Bezug: Dünndarmmeridian und Dickdarmmeridian
Hauptorganfunktionszeit: 13–15 Uhr und 5–7 Uhr
Farbe: Lila und Schwarz
Gefühl: Kummer und Schuldgefühle
Affirmation: »Ich bin voller Freude« und
»Ich bin es wert, geliebt zu werden«

Beschwerden:
Schmerzen, Bewegungseinschränkung, »Tennis-Ellbogen«, Brennen, Juckreiz, Entzündung, Hauterscheinungen

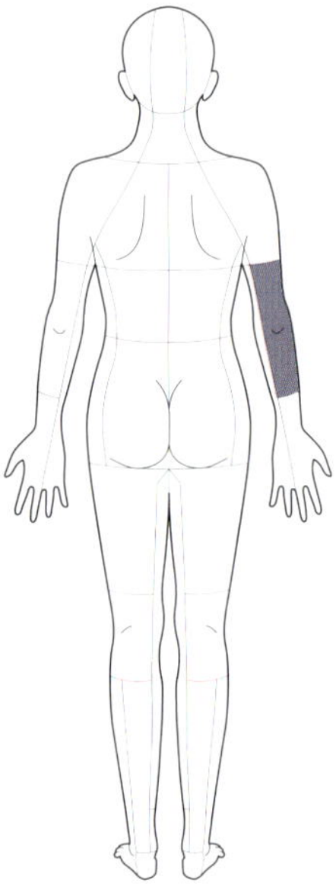

Heilzone

Auf der Rückseite des rechten Arms im Meridianverlauf homöopathische Mittel, Heilkräutertinkturen und Bach-Blüten einreiben (s. S. 56)

Ohrzonen

Ellbogenzone und Darmzone mit getränktem Wattestäbchen kreisend einreiben (s. S. 166)

Homöopathie

Phosphor D6 bei Knochenhautreizung, Zucken, Stichen;
Causticum D6 bei rheumatisch-gichtigen Schmerzen;
Sulfur D6 bei chronischen Schmerzen an Muskeln und Gelenken

Heilpflanzen

Bitterkräutertinktur, Löwenzahnkraut und -wurzel, Pestwurz, Odermennig, gelbes Labkraut, Teufelskralle;
bei Verstopfung: Cascararinde, erlenblättriger Kreuzdorn, Aloe;
bei Durchfall: Uzara, Blutwurz, Eichenrinde;
3-mal täglich 20 Tropfen, einzeln oder als Mischung, vor dem Essen in etwas Wasser einnehmen und evtl. auch einreiben
Tee-Rezept: Darm-Tee (s. S. 171)

VORSICHT!
Wenn der Schmerz in den Arm ausstrahlt – und zugleich Angst auftritt –, könnte er Vorbote eines Herzinfarkts sein. Ein EKG ist nicht aussagefähig, weil es ohne Befund sein kann. Besser sollte man die Herzenzyme untersuchen!

WAS SONST NOCH HILFT:

- Einreibungen mit Johanniskrautöl.
- Bewegungseinschränkungen bessern sich, wenn Sie während der Ohrzonenstimulierung den Arm bewegen, immer ein wenig über die Schmerzgrenze hinaus.
- Es gelten auch die Empfehlungen von Heilzone 43.

Bach-Blütentherapie

Cerato, Elm, Vine und Wild Rose einnehmen und einreiben

Ernährungsempfehlung

Darm-Diät (s. S. 174)

Meridiangymnastik

Dünndarmmeridian-Übung und Dickdarmmeridian-Übung (s. S. 158)

Weitere Therapien beim Heilpraktiker oder Naturheilarzt

Softlaser-Behandlung, Colon-Hydro-Therapie, Akupunktur, Homöosiniatrie, Nosodentherapie, Mesotherapie, Kranio-Sakral-Therapie, Baunscheidtieren, Atemtherapie, Lymphdrainage, Massagen
Osteopathie: Segmente C6 – C7 – Th 1
Störfelder Zähne: 14/15/24/25/36/37/38/46/47/48
Neuraltherapie: Stirnhöhlen, Nebenhöhlen, Tonsillen, Weihe-Punkte, Narben

Ellbogen links 43

Beschwerden:
Schmerzen, Bewegungseinschränkung, »Tennis-Ellbogen«, Brennen, Juckreiz, Entzündung, Hauterscheinungen

Bezug: Dünndarmmeridian und Dickdarmmeridian
Hauptorganfunktionszeit: 13–15 Uhr und 5–7 Uhr
Farbe: Lila und Schwarz
Gefühl: Kummer und Schuldgefühle
Affirmation: »Ich bin voller Freude« und
»Ich bin es wert, geliebt zu werden«

Heilzone

Auf der Rückseite des linken Arms im Meridianverlauf homöopathische Mittel, Heilkräutertinkturen und Bach-Blüten einreiben (s. S. 56)

Ohrzonen

Ellbogenzone und Darmzone mit getränktem Wattestäbchen kreisend einreiben (s. S. 166)

Homöopathie

Phosphor D6 bei Knochenhautreizung, Zucken, Stichen;
Causticum D6 bei rheumatisch-gichtigen Schmerzen;
Sulfur D6 bei chronischen Schmerzen an Muskeln und Gelenken

Heilpflanzen

Bitterkräutertinktur, Löwenzahnkraut und -wurzel, Pestwurz, Odermennig, gelbes Labkraut, Teufelskralle;
bei Verstopfung: Cascararinde, erlenblättriger Kreuzdorn, Aloe;
bei Durchfall: Uzara, Blutwurz, Eichenrinde;
3-mal täglich 20 Tropfen, einzeln oder als Mischung, vor dem Essen in etwas Wasser einnehmen und evtl. auch einreiben
Tee-Rezept: Darm-Tee (s. S. 171)

Bach-Blütentherapie

Impatiens, Star of Bethlehem und Willow einnehmen und einreiben

Ernährungsempfehlung

Darm-Diät (s. S. 174)

Meridiangymnastik

Dünndarmmeridian-Übung und Dickdarmmeridian-Übung (s. S. 158)

Weitere Therapien beim Heilpraktiker oder Naturheilarzt

Softlaser-Behandlung, Colon-Hydro-Therapie, Akupunktur, Homöosiniatric, Nosodentherapie, Mesotherapie, Kranio-Sakral-Therapie, Baunscheidtieren, Atemtherapie, Lymphdrainage, Massagen
Osteopathie: Segmente C6 – C7 – Th 1
Störfelder Zähne: 14/15/24/25/36/37/38/46/47/48
Neuraltherapie: Stirnhöhlen, Nebenhöhlen, Tonsillen, Weihe-Punkte, Narben

WAS SONST NOCH HILFT:

- Es gelten auch die Empfehlungen von Heilzone 42.
- Einen Eiswürfel in eine Plastiktüte geben und die Schmerzstelle betupfen.
- Einen Wickel mit Beinwellblättern oder gewalkten Weißkrautblättern anlegen.

VORSICHT!
Wenn der Schmerz in den Arm ausstrahlt – und zugleich Angst auftritt –, könnte er Vorbote eines Herzinfarkts sein. Ein EKG ist nicht aussagefähig, weil es ohne Befund sein kann. Besser sollte man die Herzenzyme untersuchen!

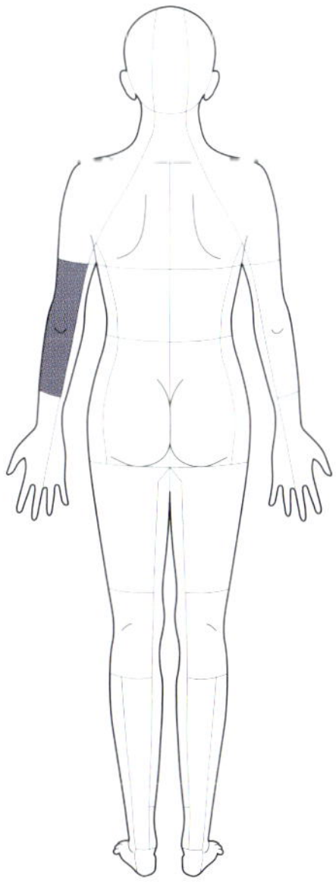

44 Nierengegend rechts

Bezug: Blasenmeridian
Hauptorganfunktionszeit: 15–17 Uhr
Farbe: Türkis
Gefühl: Ungeduld, Ruhelosigkeit
Affirmation: »Ich bin ausgeglichen, ich bin friedvoll«

Beschwerden:
Schmerzen, Druck, Brennen, Juckreiz, Entzündung, Hauterscheinungen, Bewegungseinschränkung

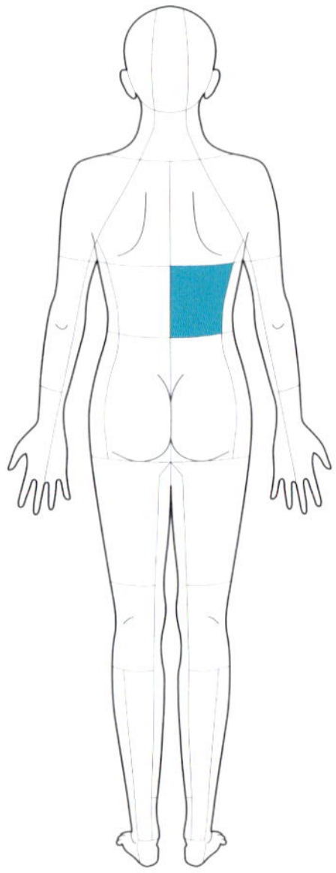

Heilzone

In der Nierengegend im Meridianverlauf homöopathische Mittel, Heilkräutertinkturen und Bach-Blüten einreiben (s. S. 56)

Ohrzonen

Nieren-Blasen-Zone mit getränktem Wattestäbchen kreisend einreiben (s. S. 166)

Homöopathie

Berberis vulg. D4 bei Druckgefühl, ziehendem Schmerz, Steifigkeit;
Lycopodium D4 bei dumpfem Druck, Stichen;
Cantharis D4 bei heftigem, schneidendem Schmerz, Harndrang

Heilpflanzen

Goldrute, Bärentraube, Brennnessel, Zwergpalme, Berberitze, Löwenzahn, Bruchkraut, Echinacea, Taigawurzel;
zum Entwässern: Liebstöckel, Hauhechel, Petersilie, Ackerschachtelhalm;
bei Steinbildung: Färberröte;
3-mal täglich 20 Tropfen, einzeln oder als Mischung, vor dem Essen in etwas Wasser einnehmen und evtl. auch einreiben
Tee-Rezept: 1/2 Liter Nieren-Blasen-Tee morgens, 1/2 Liter Orthosiphon-Tee (indischer Nieren-Blasen-Tee) mittags, 1/2 Liter Herz-Tee abends (s. S. 171)

WAS SONST NOCH HILFT:

- Zum Durchspülen der Niere neben Kräutertees viel abgekochtes Wasser trinken, auch Weizenbier spült die Niere gut.
- Keinen Bohnenkaffee trinken!
- Ein heißes Heublumensäckchen auf die Nierengegend legen oder ein warmes Halbbad mit Zinnkraut oder Moorzusätzen.
- Es gelten auch die Empfehlungen von Heilzone 45.

Bach-Blütentherapie

Cerato, Gentian, Mimulus, Pine und Star of Bethlehem einnehmen und einreiben

Ernährungsempfehlung

Nieren-Diät (s. S. 174)

Meridiangymnastik

Nierenmeridian-Übung (s. S. 158)

Weitere Therapien beim Heilpraktiker oder Naturheilarzt

Softlaser-Behandlung, Akupunktur, Homöosiniatrie, Nosodentherapie, Baunscheidtieren, Schröpfen, Kranio-Sakral-Therapie, Atemtherapie, Lymphdrainage
Osteopathie: Wirbelsegmente Th 6 – Th 7 – Th 8 – Th 9 – Th 10 – Th 11 – Th 12
Störfelder Zähne: 11/12/21/22/31/32/41/42
Neuraltherapie: Tonsillen, Stirnhöhlen, Nebenhöhlen, Weihe-Punkte, Narben

Nierengegend links 45

Beschwerden:
Schmerzen, Druck, Brennen, Juckreiz, Entzündung, Hauterscheinungen, Bewegungseinschränkung

Bezug: Blasenmeridian
Hauptorganfunktionszeit: 15–17 Uhr
Farbe: Türkis
Gefühl: Ungeduld, Ruhelosigkeit
Affirmation: »Ich bin ausgeglichen, ich bin friedvoll«

Heilzone

In der Nierengegend im Meridianverlauf homöopathische Mittel, Heilkräutertinkturen und Bach-Blüten einreiben (s. S. 56)

Ohrzonen

Nieren-Blasen-Zone mit getränktem Wattestäbchen kreisend einreiben (s. S. 166)

Homöopathie

Terebinthina D6 bei ziehendem Schmerz, Druckempfindlichkeit; Apis D6 bei Nierenentzündung; Lycopodium D6 bei Rückenschmerzen in der Nierengegend

Heilpflanzen

Empfohlene Heilpflanzen, Einnahme und Tee-Rezepte wie Heilzone 44

Bach-Blütentherapie

Crab Apple, Gorse, Hornbeam und Mustard einnehmen und einreiben

Ernährungsempfehlung

Nieren-Diät (s. S. 174)

Meridiangymnastik

Nierenmeridian-Übung (s. S. 158)

Weitere Therapien beim Heilpraktiker oder Naturheilarzt

Empfohlene Therapien wie Heilzone 44
Osteopathie: Wirbelsegmente Th 6 – Th 7 – Th 8 – Th 9 – Th 10 – Th 11 – Th 12
Störfelder Zähne: 11/12/21/22/31/32/41/42
Neuraltherapie: Tonsillen, Stirnhöhlen, Nebenhöhlen, Weihe-Punkte, Narben

WAS SONST NOCH HILFT:

- Zur Abwehrsteigerung täglich einige Kapuzinerkresseblüten und evtl. -blätter essen (schmecken wie Meerrettich) mit ein paar Tropfen Zitronensaft dazu.
- Täglich 1 Gramm Vitamin C zur Vorbeugung von Nieren- und Harnwegsinfekten zu sich nehmen.
- Den Abgang von kleineren Nierensteinen oder -grieß können Sie mit Seilspringen auslösen. Sehr wirkungsvoll ist auch, in einem heißen Bad 1 Liter Nieren-Tee zu trinken und dann noch im Bad die Blase zu entleeren.
- Zur Vorbeugung von Nierensteinen empfehle ich eine Saftkur: 1 Woche Löwenzahnsaft, 1 Woche Brennnesselsaft, 1 Woche Zinnkrautsaft, 1 Woche Birkensaft; je 3-mal täglich 1 kleines Glas.
- Ein bewährtes Rezept zum Warmhalten der Nierengegend: Wacholderöl und Arnikatinktur zu gleichen Teilen mischen und den Hautbereich damit einreiben.
- Unterhalb der linken Schulterblattspitze ist eine Reflexzone der Bauchspeicheldrüse: Verhärtungen in diesem Bereich sprechen gut auf Schröpfen an.
- Es gelten auch die Empfehlungen von Heilzone 44.

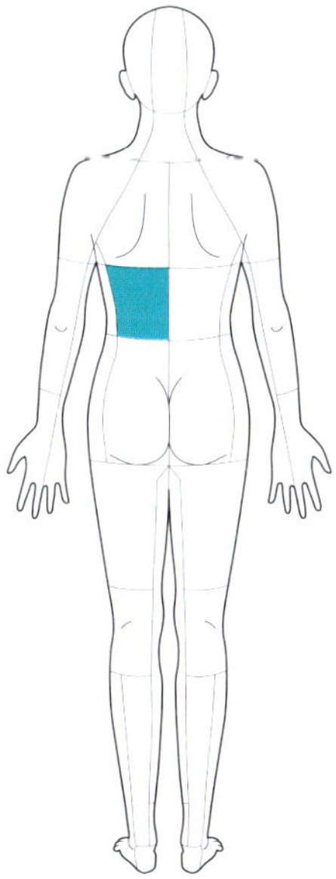

46 Gesäß rechts

Bezug: Blasenmeridian
Hauptorganfunktionszeit: 15–17 Uhr
Farbe: Türkis
Gefühl: Ungeduld, Ruhelosigkeit
Affirmation: »Ich bin ausgeglichen, ich bin friedvoll«

Beschwerden:
Schmerzen, Druck, Brennen, Juckreiz, Entzündung, Hauterscheinungen, Bewegungseinschränkung

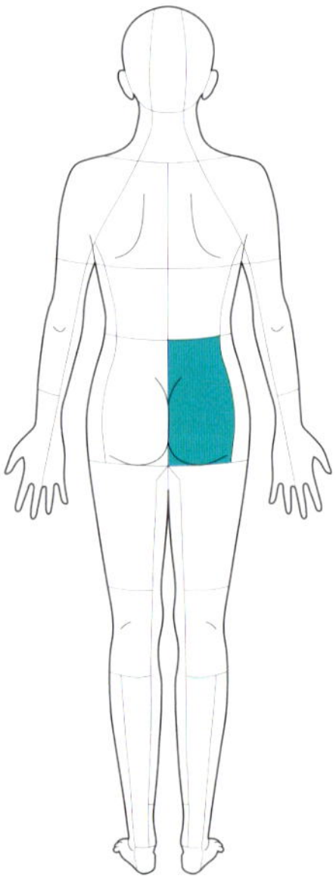

Heilzone

Auf dem rechten Gesäß im Meridianverlauf homöopathische Mittel, Heilkräutertinkturen und Bach-Blüten einreiben (s. S. 56)

Ohrzonen

Nieren-Blasen-Zone mit getränktem Wattestäbchen kreisend einreiben (s. S. 166)

Homöopathie

Aloe D4 bei Hexenschuss, ziehendem Schmerz, Pflockgefühl; Rhus toxicodendron D6 bei anfallsartigem, neuralgischem Schmerz; Bryonia D4 bei stechendem, reißendem Schmerz

Heilpflanzen

Pestwurz, Echinacea, Goldrute, Bärentraube, Zwergpalme, Berberitze; bei Hämorrhoiden: Rosskastanie, Zaubernuss; 3-mal täglich 20 Tropfen, einzeln oder als Mischung, vor dem Essen in etwas Wasser einnehmen und evtl. auch einreiben
Tee-Rezept: Nieren-Blasen-Tee und Rheuma-Tee (s. S. 171)

Bach-Blütentherapie

Sweet Chestnut und Willow einnehmen und einreiben

VORSICHT!
Plötzlich auftretende starke Schmerzen, die ins Bein ausstrahlen und evtl. mit Harnverhalt einhergehen, deuten auf einen Bandscheibenvorfall hin.

WAS SONST NOCH HILFT:

- Genau über der Analfalte finden sich oft eine Verdickung oder blaue Äderchen. Dies kann ein Hinweis auf Depressionen oder Bluthochdruck sein. Schröpfen wirkt hier oft Wunder, auch Blutegel sind für diese Stelle sehr geeignet.
- Die Punkte rechts und links davon sind den Geschlechtsorganen zugeordnet: Muskelverhärtungen in diesem Bereich mit Massage oder Akupressur behandeln.
- Am oberen Rand der Zone 46 befindet sich die »Blinddarmreflexzone«.
- Siehe auch Heilzone 47.

Ernährungsempfehlung

Nieren-Diät (s. S. 174)

Meridiangymnastik

Blasenmeridian-Übung und Nierenmeridian-Übung (s. S. 158)

Weitere Therapien beim Heilpraktiker oder Naturheilarzt

Abwehrsteigernde Maßnahmen, Akupunktur, Homöosiniatrie, Nosodentherapie, Mesotherapie, Schröpfen, Baunscheidtieren, Atemtherapie, Kranio-Sakral-Therapie
Osteopathie: Wirbelsegmente L1 – L2 – L3 – S1 – S2 – S3 – S4 – S5
Störfelder Zähne: 11/12/21/22/31/32/41/42
Neuraltherapie: Stirnhöhlen, Nebenhöhlen, Tonsillen, Weihe-Punkte, Narben

Beschwerden:
Schmerzen, Druck, Brennen, Juckreiz, Entzündung, Hauterscheinungen, Bewegungseinschränkung

Bezug: Blasenmeridian
Hauptorganfunktionszeit: 15–17 Uhr
Farbe: Türkis
Gefühl: Ungeduld, Ruhelosigkeit
Affirmation: »Ich bin ausgeglichen, ich bin friedvoll«

Heilzone

Auf dem linken Gesäß im Meridianverlauf homöopathische Mittel, Heilkräutertinkturen und Bach-Blüten einreiben (s. S. 56)

Ohrzonen

Nieren-Blasen-Zone mit getränktem Wattestäbchen kreisend einreiben (s. S. 166)

Homöopathie

Aloe D4 bei Hexenschuss, ziehendem Schmerz, Pflockgefühl; Rhus toxicodendron D6 bei anfallsartigem, neuralgischem Schmerz; Bryonia D4 bei stechendem, reißendem Schmerz

Heilpflanzen

Pestwurz, Echinacea, Goldrute, Bärentraube, Zwergpalme, Berberitze; bei Hämorrhoiden: Rosskastanie, Zaubernuss; 3-mal täglich 20 Tropfen, einzeln oder als Mischung, vor dem Essen in etwas Wasser einnehmen und evtl. auch einreiben
Tee-Rezept: Nieren-Blasen-Tee und Rheuma-Tee (s. S. 171)

Bach-Blütentherapie

Cherry Plum und Sweet Chestnut einnehmen und einreiben

Ernährungsempfehlung

Nieren-Diät (s. S. 174)

Meridiangymnastik

Blasenmeridian-Übung und Nierenmeridian-Übung (s. S. 158)

Weitere Therapien beim Heilpraktiker oder Naturheilarzt

Abwehrsteigernde Maßnahmen, Akupunktur, Homöosiniatrie, Nosodentherapie, Mesotherapie, Schröpfen, Baunscheidtieren, Atemtherapie, Kranio-Sakral-Therapie
Osteopathie: Wirbelsegmente L1 – L2 – L3 – S1 – S2 – S3 – S4 – S5
Störfelder Zähne: 11/12/21/22/31/32/41/42
Neuraltherapie: Stirnhöhlen, Nebenhöhlen, Tonsillen, Weihe-Punkte, Narben

WAS SONST NOCH HILFT:

- Bei hartnäckigen Hämorrhoiden hilft ein Tee aus Pfingstrosenwurzeln: $^1/_2$ TL der getrockneten Wurzeln mit 1 Tasse kochendem Wasser übergießen und 10 Minuten ziehen lassen.
- Äußere Hämorrhoiden mit Eiswürfel betupfen lindert die Schmerzen.
- Eine sehr gute Wirkung gegen Hämorrhoiden haben auch mit Eichenrindensud getränkte »Windeln«, die man über Nacht liegen lässt.
- Es gelten auch die Empfehlungen von Heilzone 46.

VORSICHT!
Plötzlich auftretende starke Schmerzen, die ins Bein ausstrahlen und evtl. mit Harnverhalt einhergehen, deuten auf einen Bandscheibenvorfall hin.

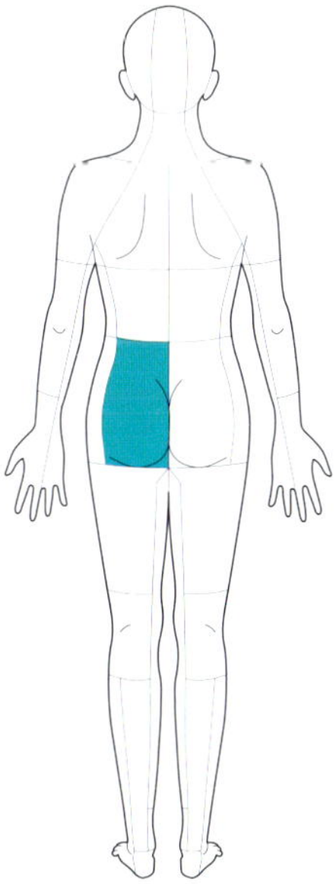

48 Bauch rechts

Bezug: Magenmeridian und Milz-Pankreas-Meridian
Hauptorganfunktionszeit: 7–9 Uhr und 9–11 Uhr
Farbe: Beige und Gelb
Gefühl: Enttäuschung und Angst vor der Zukunft
Affirmation: »Ich bin zufrieden« und »Ich vertraue auf die Zukunft«

Beschwerden:
Schmerzen, Blähungen, Druck, Brennen, Juckreiz, Entzündung, Hauterscheinungen

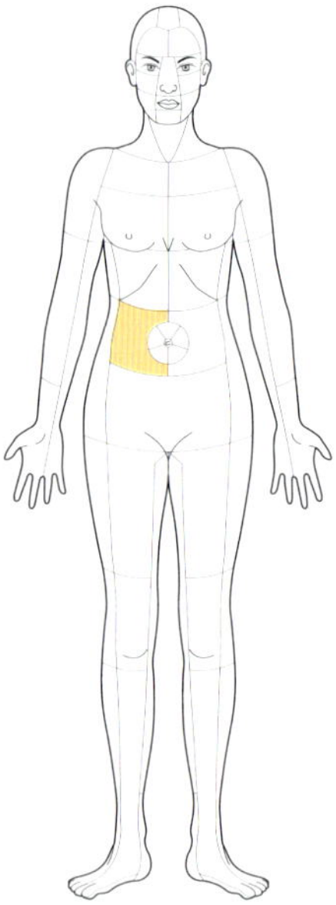

VORSICHT!
Starke Bauchschmerzen können von einer Blinddarmreizung oder Blinddarmentzündung herrühren. Der Druckpunkt des Blinddarms liegt zwischen dem Nabel und dem rechten vorderen Beckenkamm.

Heilzone

Auf dem rechten Oberbauch im Meridianverlauf homöopathische Mittel, Heilkräutertinkturen und Bach-Blüten einreiben (s. S. 56)

Ohrzonen

Magenzone und Milz-Pankreas-Zone mit getränktem Wattestäbchen kreisend einreiben (s. S. 166)

Homöopathie

Nux vomica D6 bei Völlegefühl, Magendruck, Übelkeit, Erbrechen;
Argentum nitr. D6 bei Blähungen oder drückendem, brennendem Schmerz;
Plumbum D6 bei heftig schießendem, ausstrahlendem Schmerz

Heilpflanzen

Bitterkräuter wie Enzian, Tausendgüldenkraut, Schafgarbe, Kalmus, Löwenzahn, Wermut, Engelswurz, Condurango, Pfefferminze; bei Säureüberschuss im Magen: Kamille, Süßholz; bei Blähungen: Anis, Fenchel, Kümmel, Baldrian; bei Verstopfung: Cascararinde, erlenblättriger Kreuzdorn, Aloe, Faulbaumrinde, Leinsamen; bei Durchfall: Blutwurz-, Enzian- und Wermuttinktur, Mäuseklee; für die Bauchspeicheldrüse: Harongabaum; 3-mal täglich 20 Tropfen, einzeln oder als Mischung, vor dem Essen in etwas Wasser einnehmen und evtl. auch einreiben
Tee-Rezept: Darm-Tee und Vier-Winde-Tee (s. S. 171)

Bach-Blütentherapie

Elm, Holly, Honeysuckle und Larch einnehmen und einreiben

Ernährungsempfehlung

Darm-Diät (s. S. 174)

Meridiangymnastik

Magenmeridian-Übung und Milz-Pankreas-Meridian-Übung (s. S. 158)

Weitere Therapien beim Heilpraktiker oder Naturheilarzt

Colon-Hydro-Therapie, Darmsymbioselenkung, Heildiäten, Akupunktur, Homöosiniatrie, Nosodentherapie, Atemtherapie, Kranio-Sakral-Therapie
Osteopathie: Wirbelsegmente Th 8 – Th 11
Störfelder Zähne: 16/17/26/27/34/35/44/45
Neuraltherapie: Stirnhöhlen, Nebenhöhlen, Tonsillen, Narben, Blinddarm

WAS SONST NOCH HILFT:

- Es gelten auch die Empfehlungen von Heilzone 49.

Beschwerden:
Schmerzen, Blähungen, Druck, Brennen, Juckreiz, Entzündung, Hauterscheinungen

Bezug: Magenmeridian und Milz-Pankreas-Meridian
Hauptorganfunktionszeit: 7–9 Uhr und 9–11 Uhr
Farbe: Beige und Gelb
Gefühl: Enttäuschung und Angst vor der Zukunft
Affirmation: »Ich bin zufrieden« und »Ich vertraue auf die Zukunft«

Heilzone

Auf dem linken Oberbauch im Meridianverlauf homöopathische Mittel, Heilkräutertinkturen und Bach-Blüten einreiben (s. S. 56)

Ohrzonen

Magenzone und Milz-Pankreas-Zone mit getränktem Wattestäbchen kreisend einreiben (s. S. 166)

Homöopathie

Momordica D6 bei kneifendem, kolikartigem Schmerz;
Ceanothus am. D4 bei starkem, stechendem Schmerz;
China D6 bei Blähungskolik, aufgetriebenem Bauch

Heilpflanzen

Empfohlene Heilpflanzen, Einnahme und Tee-Rezepte wie Heilzone 48

Bach-Blütentherapie

Gentian, Gorse, Pine und Sweet Chestnut einnehmen und einreiben

Ernährungsempfehlung

Darm-Diät (s. S. 174)

Meridiangymnastik

Magenmeridian-Übung und Milz-Pankreas-Übung (s. S. 158)

Weitere Therapien beim Heilpraktiker oder Naturheilarzt

Colon-Hydro-Therapie, Darmsymbioselenkung, F.-X.-Mayr-Kur oder Heilfasten, Akupunktur, Homöosiniatrie, Nosodentherapie, Atemtherapie, Kranio-Sakral-Therapie

Osteopathie: Wirbelsegmente Th 8 – Th 11
Störfelder Zähne: 16/17/26/27/34/35/44/45
Neuraltherapie: Stirnhöhlen, Nebenhöhlen, Tonsillen, Narben, Blinddarm

WAS SONST NOCH HILFT:

- Bei häufigen Verdauungsbeschwerden und Blähungen einige Tage lang zu jeder Mahlzeit Verdauungsenzyme aus der Apotheke einnehmen.
- Natürliche Hilfen bei Verdauungsbeschwerden sind Papayafrüchte, Tomaten – frisch oder gekocht – und Gewürze wie Majoran.
- In jede Reiseapotheke gehören gegen Durchfall Kohletabletten und Heilerde aus der Apotheke.
- Bewährte Hausmittel gegen Durchfall sind auch ungesüßter Heidelbeersaft mit Quark, ungesüßter schwarzer Johannisbeersaft oder ein fein geriebener Apfel.
- Der Darm hat einen energetischen Bezug zum Gehirn. Deshalb sind manche trüben Gedanken und manche Depression auf einen verschlackten Darm zurückzuführen.

VORSICHT!
Starke Bauchschmerzen können von einer Blinddarmreizung oder Blinddarmentzündung herrühren. Der Druckpunkt des Blinddarms liegt zwischen dem Nabel und dem rechten vorderen Beckenkamm.

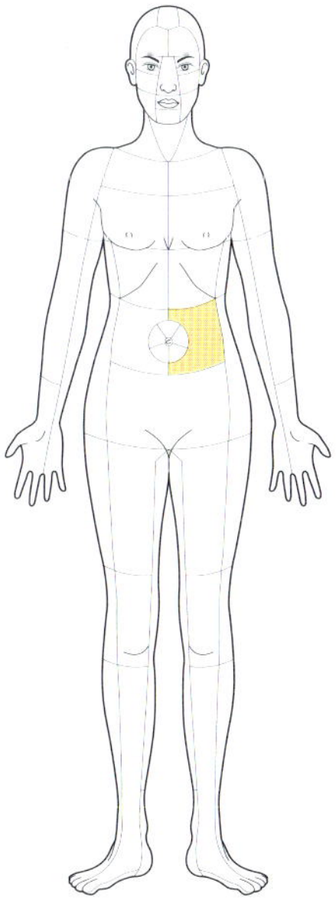

50 Um den Nabel

Bezug: Konzeptionsgefäß-Meridian
Farben: alle Farben
Gefühl: Schamgefühl
Affirmation: »Ich stehe aufrecht im Leben, ich bin selbstbewusst«

Beschwerden:
Schmerzen, Druck, Blähungen, Brennen, Juckreiz, Entzündung, Hauterscheinungen

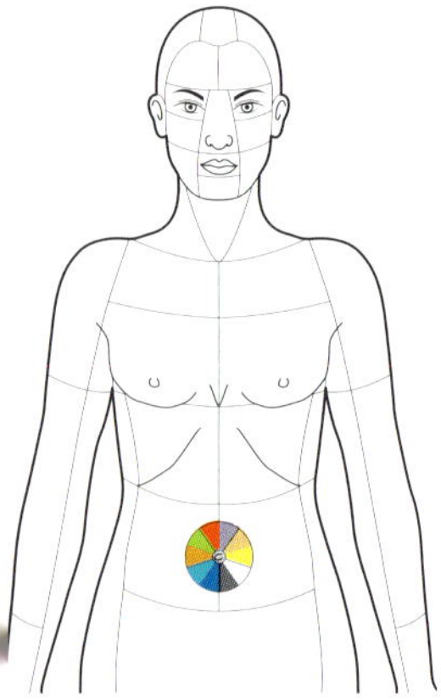

Heilzone

Um den Bauchnabel herum homöopathische Mittel, Heilkräutertinkturen und Bach-Blüten einreiben (s. S. 56)

Ohrzonen

Bauchzone mit getränktem Wattestäbchen kreisend einreiben (s. S. 166)

Homöopathie

Colocynthis D4 bei schneidendem Schmerz um den Nabel;
Chamomilla D8 bei Nabelkoliken;
Magnesium phos. D6 bei Blähungskolik

Heilpflanzen

Bei Nabelkoliken: Kalmustinktur, Bitterkräutertinktur; bei Blähungen: Anis, Fenchel, Kümmel, Baldrian; bei Verstopfung: Cascararinde, erlenblättriger Kreuzdorn, Aloe, Faulbaumrinde, Flohsamenschalen, Leinsamen; bei Durchfall: Blutwurz-, Enzian- und Wermuttinktur, Mäuseklee, Heidelbeersaft ungesüßt; für die Bauchspeicheldrüse: Harongabaum, Papayafrüchte und -enzyme;
3-mal täglich 20 Tropfen, einzeln oder als Mischung, vor dem Essen in etwas Wasser einnehmen und evtl. auch einreiben
Tee-Rezept: Darm-Tee und Vier-Winde-Tee (s. S. 171)

WAS SONST NOCH HILFT:

- **Um den Nabel herum befinden sich im Uhrzeigersinn alle 5 Elemente: Holz (Leber-Galle), Feuer (Herz-Dünndarm), Erde (Milz-Pankreas), Metall (Lunge-Dickdarm) und Wasser (Niere-Blase).**
- **Massagen oder Einreibungen um den Nabel im Uhrzeigersinn können folglich alle Meridiane und somit alle Organe positiv beeinflussen.**

Bach-Blütentherapie

Beech, Gentian, Honeysuckle und Rock Rose einnehmen und einreiben

Ernährungsempfehlung

Darm-Diät (s. S. 174)

Meridiangymnastik

Magenmeridian-Übung und Nierenmeridian-Übung (s. S. 158)

Weitere Therapien beim Heilpraktiker oder Naturheilarzt

Kinesiologie, Akupunktur, Homöosiniatrie, Nosodentherapie, Mesotherapie, Atemtherapie, Baunscheidtieren, Kranio-Sakral-Therapie
Osteopathie: Wirbelsegmente Th 9 – Th 10
Störfelder Zähne: Alle Zähne
Neuraltherapie: Nabel, Stirnhöhlen, Nebenhöhlen, Tonsillen, Weihe-Punkte

Unterleib 51

Beschwerden:
Schmerzen, Krämpfe, Druck, Brennen, Juckreiz, Entzündung, Hauterscheinungen, Bettnässen, Periodenstörungen, Frigidität, Impotenz

Bezug: Nierenmeridian
Hauptorganfunktionszeit: 17–19 Uhr
Farbe: Blau
Gefühl: Sexuelle Probleme
Affirmation: »Ich spüre meine sexuellen Energien«

Heilzone

Auf dem Unterleib im Meridianverlauf homöopathische Mittel, Heilkräutertinkturen und Bach-Blüten einreiben (s. S. 56)

Ohrzonen

Prostata-Gebärmutter-Zone und Nieren-Blasen-Zone mit getränktem Wattestäbchen kreisend einreiben (s. S. 166)

Homöopathie

Agnus castus D6 bei sexueller Schwäche; Sabal serr. D3 bei Prostatavergrößerung; Conium D4 bei Prostatavergrößerung und -verhärtung;
Apis D4 bei Unterleibsentzündung rechts; Lachesis D12 bei Unterleibsentzündung links; Platinum D6 bei Myomen, Unterleibskrämpfen;
Causticum C30 bei Blasenschwäche und Inkontinenz; Plantago major D4 bei Bettnässen von Kindern

Heilpflanzen

Goldrute, Schachtelhalm, Bärentraube, Liebstöckel, Petersilie; bei Frauenbeschwerden: Mönchspfeffer, Frauenmantel, Aletris; bei zu starker Regel: Hirtentäschel, Greisenkraut, Wasserpfeffer, Besenginster; bei zu schwacher Regel: Mönchspfeffer, echter Safran, Melisse, Gottesgnadenkraut, Gänsefingerkraut, Schafgarbe; bei Männern: Zwergpalme, Kürbissamen, Muira puama, Yohimbe, Ginseng;
3-mal täglich 20 Tropfen, einzeln oder als Mischung, vor dem Essen in etwas Wasser einnehmen und evtl. auch einreiben
Tee-Rezept: Nieren-Blasen-Tee $^{1}/_{2}$ Liter morgens, Lymph-Tee $^{1}/_{2}$ Liter abends; bei Bedarf Frauen-Tee (s. S. 171)

Weitere Therapien beim Heilpraktiker oder Naturheilarzt

Baunscheidtieren, Schröpfen, Blutegel, Akupunktur, Homöosiniatrie, Nosodentherapie, Mesotherapie, Atemtherapie, Kranio-Sakral-Therapie, Fußreflexzonenmassage
Osteopathie: Wirbelsegmente Th 12–L1
Störfelder Zähne: 11/12/21/22/31/32
Neuraltherapie: Stirnhöhlen, Nebenhöhlen, Tonsillen, Weihe-Punkte, Narben

Bach-Blütentherapie

Beech, Chicory, Rock Water und Vervain einnehmen und einreiben

Ernährungsempfehlung

Nieren-Diät (s. S. 174)

Meridiangymnastik

Nierenmeridian-Übung, Magenmeridian-Übung (s. S. 158)

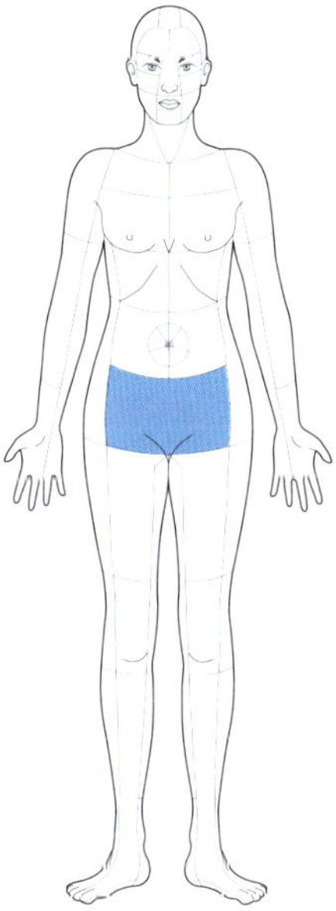

WAS SONST NOCH HILFT:

- Täglich 2 Liter abgekochtes Wasser trinken.
- Lymphtropfen einnehmen.
- Heublumensäckchen auflegen.
- Reibesitzbad zur Stärkung der Unterleibsorgane für Frauen und Männer (S. 181).
- Ansteigende Fußbäder, Sitzbäder mit Moorextrakt.
- Bei prämenstruellem Syndrom Vitamin B_6 und Fencheltee.
- Brennen beim Wasserlassen: hochdosiert Vitamin C und Preisselbeersaft einnehmen.

52 Flanke rechts

Bezug: Milz-Pankreas-Meridian
Hauptorganfunktionszeit: 9–11 Uhr
Farbe: Gelb
Gefühl: Angst vor der Zukunft
Affirmation: »Ich glaube und vertraue auf meine Zukunft«

Beschwerden:
Schmerzen, Druck, Brennen, Juckreiz, Entzündung, Hauterscheinungen, Bewegungseinschränkung

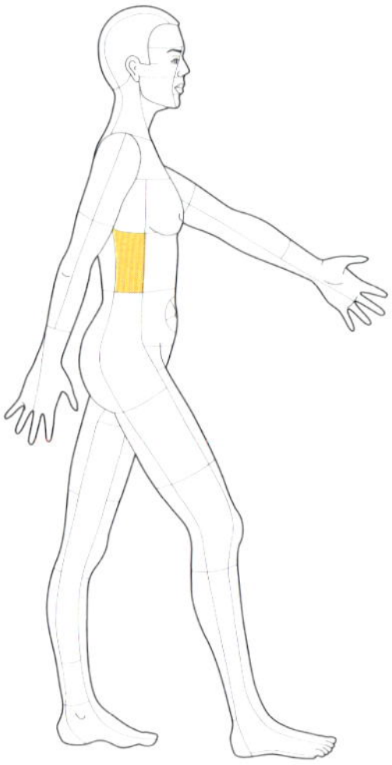

Heilzone

Am rechten Oberkörper im Meridianverlauf homöopathische Mittel, Heilkräutertinkturen und Bach-Blüten einreiben (s. S. 56)

Ohrzonen

Milzzone und Gallenblasenzone mit getränktem Wattestäbchen kreisend einreiben (s. S. 166)

Homöopathie

Chelidonium D6 bei Seitenstechen rechts; Kalium carb. D4 bei Schmerzen unter dem rechten Rippenbogen; Terebinthina D6 bei Seitenschmerz bis zur Niere

Heilpflanzen

Grindeliakraut, Wegwarte, Bitterkräutertinktur, Pestwurz, Odermennig, gelbes Labkraut;
3-mal täglich 20 Tropfen, einzeln oder als Mischung, vor dem Essen in etwas Wasser einnehmen und evtl. auch einreiben
Tee-Rezept: 1/2 Liter Lymph-Tee morgens, 1/2 Liter Leber-Galle-Tee abends (s. S. 171)

Bach-Blütentherapie

Beech, Cerato und Holly einnehmen und einreiben

WAS SONST NOCH HILFT:

- Die Milz ist der größte Lymphknoten des Körpers und hat einen wichtigen Platz im Gesamt-Immunsystem. Deshalb ist es günstig, pflanzliche Lymphmittel aus der Apotheke einzunehmen.
- Zur Pflege der Bauchspeicheldrüse, die energetisch mit der Milz verbunden ist, rate ich, Pankreasenzyme zum Essen einzunehmen, um den Verdauungsvorgang zu erleichtern.
- Den Grundsatz beherzigen: »Gut gekaut ist halb verdaut.«
- Zur Blutzuckerregulierung empfiehlt sich die Aminosäure Alanin.

Ernährungsempfehlung

Leber-Galle-Diät (s. S. 174)

Meridiangymnastik

Milz-Pankreas-Meridian-Übung und Gallenblasenmeridian-Übung (s. S. 158)

Weitere Therapien beim Heilpraktiker oder Naturheilarzt

Eigenblut-Therapie, Eigenurin-Therapie, Akupunktur, Homöosiniatrie, Nosodentherapie, Baunscheidtieren, Schröpfen, Atemtherapie, Mesotherapie, Kranio-Sakral-Therapie
Osteopathie: Wirbelsegmente Th 5 – Th 10
Störfelder Zähne: 26/27/34/35
Neuraltherapie: Stirnhöhlen, Nebenhöhlen, Tonsillen, Narben

Flanke links 53

Beschwerden:
Schmerzen, Druck, Brennen, Juckreiz, Entzündung, Hauterscheinungen, Bewegungseinschränkung

Bezug: Milz-Pankreas-Meridian
Hauptorganfunktionszeit: 9–11 Uhr
Farbe: Gelb
Gefühl: Angst vor der Zukunft
Affirmation: »Ich glaube und vertraue auf meine Zukunft«

Heilzone

Am linken Oberkörper im Meridianverlauf homöopathische Mittel, Heilkräutertinkturen und Bach-Blüten einreiben (s. S. 56)

Ohrzonen

Milzzone und Gallenblasenzone mit getränktem Wattestäbchen kreisend einreiben (s. S. 166)

Homöopathie

Berberis D4 bei stechendem Schmerz bis zur Hüfte und Niere; Ranunculus bulb. D6 bei Neuralgie; Ceanothus D6 bei anhaltendem Stechen, Druck, Atemnot

Heilpflanzen

Grindeliakraut, Wegwarte, Bitterkräutertinktur, Pestwurz, Odermennig, gelbes Labkraut;
3-mal täglich 20 Tropfen, einzeln oder als Mischung, vor dem Essen in etwas Wasser einnehmen und evtl. auch einreiben
Tee-Rezept: 1/2 Liter Lymph-Tee morgens, 1/2 Liter Leber-Galle-Tee abends (s. S. 171)

Bach-Blütentherapie

Gorse, Hornbeam, Red Chestnut und Vervain einnehmen und einreiben

Ernährungsempfehlung

Leber-Galle-Diät (s. S. 174)

Meridiangymnastik

Milz-Pankreas-Meridian-Übung und Gallenblasenmeridian-Übung (s. S. 158)

Weitere Therapien beim Heilpraktiker oder Naturheilarzt

Eigenblut-Therapie, Eigenurin-Therapie, Akupunktur, Homöosiniatrie, Nosodentherapie, Baunscheidtieren, Schröpfen, Atemtherapie, Mesotherapie, Kranio-Sakral-Therapie
Osteopathie: Wirbelsegmente Th 5 – Th 10
Störfelder Zähne: 26/27/34/35
Neuraltherapie: Stirnhöhlen, Nebenhöhlen, Tonsillen, Narben

WAS SONST NOCH HILFT:

- Die Milz ist der größte Lymphknoten des Körpers und hat einen wichtigen Platz im Gesamt-Immunsystem. Deshalb ist es günstig, pflanzliche Lymphmittel aus der Apotheke einzunehmen.
- Zur Pflege der Bauchspeicheldrüse, die energetisch mit der Milz verbunden ist, rate ich, Pankreasenzyme zum Essen einzunehmen, um den Verdauungsvorgang zu erleichtern.
- Den Grundsatz beherzigen: »Gut gekaut ist halb verdaut.«
- Zur Blutzuckerregulierung empfiehlt sich die Aminosäure Alanin.

54 *Hüfte rechts*

Bezug: Gallenblasenmeridian
Hauptorganfunktionszeit: 23–1 Uhr
Farbe: Braun
Gefühl: Wut, Jähzorn
Affirmation: »Ich gehe liebevoll auf andere zu«

Beschwerden:
Schmerzen, Bewegungseinschränkung, Brennen, Juckreiz, Entzündung, Hauterscheinungen, lokaler Schweiß

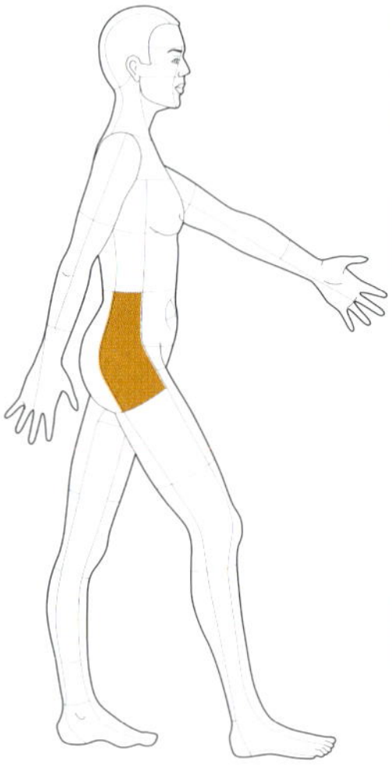

Heilzone

Auf der rechten Hüfte im Meridianverlauf homöopathische Mittel, Heilkräutertinkturen und Bach-Blüten einreiben (s. S. 56)

Ohrzonen

Gallenblasenzone und Hüftzone mit getränktem Wattestäbchen kreisend einreiben (s. S. 166)

Homöopathie

Lycopodium D6 bei Hüftschmerz mit Verstopfung; Tellurium D4 bei Schmerz vom Kreuz bis zum rechten Schenkel; Kalium carbonicum D6 bei reißendem, zuckendem Schmerz bis zum Knie

Heilpflanzen

Bitterkräutertinktur, Löwenzahnkraut und -wurzel, Pfefferminze, Teufelskralle, Weihrauch, Beinwellwurzel, Pestwurz, Odermennig, gelbes Labkraut;
3-mal täglich 20 Tropfen, einzeln oder als Mischung, vor dem Essen in etwas Wasser einnehmen und evtl. auch einreiben
Tee-Rezept: Leber-Galle-Tee je $^{1}/_{2}$ Liter morgens und abends (s. S. 171)

Ernährungsempfehlung

Leber-Galle-Diät (s. S. 174)

WAS SONST NOCH HILFT:

- Bei beginnender Hüftarthrose täglich je 10 Tabletten Calcium fluor D6 biochemisch und Calcium phos. D6 biochemisch in einer Tasse Tee auflösen und einnehmen.
- Säfte aus schwarzem Rettich, Artischocke oder Löwenzahn regen den Gallenfluss an.
- Bei Schmerzen helfen Einreibungen mit durchblutungsfördernden pflanzlichen Salben oder mit Johanniskrautöl; ebenso heiße Heublumensäckchen, ein Kohlwickel oder Auflagen mit Beinwellwurzelbrei.

Bach-Blütentherapie

Cerato, Hornbeam und Scleranthus einnehmen und einreiben

Meridiangymnastik

Gallenblasenmeridian-Übung (s. S. 158)

Weitere Therapien beim Heilpraktiker oder Naturheilarzt

Galle untersuchen lassen, Colon-Hydro-Therapie, Darmsymbioselenkung, Akupunktur, Homöosiniatrie, Mesotherapie, Baunscheidtieren, Schröpfen, Softlaser-Behandlung, Atemtherapie, Kranio-Sakral-Therapie
Osteopathie: Wirbelsegmente Th 12 – L1 – L2 – L3
Störfelder Zähne: 13/23/33/43
Neuraltherapie: Stirnhöhlen, Nebenhöhlen, Tonsillen, Narben

Hüfte links 55

Beschwerden:
Schmerzen, Bewegungseinschränkung, Brennen, Juckreiz, Entzündung, Hauterscheinungen, lokaler Schweiß

Bezug: Gallenblasenmeridian
Hauptorganfunktionszeit: 23–1 Uhr
Farbe: Braun
Gefühl: Wut, Jähzorn
Affirmation: »Ich gehe liebevoll auf andere zu«

Heilzone

Auf der linken Hüfte im Meridianverlauf homöopathische Mittel, Heilkräutertinkturen und Bach-Blüten einreiben (s. S. 56)

Ohrzonen

Gallenblasenzone und Hüftzone mit getränktem Wattestäbchen kreisend einreiben (s. S. 166)

Homöopathie

Iris D4 bei plötzlich einschießendem Schmerz, wie gelähmt; Natrium sulf. D6 bei stechendem, schießendem Schmerz mit Knacken; Strammonium D6 bei heftigstem Schmerz, Zittern, Krämpfen

Heilpflanzen

Bitterkräutertinktur, Löwenzahnkraut und -wurzel, Pfefferminze, Teufelskralle, Weihrauch, Beinwellwurzel, Pestwurz, Odermennig, gelbes Labkraut;
3-mal täglich 20 Tropfen, einzeln oder als Mischung, vor dem Essen in etwas Wasser einnehmen und evtl. auch einreiben
Tee-Rezept: Leber-Galle-Tee je $^1/_2$ Liter morgens und abends (s. S. 171)

Ernährungsempfehlung

Leber-Galle-Diät (s. S. 174)

Bach-Blütentherapie

Holly, Rock Water und Wild Rose einnehmen und einreiben

Meridiangymnastik

Gallenblasenmeridian-Übung (s. S. 158)

Weitere Therapien beim Heilpraktiker oder Naturheilarzt

Galle untersuchen lassen, Colon-Hydro-Therapie, Darmsymbioselenkung, Akupunktur, Homöosiniatrie, Mesotherapie, Baunscheidtieren, Schröpfen, Softlaser-Behandlung, Atemtherapie, Kranio-Sakral-Therapie
Osteopathie: Wirbelsegmente Th 12 L1 – L2 – L3
Störfelder Zähne: 13/23/33/43
Neuraltherapie: Stirnhöhlen, Nebenhöhlen, Tonsillen, Narben, Dickdarm

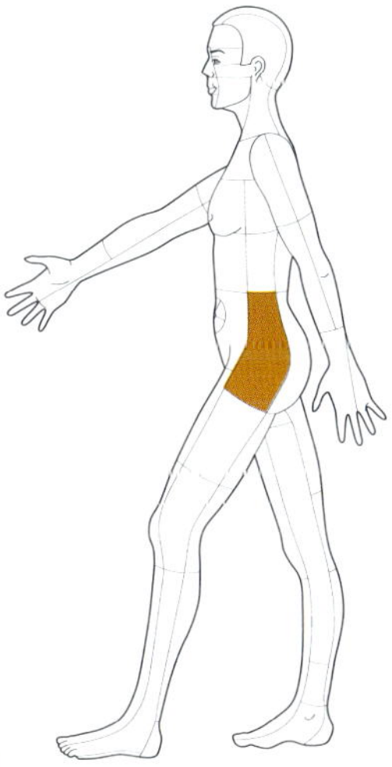

WAS SONST NOCH HILFT:

- Bei beginnender Hüftarthrose täglich je 10 Tabletten Calcium fluor D6 biochemisch und Calcium phos. D6 biochemisch in einer Tasse Tee auflösen und einnehmen.
- Säfte aus schwarzem Rettich, Artischocke oder Löwenzahn regen den Gallenfluss an.
- Bei Schmerzen helfen Einreibungen mit durchblutungsfördernden pflanzlichen Salben oder mit Johanniskrautöl; ebenso heiße Heublumensäckchen, ein Kohlwickel oder Auflagen mit Beinwellwurzelbrei.

56 Rechter Oberschenkel außen

Bezug: Gallenblasenmeridian
Hauptorganfunktionszeit: 23–1 Uhr
Farbe: Braun
Gefühl: Wut, Jähzorn
Affirmation: »Ich gehe liebevoll auf andere zu«

Beschwerden:
Schmerzen, Druck, Brennen, Juckreiz, Entzündung, Cellulite, Hauterscheinungen, Bewegungseinschränkung, lokaler Schweiß

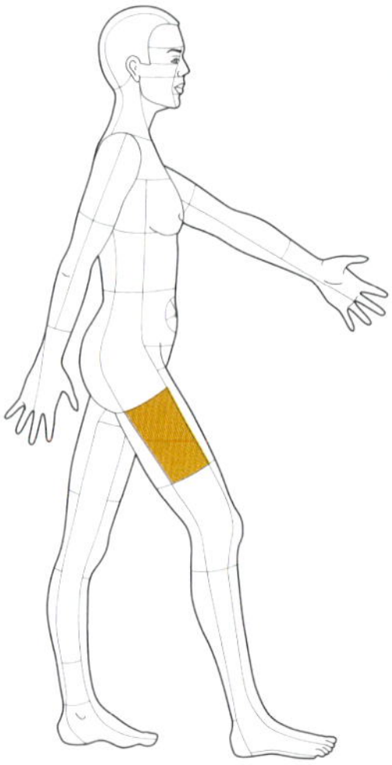

Heilzone

Auf der Außenseite des rechten Oberschenkels im Meridianverlauf homöopathische Mittel, Heilkräutertinkturen und Bach-Blüten einreiben (s. S. 56)

Ohrzonen

Gallenblasenzone und Beinzone mit getränktem Wattestäbchen kreisend einreiben (s. S. 166)

Homöopathie

Kalium carb. D6 bei reißendem, zuckendem Schmerz; Ruta D4 bei Beinschwäche, Gefühl »wie geprellt«; Euphorbium D4 bei lähmendem, stechendem Schmerz

Heilpflanzen

Bitterkräutertinktur, Löwenzahnkraut und -wurzel, Pfefferminze, Teufelskralle, Pestwurz, Odermennig, gelbes Labkraut; 3-mal täglich 20 Tropfen, einzeln oder als Mischung, vor dem Essen in etwas Wasser einnehmen und evtl. auch einreiben
Tee-Rezept: Leber-Galle-Tee je $^1/_2$ Liter morgens und abends (s. S. 171)

Bach-Blütentherapie

Cerato, Gorse und Vine einnehmen und einreiben

WAS SONST NOCH HILFT:

- Diese Zone ist gleichzeitig eine Reflexzone des Dickdarms. Bei Verdauungsbeschwerden kann es daher helfen, diesen Bereich intensiv zu massieren.
- Lokaler Schweiß am Oberschenkel kann ein Hinweis auf eine Störung der Darmflora sein. In diesem Fall Darmbakterien (Acidophilus- und Bifidobakterien) einnehmen und Heilerde innerlich anwenden: 2-mal täglich in Wasser einrühren und trinken.

Ernährungsempfehlung

Leber-Galle-Diät (s. S. 174)

Meridiangymnastik

Gallenblasenmeridian-Übung (s. S. 158)

Weitere Therapien beim Heilpraktiker oder Naturheilarzt

Colon-Hydro-Therapie, Darmsymbioselenkung, Akupunktur, Homöosiniatrie, Nosodentherapie, Mesotherapie, Schröpfen, Baunscheidtieren, Lymphdrainage, Atemtherapie, Kranio-Sakral-Therapie
Osteopathie: Wirbelsegmente L3 – L4 – S1
Störfelder Zähne: 13/14/15/23/24/25/33/36/37/43/46/47
Neuraltherapie: Stirnhöhlen, Nebenhöhlen, Tonsillen, Narben

Linker Oberschenkel außen 57

Beschwerden:
Schmerzen, Druck, Brennen, Juckreiz, Entzündung, Cellulite, Hauterscheinungen, Bewegungseinschränkung, lokaler Schweiß

Bezug: Gallenblasenmeridian
Hauptorganfunktionszeit: 23–1 Uhr
Farbe: Braun
Gefühl: Wut, Jähzorn
Affirmation: »Ich gehe liebevoll auf andere zu«

Heilzone

Auf der Außenseite des linken Oberschenkels im Meridianverlauf homöopathische Mittel, Heilkräutertinkturen und Bach-Blüten einreiben (s. S. 56)

Ohrzonen

Gallenblasenzone und Beinzone mit getränktem Wattestäbchen kreisend einreiben (s. S. 166)

Homöopathie

Arsenicum alb. D6 bei krampfartigem Schmerz, Zittern oder Zucken; Cuprum met. D4 bei Krampfschmerzen; Aconit D4 bei ziehendem, wanderndem Schmerz

Heilpflanzen

Bitterkräutertinktur, Löwenzahnkraut und -wurzel, Pfefferminze, Teufelskralle, Pestwurz, Odermennig, gelbes Labkraut; 3-mal täglich 20 Tropfen, einzeln oder als Mischung, vor dem Essen in etwas Wasser einnehmen und evtl. auch einreiben

Tee-Rezept: Leber-Galle-Tee je 1/2 Liter morgens und abends (s. S. 171)

Bach-Blütentherapie

Beech und Wild Rose einnehmen und einreiben

Ernährungsempfehlung

Leber-Galle-Diät (s. S. 174)

Meridiangymnastik

Gallenblasenmeridian-Übung (s. S. 158)

Weitere Therapien beim Heilpraktiker oder Naturheilarzt

Colon-Hydro-Therapie, Darmsymbioselenkung, Akupunktur, Homöosiniatrie, Nosodentherapie, Mesotherapie, Schröpfen, Baunscheidtieren, Lymphdrainage, Atemtherapie, Kranio-Sakral-Therapie

Osteopathie: Wirbelsegmente L3 – L4 – S1

Störfelder Zähne: 13/14/15/23/24/25/33/36/37/43/46/47

Neuraltherapie: Stirnhöhlen, Nebenhöhlen, Tonsillen, Narben

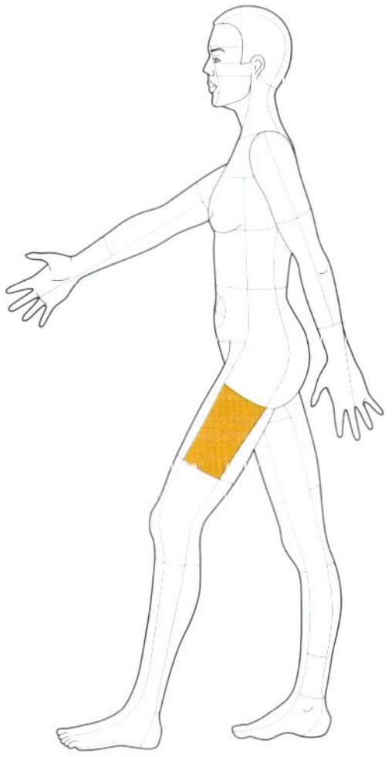

WAS SONST NOCH HILFT:

- Diese Zone ist gleichzeitig eine Reflexzone des Dickdarms. Bei Verdauungsbeschwerden kann es daher helfen, diesen Bereich intensiv zu massieren.
- Lokaler Schweiß am Oberschenkel kann ein Hinweis auf eine Störung der Darmflora sein. In diesem Fall Darmbakterien (Acidophilus- und Bifidobakterien) einnehmen und Heilerde innerlich anwenden: 2-mal täglich in Wasser einrühren und trinken.

58 Rechter Oberschenkel vorne

Bezug: Magenmeridian
Hauptorganfunktionszeit: 7–9 Uhr
Farbe: Beige
Gefühl: Enttäuschung, Bitterkeit
Affirmation: »Ich bin zufrieden, ich bin ruhig«

Beschwerden:
Schmerzen, Verkrampfung, Brennen, Juckreiz, Entzündung, Cellulite, Hauterscheinungen, lokaler Schweiß

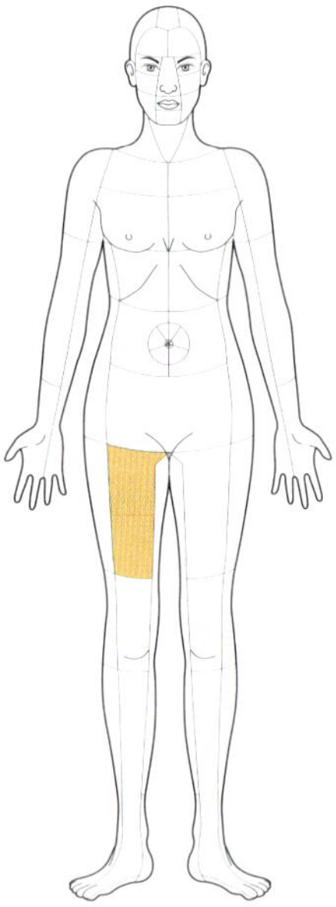

Heilzone

Auf der Vorderseite des rechten Oberschenkels im Meridianverlauf homöopathische Mittel, Heilkräutertinkturen und Bach-Blüten einreiben (s. S. 56)

Ohrzonen

Magenzone und Beinzone mit getränktem Wattestäbchen kreisend einreiben (s. S. 166)

Homöopathie

Natrium nitr. D4 bei ziehenden Muskelschmerzen;
Calcium carb. D4 bei reißenden Muskelschmerzen, allgemeiner Schwäche;
Pulsatilla D4 bei ziehendem Schmerz, Spannungsschmerz

Heilpflanzen

Bitterkräuter wie Enzian, Tausendgüldenkraut, Schafgarbe, Kalmus, Wermut, Engelswurz, Condurango, Pfefferminze;
bei Säureüberschuss im Magen: Kamille, Süßholz;
3-mal täglich 20 Tropfen, einzeln oder als Mischung, vor dem Essen in etwas Wasser einnehmen und evtl. auch einreiben
Tee-Rezept: Magen-Tee (s. S. 171) und Kamillentee

WAS SONST NOCH HILFT:

- **Diese Zone hat einen Bezug zur Milz und zur Bauchspeicheldrüse. Daher ist es bei Beschwerden ratsam, Lymphtropfen und zu jeder Mahlzeit Pankreasenzyme einzunehmen.**
- **Bei häufigen Muskelkrämpfen täglich 10 Tabletten Magnesium phosph. D6 biochemisch in heißem Wasser oder Tee auflösen.**
- **Bei beginnender Cellulite empfehle ich Massagen mit Lymph- und Algensalben.**

Bach-Blütentherapie

Chestnut Bud, Pine und Star of Bethlehem einnehmen und einreiben

Ernährungsempfehlung

Magen-Diät (s. S. 174)

Meridiangymnastik

Magenmeridian-Übung und Milz-Pankreas-Meridian-Übung (s. S. 158)

Weitere Therapien beim Heilpraktiker oder Naturheilarzt

Mesotherapie, Akupunktur, Homöosiniatrie, Nosodentherapie, Baunscheidtieren, Schröpfen, Atemtherapie
Osteopathie: Wirbelsegmente L2 – L3
Störfelder Zähne: 16/17/26/27/34/35/44/45
Neuraltherapie: Stirnhöhlen, Nebenhöhlen, Tonsillen, Narben

Linker Oberschenkel vorne 59

Beschwerden:
Schmerzen, Verkrampfung, Brennen, Juckreiz, Entzündung, Cellulite, Hauterscheinungen, lokaler Schweiß

Bezug: Magenmeridian
Hauptorganfunktionszeit: 7–9 Uhr
Farbe: Beige
Gefühl: Enttäuschung, Bitterkeit
Affirmation: »Ich bin zufrieden, ich bin ruhig«

Heilzone

Auf der Vorderseite des linken Oberschenkels im Meridianverlauf homöopathische Mittel, Heilkräutertinkturen und Bach-Blüten einreiben (s. S. 56)

Ohrzonen

Magenzone und Beinzone mit getränktem Wattestäbchen kreisend einreiben (s. S. 166)

Homöopathie

Natrium nitr. D4 bei ziehenden Muskelschmerzen;
Calcium carb. D4 bei reißenden Muskelschmerzen, allgemeiner Schwäche;
Pulsatilla D4 bei ziehendem Schmerz, Spannungsschmerz

Heilpflanzen

Bitterkräuter wie Enzian, Tausendgüldenkraut, Schafgarbe, Kalmus, Wermut, Engelswurz, Condurango, Pfefferminze;
bei Säureüberschuss im Magen: Kamille, Süßholz;
3-mal täglich 20 Tropfen, einzeln oder als Mischung, vor dem Essen in etwas Wasser einnehmen und evtl. auch einreiben
Tee-Rezept: Magen-Tee (s. S. 171) und Kamillentee

Bach-Blütentherapie

Chicory und Sweet Chestnut einnehmen und einreiben

Ernährungsempfehlung

Magen-Diät (s. S. 174)

Meridiangymnastik

Magenmeridian-Übung und Milz-Pankreas-Meridian-Übung (s. S. 158)

Weitere Therapien beim Heilpraktiker oder Naturheilarzt

Mesotherapie, Akupunktur, Homöosiniatrie, Nosodentherapie, Baunscheidtieren, Schröpfen, Atemtherapie
Osteopathie: Wirbelsegmente L2 – L3
Störfelder Zähne: 16/17/26/27/34/35/44/45
Neuraltherapie: Stirnhöhlen, Nebenhöhlen, Tonsillen, Narben

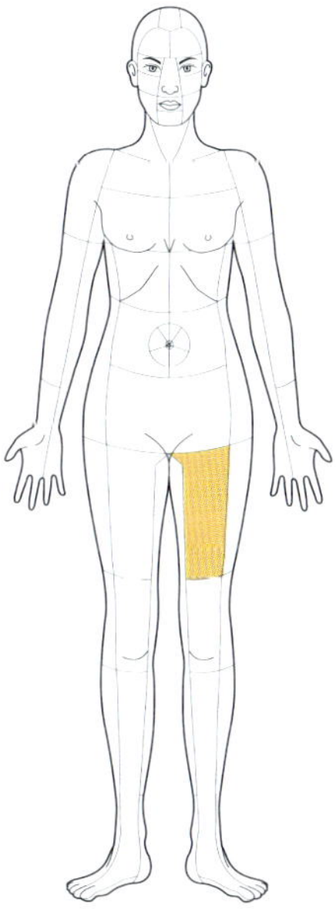

WAS SONST NOCH HILFT:

- Diese Zone hat einen Bezug zur Milz und zur Bauchspeicheldrüse. Daher ist es bei Beschwerden ratsam, Lymphtropfen und zu jeder Mahlzeit Pankreasenzyme einzunehmen.
- Bei häufigen Muskelkrämpfen täglich 10 Tabletten Magnesium phosph. D6 biochemisch in heißem Wasser oder Tee auflösen.
- Bei beginnender Cellulite empfehle ich Massagen mit Lymph- und Algensalben.

60 Beininnenseite rechts

Bezug: Lebermeridian
Hauptorganfunktionszeit: 1–3 Uhr
Farbe: Grün
Gefühl: Unglücklichsein
Affirmation: »Ich bin glücklich, ich bin fröhlich«

Beschwerden:
Schmerzen, Krampfadern, Verkrampfung, Brennen, Juckreiz, Entzündung, Hauterscheinungen, lokaler Schweiß, Schwellung

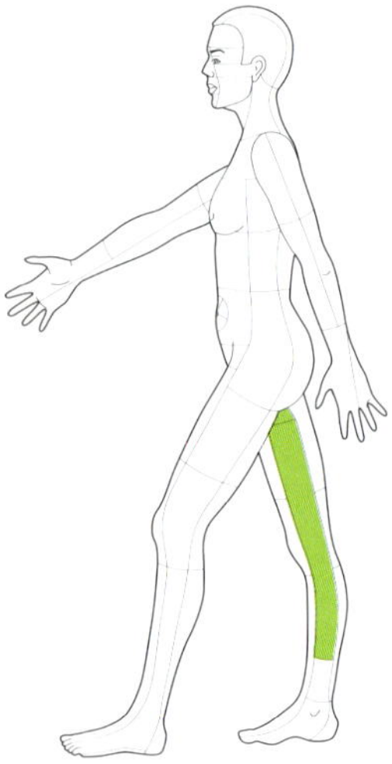

Heilzone

Auf der Innenseite des rechten Beins im Meridianverlauf homöopathische Mittel, Heilkräutertinkturen und Bach-Blüten einreiben (s. S. 56)

Ohrzonen

Leberzone und Beinzone mit getränktem Wattestäbchen kreisend einreiben (s. S. 166)

Homöopathie

Kreosotum D6 bei juckendem, nässendem Ausschlag;
Zincum met. D6 bei ziehendem, zuckendem Schmerz;
Natrium nitr. D6 bei ziehendem Schmerz und Zerschlagenheitsgefühl der Muskeln

Heilpflanzen

Mariendistel, Boldo, Bitterholz, Artischocke, Schöllkraut;
bei Venenerkrankungen: Rosskastanie, Raute, Honigklee, Arnika;
bei Durchblutungsstörungen: Ginkgo;
3-mal täglich 20 Tropfen, einzeln oder als Mischung, vor dem Essen in etwas Wasser einnehmen und evtl. auch einreiben;
bei Verstopfung: siehe Zone 48
Tee-Rezept: Lymph-Tee 1/2 Liter morgens, Leber-Galle-Tee 1/2 Liter abends (s. S. 171)

WAS SONST NOCH HILFT:

- Bei Krampfadern die Beine regelmäßig mit Heparin-, Lymph- oder Arnikasalbe einreiben.
- Kohlwickel und Arnikaumschläge lassen dicke Beine abschwellen.
- Bohnenkaffee meiden, er dehnt die Venen!
- Um die Venen nachts zu entstauen, vor dem Einschlafen 20-mal mit den Beinen in der Luft Rad fahren.
- Empfehlungen zur Leber: siehe Heilzone 32.

Bach-Blütentherapie

Beech, Holly, Rock Rose und Rock Water einnehmen und einreiben

Ernährungsempfehlung

Leber-Galle-Diät (s. S. 174)

Meridiangymnastik

Lebermeridian-Übung (s. S. 158)

Weitere Therapien beim Heilpraktiker oder Naturheilarzt

Blutegeltherapie, evtl. Vitamin-B-Injektionen, Kneipp-Therapie, Akupunktur, Homöosiniatrie, Nosodentherapie, Mesotherapie, Baunscheidtieren, Atemtherapie
Osteopathie: Wirbelsegmente L2 – L3 – L4 – S2 – S3 – S4
Störfelder Zähne: 13/23/33/43
Neuraltherapie: Stirnhöhlen, Nebenhöhlen, Tonsillen, Narben

Beininnenseite links 61

Beschwerden:
Schmerzen, Krampfadern, Verkrampfung, Brennen, Juckreiz, Entzündung, Hauterscheinungen, lokaler Schweiß, Schwellung

Bezug: Lebermeridian
Hauptorganfunktionszeit: 1–3 Uhr
Farbe: Grün
Gefühl: Unglücklichsein
Affirmation: »Ich bin glücklich, ich bin fröhlich«

Heilzone

Auf der Innenseite des linken Beins im Meridianverlauf homöopathische Mittel, Heilkräutertinkturen und Bach-Blüten einreiben (s. S. 56)

Ohrzonen

Leberzone und Beinzone mit getränktem Wattestäbchen kreisend einreiben (s. S. 166)

Homöopathie

Kreosotum D6 bei juckendem, nässendem Ausschlag;
Zincum met. D6 bei ziehendem, zuckendem Schmerz;
Natrium nitr. D6 bei ziehendem Schmerz und Zerschlagenheitsgefühl der Muskeln

Heilpflanzen

Mariendistel, Boldo, Bitterholz, Artischocke, Schöllkraut;
bei Venenerkrankungen: Rosskastanie, Raute, Honigklee, Arnika;
bei Durchblutungsstörungen: Ginkgo;
3-mal täglich 20 Tropfen, einzeln oder als Mischung, vor dem Essen in etwas Wasser einnehmen und evtl. auch einreiben;
bei Verstopfung: siehe Zone 48
Tee-Rezept: Lymph-Tee $^1/_2$ Liter morgens, Leber-Galle-Tee $^1/_2$ Liter abends (s. S. 171)

Bach-Blütentherapie

Aspen, Gentian, Holly, Sweet Chestnut und Wild Rose einnehmen und einreiben

Ernährungsempfehlung

Leber-Galle-Diät (s. S. 174)

Meridiangymnastik

Lebermeridian-Übung (s. S. 158)

Weitere Therapien beim Heilpraktiker oder Naturheilarzt

Blutegeltherapie, evtl. Vitamin-B-Injektionen, Kneipp-Therapie, Akupunktur, Homöosiniatrie, Nosodentherapie, Mesotherapie, Baunscheidtieren, Atemtherapie
Osteopathie: Wirbelsegmente L2 – L3 – L4 – S2 – S3 – S4
Störfelder Zähne: 13/23/33/43
Neuraltherapie: Stirnhöhlen, Nebenhöhlen, Tonsillen, Narben

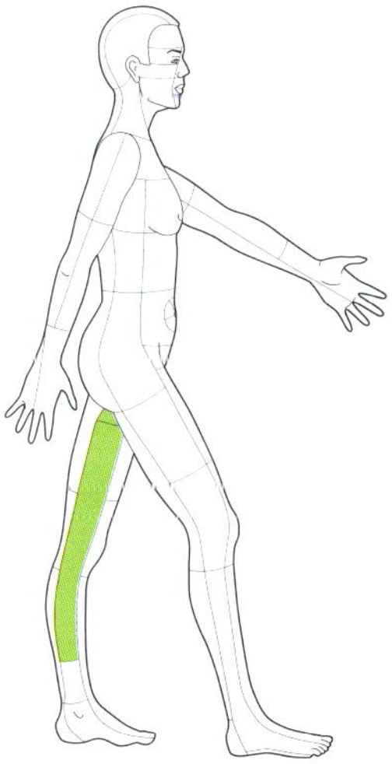

WAS SONST NOCH HILFT:

- Bei Krampfadern die Beine regelmäßig mit Heparin-, Lymph- oder Arnikasalbe einreiben.
- Kohlwickel und Arnikaumschläge lassen dicke Beine abschwellen.
- Bohnenkaffee meiden, er dehnt die Venen!
- Um die Venen nachts zu entstauen, vor dem Einschlafen 20-mal mit den Beinen in der Luft Rad fahren.
- Empfehlungen zur Leber: siehe Heilzone 32.

62 Rechter Oberschenkel hinten

Bezug: Blasenmeridian
Hauptorganfunktionszeit: 15–17 Uhr
Farbe: Türkis
Gefühl: Ungeduld, Ruhelosigkeit
Affirmation: »Ich bin ausgeglichen, ich bin friedvoll«

Beschwerden:
Schmerzen, Verkrampfung, Brennen, Juckreiz, Entzündung, Ischias, Hauterscheinungen, lokaler Schweiß

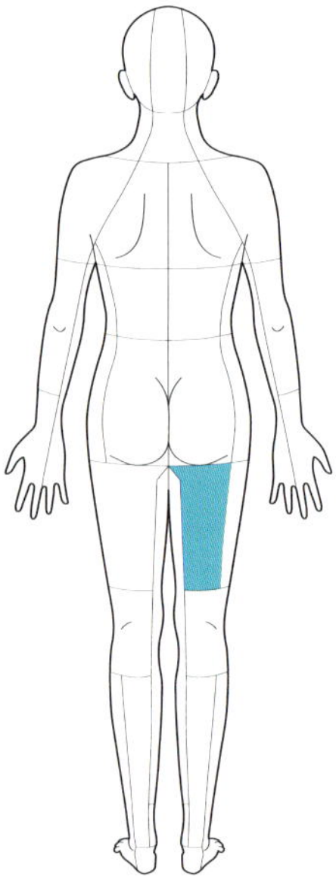

Heilzone

Auf der Rückseite des rechten Oberschenkels im Meridianverlauf homöopathische Mittel, Heilkräutertinkturen und Bach-Blüten einreiben (s. S. 56)

Ohrzonen

Blasenzone, Beinzone und Ischiaszone mit getränktem Wattestäbchen kreisend einreiben (s. S. 166)

Homöopathie

Bryonia D6 bei Ischias;
Rhus toxicodendron D6 bei Ischias und Lähmungsgefühl;
Acidum sulf. D6 bei Gehschwierigkeiten, Zittern, Rheuma

Heilpflanzen

Goldrutenkraut, Berberitzenfrüchte, Weidenrinde, Pestwurz;
3-mal täglich 20 Tropfen, einzeln oder als Mischung, vor dem Essen in etwas Wasser einnehmen und evtl. auch einreiben
Tee-Rezept: Nieren-Blasen-Tee (s. S. 171)

Bach-Blütentherapie

Agrimony einnehmen und einreiben

VORSICHT!
Ständige Schmerzen können auch auf einen Bandscheibenvorfall hindeuten.

WAS SONST NOCH HILFT:

- **Bei »Muskelkater« Magnesium einnehmen, am besten als Magnesium phosphoricum D6 biochemisch. Davon bei Bedarf 10 Tabletten in heißem Wasser oder Tee auflösen und trinken.**
- **Bei beginnender Cellulite auf den Oberschenkeln regelmäßig Algensalbe und Lymphsalbe einmassieren.**
- **Stets genug trinken, um Niere und Blase zu spülen: Morgens 2 Liter Wasser für 5 Minuten kochen und über den Tag verteilt trinken.**
- **Zur Vorbeugung täglich 1 Gramm Vitamin C zu sich nehmen oder Preiselbeersaft trinken.**

Ernährungsempfehlung

Nieren-Diät (s. S. 174)

Meridiangymnastik

Blasenmeridian-Übung (s. S. 158)

Weitere Therapien beim Heilpraktiker oder Naturheilarzt

Softlaser-Behandlung, Akupunktur, Mesotherapie, Homöosiniatrie, Nosodentherapie, Baunscheidtieren, Atemtherapie, Kranio-Sakral-Therapie

Osteopathie: Wirbelsegmente S2 – S3
Störfelder Zähne: 11/12/21/22/31/32
Neuraltherapie: Stirnhöhlen, Nebenhöhlen, Tonsillen, Narben

Linker Oberschenkel hinten 63

Beschwerden:
Schmerzen, Verkrampfung, Brennen, Juckreiz, Entzündung, Ischias, Hauterscheinungen, lokaler Schweiß

Bezug: Blasenmeridian
Hauptorganfunktionszeit: 15–17 Uhr
Farbe: Türkis
Gefühl: Ungeduld, Ruhelosigkeit
Affirmation: »Ich bin ausgeglichen, ich bin friedvoll«

Heilzone

Auf der Rückseite des linken Oberschenkels im Meridianverlauf homöopathische Mittel, Heilkräutertinkturen und Bach-Blüten einreiben (s. S. 56)

Ohrzonen

Blasenzone, Beinzone und Ischiaszone mit getränktem Wattestäbchen kreisend einreiben (s. S. 166)

Homöopathie

Bryonia D6 bei Ischias;
Rhus toxicodendron D6 bei Ischias und Lähmungsgefühl;
Acidum sulf. D6 bei Gehschwierigkeiten, Zittern, Rheuma

Heilpflanzen

Goldrutenkraut, Berberitzenfrüchte, Weidenrinde, Pestwurz;
3-mal täglich 20 Tropfen, einzeln oder als Mischung, vor dem Essen in etwas Wasser einnehmen und evtl. auch einreiben
Tee-Rezept: Nieren-Blasen-Tee (s. S. 171)

Bach-Blütentherapie

Rock Rose und Water Violet einnehmen und einreiben

Ernährungsempfehlung

Nieren-Diät (s. S. 174)

Meridiangymnastik

Blasenmeridian-Übung (s. S. 158)

Weitere Therapien beim Heilpraktiker oder Naturheilarzt

Softlaser-Behandlung, Akupunktur, Mesotherapie, Homöosiniatrie, Nosodentherapie, Baunscheidtieren, Atemtherapie, Kranio-Sakral-Therapie

Osteopathie: Wirbelsegmente S2 – S3
Störfelder Zähne: 11/12/21/22/31/32
Neuraltherapie: Stirnhöhlen, Nebenhöhlen, Tonsillen, Narben

WAS SONST NOCH HILFT:

- Bei »Muskelkater« Magnesium einnehmen, am besten als Magnesium phosphoricum D6 biochemisch. Davon bei Bedarf 10 Tabletten in heißem Wasser oder Tee auflösen und trinken.
- Bei beginnender Cellulite auf den Oberschenkeln regelmäßig Algensalbe und Lymphsalbe einmassieren.
- Stets genug trinken, um Niere und Blase zu spülen: Morgens 2 Liter Wasser für 5 Minuten kochen und über den Tag verteilt trinken.
- Zur Vorbeugung täglich 1 Gramm Vitamin C zu sich nehmen oder Preiselbeersaft trinken.

VORSICHT!
Ständige Schmerzen können auch auf einen Bandscheibenvorfall hindeuten.

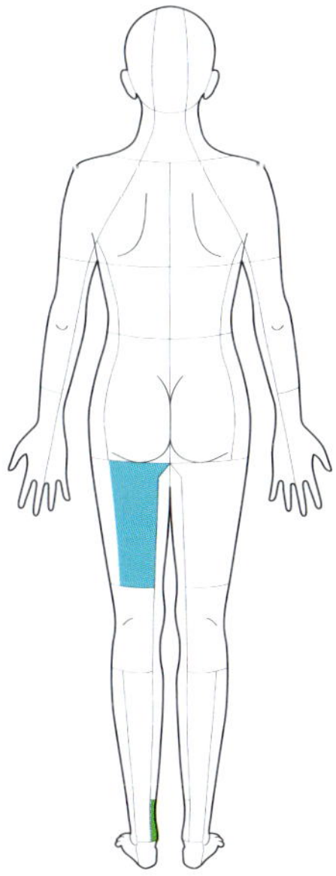

64 Kniekehle rechts

Bezug: Blasenmeridian
Hauptorganfunktionszeit: 15–17 Uhr
Farbe: Türkis
Gefühl: Ungeduld, Ruhelosigkeit
Affirmation: »Ich bin ausgeglichen, ich bin friedvoll«

Beschwerden:
Schmerzen, Bewegungseinschränkung, Steifheit, Brennen, Juckreiz, Entzündung, Stauung, Schwellung, Hauterscheinungen

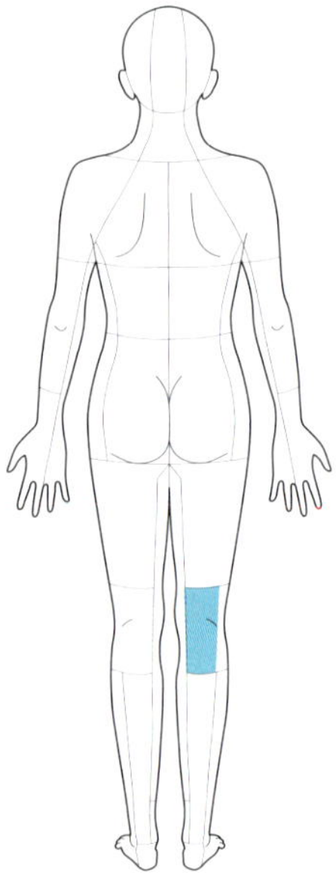

Heilzone

In der rechten Kniekehle im Meridianverlauf homöopathische Mittel, Heilkräutertinkturen und Bach-Blüten einreiben (s. S. 56)

Ohrzonen

Kniezone und Blasen-Nieren-Zone mit getränktem Wattestäbchen kreisend einreiben (s. S. 166)

Homöopathie

Pulsatilla D6 bei Stauung, Schwellung, Entzündung;
Natrium muriaticum D4 bei Verkrampfung, Schmerz
Veratrum viride D6 bei Ziehen und Reißen, elektrischem Schlag

WAS SONST NOCH HILFT:

- Um Stauungen im Kniebereich zu vermeiden, keine Kniestrümpfe tragen.
- Aus dem gleichen Grund die Beine nicht übereinander schlagen.
- Stets auf warme Füße achten.
- Bei Neigung zu Krampfadern diese Zone regelmäßig mit Venen-, Lymph- oder Arnikasalbe einreiben.
- Gegen Schwellungen helfen Wickel mit gewalkten Weißkohlblättern, Umschläge mit Arnikatinktur oder Packungen mit Beinwellwurzelbrei.

Heilpflanzen

Goldrutenkraut, Berberitzenfrüchte, Weidenrinde, Bärentraube, Beinwellwurzel, Pestwurz, Honigklee, Arnika, Rosskastanie;
3-mal täglich 20 Tropfen, einzeln oder als Mischung, vor dem Essen in etwas Wasser einnehmen und evtl. auch einreiben
Tee-Rezept: Nieren-Blasen-Tee (s. S. 171)

Bach-Blütentherapie

Rock Water einnehmen und einreiben

Ernährungsempfehlung

Nieren-Diät (s. S. 174)

Meridiangymnastik

Blasenmeridian-Übung (s. S. 158)

Weitere Therapien beim Heilpraktiker oder Naturheilarzt

Zyste in der Kniekehle untersuchen lassen, Softlaser-Behandlung, Akupunktur, Homöosiniatrie, Nosodentherapie, Blutegeltherapie, Baunscheidtieren, Atemtherapie
Osteopathie: Wirbelsegmente S1 – S2 – S3
Störfelder Zähne: 11/12/13/21/22/23/31/32/33/41/42/43
Neuraltherapie: Stirnhöhlen, Nebenhöhlen, Tonsillen, Weihe-Punkte, Narben

Kniekehle links 65

Beschwerden:
Schmerzen, Bewegungseinschränkung, Steifheit, Brennen, Juckreiz, Entzündung, Stauung, Schwellung, Hauterscheinungen

Bezug: Blasenmeridian
Hauptorganfunktionszeit: 15–17 Uhr
Farbe: Türkis
Gefühl: Ungeduld, Ruhelosigkeit
Affirmation: »Ich bin ausgeglichen, ich bin friedvoll«

Heilzone

In der linken Kniekehle im Meridianverlauf homöopathische Mittel, Heilkräutertinkturen und Bach-Blüten einreiben (s. S. 56)

Ohrzonen

Kniezone und Blasen-Nieren-Zone mit getränktem Wattestäbchen kreisend einreiben (s. S. 166)

Homöopathie

Pulsatilla D6 bei Stauung, Schwellung, Entzündung; Lachesis D6 bei Verkürzungsgefühl, Stauung, Schmerz;
Natrium muriaticum D4 bei Verkrampfung, Schmerz

Heilpflanzen

Goldrutenkraut, Berberitzenfrüchte, Weidenrinde, Bärentraube, Beinwellwurzel, Pestwurz, Honigklee, Arnika, Rosskastanie;
3-mal täglich 20 Tropfen, einzeln oder als Mischung, vor dem Essen in etwas Wasser einnehmen und evtl. auch einreiben
Tee-Rezept: Nieren-Blasen-Tee (s. S. 171)

Bach-Blütentherapie

Willow einnehmen und einreiben

WAS SONST NOCH HILFT:

- Um Stauungen im Kniebereich zu vermeiden, keine Kniestrümpfe tragen.
- Aus dem gleichen Grund die Beine nicht übereinander schlagen.
- Stets auf warme Füße achten.
- Bei Neigung zu Krampfadern diese Zone regelmäßig mit Venen-, Lymph- oder Arnikasalbe einreiben.
- Gegen Schwellungen helfen Wickel mit gewalkten Weißkohlblättern, Umschläge mit Arnikatinktur oder Packungen mit Beinwellwurzelbrei.

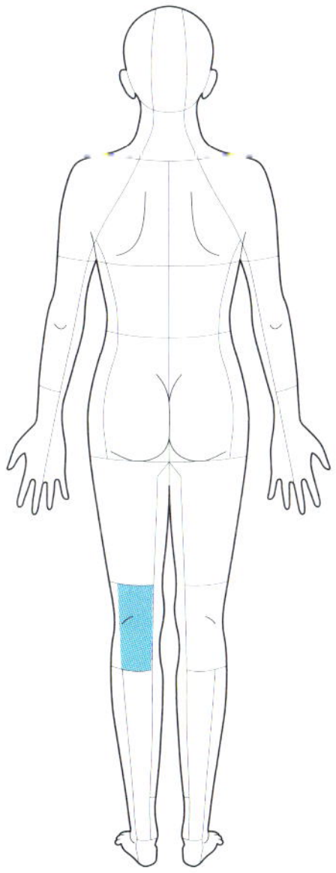

Ernährungsempfehlung

Nieren-Diät (s. S. 174)

Meridiangymnastik

Blasenmeridian-Übung (s. S. 158)

Weitere Therapien beim Heilpraktiker oder Naturheilarzt

Zyste in der Kniekehle untersuchen lassen, Softlaser-Behandlung, Akupunktur, Homöosiniatrie, Nosodentherapie, Blutegeltherapie, Baunscheidtieren, Atemtherapie
Osteopathie: Wirbelsegmente S1 – S2 – S3
Störfelder Zähne: 11/12/13/21/22/23/31/32/33/41/42/43
Neuraltherapie: Stirnhöhlen, Nebenhöhlen, Tonsillen, Weihe-Punkte, Narben

66 *Knie rechts*

Bezug: Magenmeridian
Hauptorganfunktionszeit: 7–9 Uhr
Farbe: Beige
Gefühl: Enttäuschung, Bitterkeit
Affirmation: »Ich bin zufrieden, ich bin ruhig«

Beschwerden:
Schmerzen, Bewegungseinschränkung, Steifheit, Brennen, Juckreiz, Entzündung, Stauung, Schwellung, Hauterscheinungen

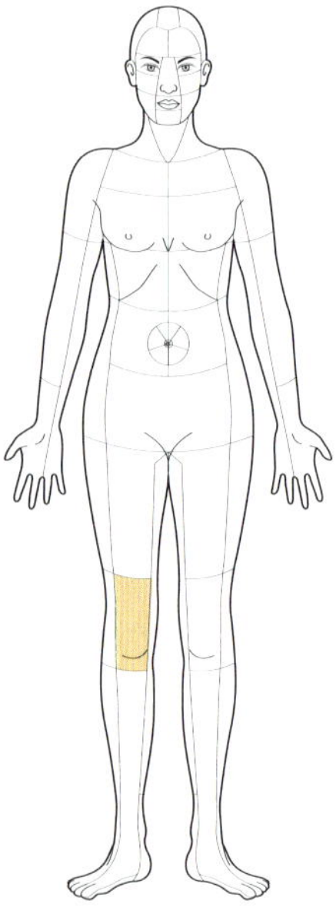

Heilzone

Auf dem rechten Knie im Meridianverlauf homöopathische Mittel, Heilkräutertinkturen und Bach-Blüten einreiben (s. S. 56)

Ohrzonen

Magen- und Kniezone mit getränktem Wattestäbchen kreisend einreiben (s. S. 166)

Homöopathie

China D6 bei heißem und geschwollenem Gelenk, Schmerzen;
Kalmia D6 bei rheumatischem Schmerz, Kälte, Taubheitsgefühl;
Acidum benc. D4 bei wanderndem Gelenkschmerz

Heilpflanzen

Bitterkräuter wie Enzian, Löwenzahn, Tausendgüldenkraut, Schafgarbe, Wermut, Engelswurz, Condurango, Teufelskralle; bei Arthrose: Weihrauch;
3-mal täglich 20 Tropfen, einzeln oder als Mischung, vor dem Essen in etwas Wasser einnehmen und evtl. auch einreiben
Tee-Rezept: Magen-Tee (s. S. 171)

Bach-Blütentherapie

Rock Water einnehmen und einreiben

WAS SONST NOCH HILFT:

- **Das Knie hat einen engen Bezug zum Magen, daher bei Knieschmerzen auf Magenbeschwerden achten.**
- **Bei übersäuertem Magen: 1–2 Lakritzstangen zerkleinern, in 1 Glas heißem Kamillentee auflösen, über den Tag verteilt trinken.**
- **Roher Kartoffelsaft und roher Weißkohlsaft binden ebenfalls Magensäure: Kleine Mengen über den Tag verteilt trinken.**
- **Es gelten auch die Empfehlungen von Heilzone 67.**

Ernährungsempfehlung

Magen-Diät (s. S. 174)

Meridiangymnastik

Magenmeridian-Übung und Milz-Pankreas-Meridian-Übung (s. S. 158)

Weitere Therapien beim Heilpraktiker oder Naturheilarzt

Den Magen untersuchen lassen, evtl. Injektionen zur Regeneration des Kniegelenks, Enzymtherapie, Softlaser-Behandlung, Akupunktur, Homöosiniatrie, Nosodentherapie, Blutegeltherapie, Baunscheidtieren, Schröpfen, Atemtherapie, Kranio-Sakral-Therapie
Osteopathie: Wirbelsegmente L3 – L4
Störfelder Zähne: 34/35/44/45
Neuraltherapie: Stirnhöhlen, Nebenhöhlen, Tonsillen, Solarplexus, Narben

Knie links 67

Beschwerden:
Schmerzen, Bewegungseinschränkung, Steifheit, Brennen, Juckreiz, Entzündung, Stauung, Schwellung, Hauterscheinungen

Bezug: Magenmeridian
Hauptorganfunktionszeit: 7–9 Uhr
Farbe: Beige
Gefühl: Enttäuschung, Bitterkeit
Affirmation: »Ich bin zufrieden, ich bin ruhig«

Heilzone

Auf dem linken Knie im Meridianverlauf homöopathische Mittel, Heilkräutertinkturen und Bach-Blüten einreiben (s. S. 56)

Ohrzonen

Magen- und Kniezone mit getränktem Wattestäbchen kreisend einreiben (s. S. 166)

Homöopathie

China D6 bei heißem und geschwollenem Gelenk, Schmerzen;
Veratrum viride D6 bei heftigem Schmerz;
Calcium fluor D6 bei Gelenkinnenhautentzündung

Heilpflanzen

Bitterkräuter wie Enzian, Löwenzahn, Tausendgüldenkraut, Schafgarbe, Wermut, Engelswurz, Condurango, Teufelskralle; bei Arthrose: Weihrauch;
3-mal täglich 20 Tropfen, einzeln oder als Mischung, vor dem Essen in etwas Wasser einnehmen und evtl. auch einreiben
Tee-Rezept: Magen-Tee (s. S. 171)

Bach-Blütentherapie

Walnut einnehmen und einreiben

Ernährungsempfehlung

Magen-Diät (s. S. 174)

Meridiangymnastik

Magenmeridian-Übung und Milz-Pankreas-Meridian-Übung (s. S. 158)

Weitere Therapien beim Heilpraktiker oder Naturheilarzt

Den Magen untersuchen lassen, evtl. Injektionen zur Regeneration des Kniegelenks, Enzymtherapie, Softlaser-Behandlung, Akupunktur, Homöosiniatrie, Nosodentherapie, Blutegeltherapie, Baunscheidtieren, Schröpfen, Atemtherapie, Kranio-Sakral-Therapie
Osteopathie: Wirbelsegmente L3 – L4
Störfelder Zähne: 34/35/44/45
Neuraltherapie: Stirnhöhlen, Nebenhöhlen, Tonsillen, Solarplexus, Narben

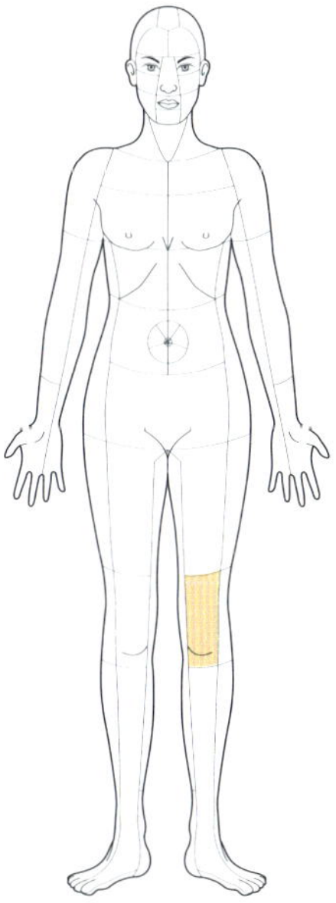

WAS SONST NOCH HILFT:

- Kohlwickel und Arnikaumschläge lassen dicke Knie abschwellen, ebenso Packungen mit Beinwellwurzelbrei.
- Je nach Art der Schmerzen helfen Beinwell-, Lymph-, Heparin- oder pflanzliche Rheumasalben.
- Bei Arthrose hoch dosiert Enzyme verschreiben lassen, auch Weihrauch-Präparate führen zu guten Erfolgen.
- Es gelten auch die Empfehlungen von Heilzone 66.

68 *Knieaußenseite rechts*

Bezug: Gallenblasenmeridian
Hauptorganfunktionszeit: 23–1 Uhr
Farbe: Braun
Gefühl: Wut, Jähzorn
Affirmation: »Ich gehe liebevoll auf andere zu«

Beschwerden:
Schmerzen, Bewegungseinschränkung, Brennen, Juckreiz, Entzündung, Hauterscheinungen

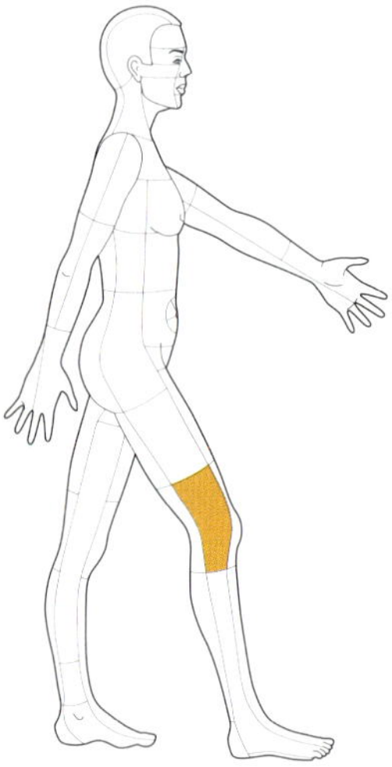

Heilzone

Auf der Außenseite des rechten Knies im Meridianverlauf homöopathische Mittel, Heilkräutertinkturen und Bach-Blüten einreiben (s. S. 56)

Ohrzonen

Kniezone und Gallenblasenzone mit getränktem Wattestäbchen kreisend einreiben (s. S. 166)

Homöopathie

Causticum D6 bei ziehendem, reißendem Schmerz, Gelenkknacken; Silicea D6 bei Schmerz, Steifheit, Einschnürungsgefühl; Symphytum D6 bei stechendem Schmerz, Knochenhautentzündung

Heilpflanzen

Bitterkräutertinktur, Löwenzahn, Pfefferminze, Teufelskralle, Pestwurz, Odermennig, gelbes Labkraut;
3-mal täglich 20 Tropfen, einzeln oder als Mischung, vor dem Essen in etwas Wasser einnehmen und evtl. auch einreiben
Tee-Rezept: Leber-Galle-Tee, je $^1/_2$ Liter morgens und abends (s. S. 171)

Bach-Blütentherapie

Rock Water einnehmen und einreiben

WAS SONST NOCH HILFT:

- Diese Zone hat einen Bezug zur Galle: Saft aus schwarzem Rettich regt den Gallenfluss an.
- Beinwell-, Lymph- oder Heparinsalben lassen Schwellungen abklingen. Ebenso Wickel mit gewalktem Weißkohl oder Packungen mit Beinwellwurzelbrei.
- Je nach Art der Beschwerden sind auch Einreibungen mit pflanzlichen Rheumasalben oder durchblutungsfördernden pflanzlichen Salben hilfreich.
- Einreibungen mit Arnikatinktur und Johanniskrautöl lindern Schmerzen.

Ernährungsempfehlung

Leber-Galle-Diät (s. S. 174)

Meridiangymnastik

Gallenblasenmeridian-Übung (s. S. 158)

Weitere Therapien beim Heilpraktiker oder Naturheilarzt

Die Galle untersuchen lassen, evtl. Injektionen zur Regeneration des Kniegelenks, Akupunktur, Homöosiniatrie, Nosodentherapie, Baunscheidtieren, Mesotherapie, Schröpfen, Softlaser-Behandlung, Atemtherapie
Osteopathie: Wirbelsegmente L4 – L5
Störfelder Zähne: 13/23/33/43
Neuraltherapie: Stirnhöhlen, Nebenhöhlen, Tonsillen, Gallenblase, Narben

Knieaußenseite links 69

Beschwerden:
Schmerzen, Bewegungseinschränkung, Brennen, Juckreiz, Entzündung, Hauterscheinungen

Bezug: Gallenblasenmeridian
Hauptorganfunktionszeit: 23–1 Uhr
Farbe: Braun
Gefühl: Wut, Jähzorn
Affirmation: »Ich gehe liebevoll auf andere zu«

Heilzone

Auf der Außenseite des linken Knies im Meridianverlauf homöopathische Mittel, Heilkräutertinkturen und Bach-Blüten einreiben (s. S. 56)

Ohrzonen

Knie- und Gallenzone mit getränktem Wattestäbchen kreisend einreiben (s. S. 166)

Homöopathie

Causticum D6 bei ziehendem, reißendem Schmerz, Gelenkknacken; Silicea D6 bei Schmerz, Steifheit, Einschnürungsgefühl; Symphytum D6 bei stechendem Schmerz, Knochenhautentzündung

Heilpflanzen

Bitterkräutertinktur, Löwenzahn, Pfefferminze, Teufelskralle, Pestwurz, Odermennig, gelbes Labkraut;
3-mal täglich 20 Tropfen, einzeln oder als Mischung, vor dem Essen in etwas Wasser einnehmen und evtl. auch einreiben
Tee-Rezept: Leber-Galle-Tee, je $^1/_2$ Liter morgens und abends (s. S. 171)

Bach-Blütentherapie

Centaury und Walnut einnehmen und einreiben

Ernährungsempfehlung

Leber-Galle-Diät (s. S. 174)

Meridiangymnastik

Gallenblasenmeridian-Übung (s. S. 158)

Weitere Therapien beim Heilpraktiker oder Naturheilarzt

Die Galle untersuchen lassen, evtl. Injektionen zur Regeneration des Kniegelenks, Akupunktur, Homöosiniatrie, Nosodentherapie, Baunscheidtieren, Mesotherapie, Schröpfen, Softlaser-Behandlung, Atemtherapie
Osteopathie: Wirbelsegmente L4 – L5
Störfelder Zähne: 13/23/33/43
Neuraltherapie: Stirnhöhlen, Nebenhöhlen, Tonsillen, Gallenblase, Narben

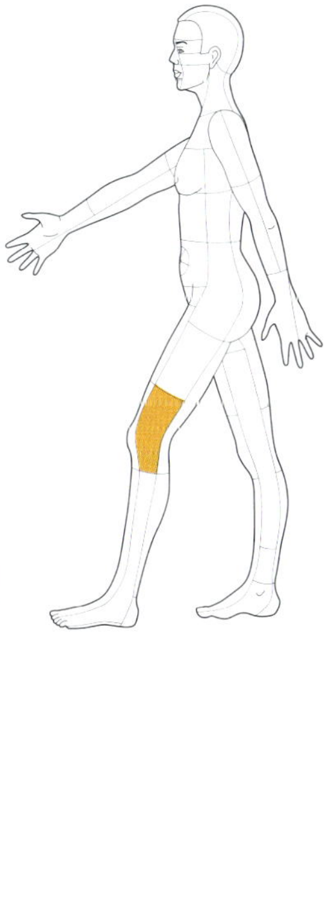

WAS SONST NOCH HILFT:

- Diese Zone hat einen Bezug zur Galle: Saft aus schwarzem Rettich regt den Gallenfluss an.
- Beinwell-, Lymph- oder Heparinsalben lassen Schwellungen abklingen. Ebenso Wickel mit gewalktem Weißkohl oder Packungen mit Beinwellwurzelbrei.
- Je nach Art der Beschwerden sind auch Einreibungen mit pflanzlichen Rheumasalben oder durchblutungsfördernden pflanzlichen Salben hilfreich.
- Einreibungen mit Arnikatinktur und Johanniskrautöl lindern Schmerzen.

70 Schienbein rechts

Bezug: Lebermeridian und Magenmeridian
Hauptorganfunktionszeit: 1–3 Uhr und 7–9 Uhr
Farbe: Grün und Beige
Gefühl: Unglücklichsein und Enttäuschung
Affirmation: »Ich bin glücklich« und »Ich bin zufrieden«

Beschwerden:
Schmerzen, Bewegungseinschränkung, Brennen, Juckreiz, Entzündung, Hauterscheinungen, Nagelpilz

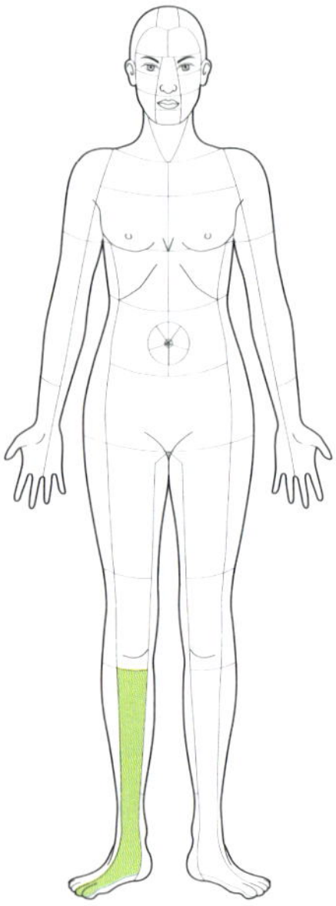

Heilzone

Auf dem rechten Schienbein und der Fußoberseite bis zur großen Zehe und der 2. Zehe im Meridianverlauf homöopathische Mittel, Heilkräutertinkturen und Bach-Blüten einreiben (s. S. 56)

Ohrzonen

Fuß-, Leber-, Magen-, Milz- und Gallenblasenzone mit getränktem Wattestäbchen kreisend einreiben (s. S. 166)

Homöopathie

Berberis D6 bei rheumatisch-gichtigen Schmerzen, Steifigkeit; Ledum D6 bei rheumatisch-gichtigen Schmerzen; Colchicum D6 bei Gichtanfall der großen Zehe

Heilpflanzen

Mariendistel, Boldo, Bitterholz, Artischocke, Schöllkraut, Grindelia, Wegwarte, Bitterkräutertinktur;
3-mal täglich 20 Tropfen, einzeln oder als Mischung, vor dem Essen in etwas Wasser einnehmen und evtl. auch einreiben
Tee-Rezept: Leber-Galle-Tee (s. S. 171)

Bach-Blütentherapie

Gentian, Holly, Honeysuckle und Rock Rose einnehmen und einreiben

WAS SONST NOCH HILFT:

- Die große Zehe hat einen Bezug zu Milz und Bauchspeicheldrüse. Ein Hallux valgus (an der großen Zehe) hat oft seine Ursache in der Schwäche dieser Organe. Lymphtropfen und zu jeder Mahlzeit Pankreasenzyme pflegen diese beiden Organe.
- Alkohol unbedingt einschränken!
- Eine gute Wirkung auf den Leberstoffwechsel haben feucht-heiße Kompressen oder ein heißer Heublumensack: 1/2 Stunde so heiß wie verträglich auf die Leber legen, am besten abends im Bett.
- Es gelten auch die Empfehlungen von Heilzone 71.

Ernährungsempfehlung

Leber-Galle-Diät (s. S. 174)

Meridiangymnastik

Lebermeridian-Übung (s. S. 158)

Weitere Therapien beim Heilpraktiker oder Naturheilarzt

Magen, Leber und Bauchspeicheldrüse untersuchen lassen, Eigenblut-Therapie, Eigenurin-Therapie, Akupunktur, Homöosiniatrie, Nosodentherapie, Baunscheidtieren, Schröpfen, Kranio-Sakral-Therapie
Osteopathie: Wirbelsegmente L4 – L5
Störfelder Zähne: 13/23/33/34/36/37/46/47
Neuraltherapie: Stirnhöhlen, Nebenhöhlen, Tonsillen, Solarplexus, Narben

Schienbein links 71

Beschwerden:
Schmerzen, Bewegungseinschränkung, Brennen, Juckreiz, Entzündung, Hauterscheinungen, Nagelpilz

Bezug: Lebermeridian und Magenmeridian
Hauptorganfunktionszeit: 1–3 Uhr und 7–9 Uhr
Farbe: Grün und Beige
Gefühl: Unglücklichsein und Enttäuschung
Affirmation: »Ich bin glücklich« und »Ich bin zufrieden«

Heilzone

Auf dem linken Schienbein und der Fußoberseite bis zur großen Zehe und der 2. Zehe im Meridianverlauf homöopathische Mittel, Heilkräutertinkturen und Bach-Blüten einreiben (s. S. 56)

Ohrzonen

Fuß-, Leber-, Magen-, Milz- und Gallenblasenzone mit getränktem Wattestäbchen kreisend einreiben (s. S. 166)

Homöopathie

Berberis D6 bei rheumatisch-gichtigen Schmerzen, Steifigkeit; Ledum D6 bei rheumatisch-gichtigen Schmerzen; Colchicum D6 bei Gichtanfall der großen Zehe

Heilpflanzen

Mariendistel, Boldo, Bitterholz, Artischocke, Schöllkraut, Grindelia, Wegwarte, Bitterkräutertinktur;
3-mal täglich 20 Tropfen, einzeln oder als Mischung, vor dem Essen in etwas Wasser einnehmen und evtl. auch einreiben
Tee-Rezept: Leber-Galle-Tee (s. S. 171)

Bach-Blütentherapie

Centaury, Chicory, Water Violet und Wild Rose einnehmen und einreiben

Ernährungsempfehlung

Leber-Galle-Diät (s. S. 174)

Meridiangymnastik

Lebermeridian-Übung (s. S. 158)

Weitere Therapien beim Heilpraktiker oder Naturheilarzt

Magen, Leber und Bauchspeicheldrüse untersuchen lassen, Eigenblut-Therapie, Eigenurin-Therapie, Akupunktur, Homöosiniatrie, Nosodentherapie, Baunscheidtieren, Schröpfen, Kranio-Sakral-Therapie
Osteopathie: Wirbelsegmente L4 – L5
Störfelder Zähne: 13/23/33/34/36/37/46/47
Neuraltherapie: Stirnhöhlen, Nebenhöhlen, Tonsillen, Solarplexus, Narben

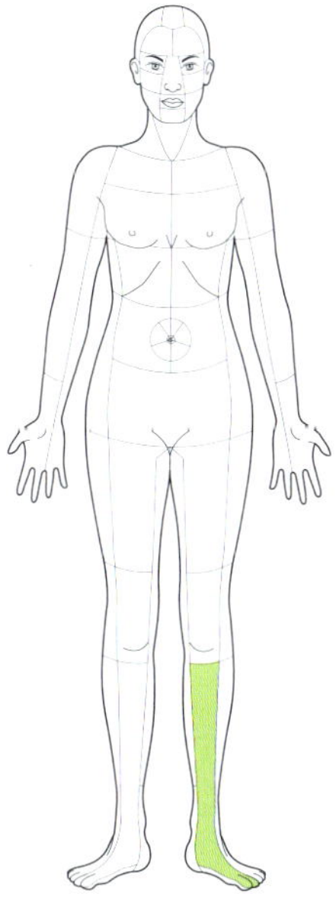

WAS SONST NOCH HILFT:

- Die 2. Zehe hat einen Bezug zum Magen, und manche Hammerzehe entsteht durch eine Schwächung der Magenenergie.
- Fußpilz an diesen beiden Zehen verschwindet langfristig nur, wenn die mit ihnen in Verbindung stehenden Organe mitbehandelt werden.
- Bei Nagelpilz vor jeder Behandlung die Haut zunächst mit einem Haarföhn austrocknen. Dann Bitterkräutertinktur in die verpilzten Nägel einreiben, anschließend erst die chemischen Pilztinkturen.
- Es gelten auch die Empfehlungen von Heilzone 70.

72 *Rechte Wade außen*

Bezug: Blasenmeridian und Gallenblasenmeridian
Hauptorganfunktionszeit: 23–1 Uhr und 15–17 Uhr
Farbe: Türkis und Braun
Gefühl: Jähzorn und Ruhelosigkeit
Affirmation: »Ich gehe auf andere zu« und »Ich bin friedvoll«

Beschwerden:
Schmerzen, Bewegungseinschränkung, Brennen, Juckreiz, Entzündung, Hauterscheinungen, Fußpilz

Heilzone

An der Außenseite des rechten Unterschenkels und des rechten Fußes einschließlich 3., 4. und 5. Zehe im Meridianverlauf homöopathische Mittel, Heilkräutertinkturen und Bach-Blüten einreiben (s. S. 56)

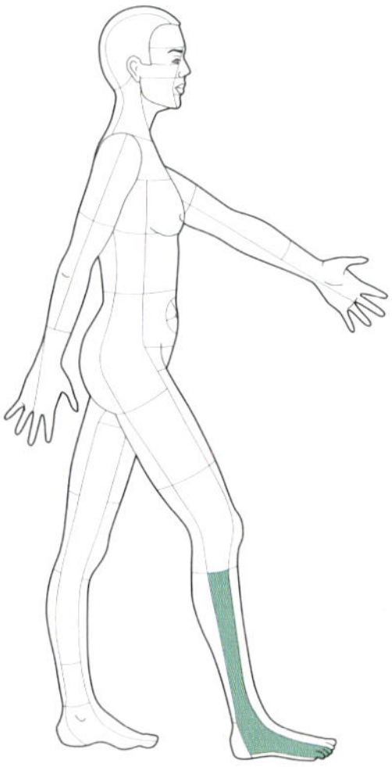

Ohrzonen

Fußzone, Gallenblasenzone und Blasen-Nieren-Zone mit getränktem Wattestäbchen kreisend einreiben (s. S. 166)

Homöopathie

Berberis D6 bei rheumatisch-gichtigen Schmerzen; Zincum D6 bei unruhigen Beinen; Nux vomica D6 bei unruhigen Beinen in der Nacht, schlechtem Schlaf nach zu viel Essen, Alkohol, Kaffee

Heilpflanzen

Bitterkräutertinktur, Löwenzahn, Pfefferminze, Teufelskralle, Pestwurz, Odermennig, gelbes Labkraut;
3-mal täglich 20 Tropfen, einzeln oder als Mischung, vor dem Essen in etwas Wasser einnehmen und evtl. auch einreiben
Tee-Rezept: Nieren-Tee 1/2 Liter morgens, Leber-Galle-Tee 1/2 Liter abends (s. S. 171)

WAS SONST NOCH HILFT:

- Die 4. Zehe hat einen Bezug zur Gallenblase, die 5. Zehe zur Blase.
- Pilze zwischen der 4. und 5. Zehe sowie an den Nägeln reagieren daher außergewöhnlich gut auf eine Gallentherapie.
- Bei Schmerzen helfen Beinwellsalbe, Arnikatinktur oder Johanniskrautöl.
- Täglich 2 Liter Wasser über den Tag verteilt trinken (vorher 5 Minuten kochen).

Bach-Blütentherapie

Centaury, Gentian und White Chestnut einnehmen und einreiben

Ernährungsempfehlung

Leber-Galle-Diät (s. S. 174)

Meridiangymnastik

Gallenblasenmeridian-Übung (s. S. 158)

Weitere Therapien beim Heilpraktiker oder Naturheilarzt

Gallenblase und Blase untersuchen lassen, Eigenblut-Therapie, Eigenurin-Therapie, Akupunktur, Homöosiniatrie, Nosodentherapie, Baunscheidtieren, Softlaser-Behandlung, Kranio-Sakral-Therapie
Osteopathie: Wirbelsegmente L5 – S1
Störfelder Zähne: 13/23/33/43
Neuraltherapie: Stirnhöhlen, Nebenhöhlen, Tonsillen, Gallenblase, Narben

Linke Wade außen 73

Beschwerden:
Schmerzen, Bewegungseinschränkung, Brennen, Juckreiz, Entzündung, Hauterscheinungen, Fußpilz

Bezug: Blasenmeridian und Gallenblasenmeridian
Hauptorganfunktionszeit: 23–1 Uhr und 15–17 Uhr
Farbe: Türkis und Braun
Gefühl: Jähzorn und Ruhelosigkeit
Affirmation: »Ich gehe auf andere zu« und »Ich bin friedvoll«

Heilzone

An der Außenseite des linken Unterschenkels und des linken Fußes einschließlich 3., 4. und 5. Zehe im Meridianverlauf homöopathische Mittel, Heilkräutertinkturen und Bach-Blüten einreiben (s. S. 56)

Ohrzonen

Fußzone, Gallenblasenzone und Blasen-Nieren-Zone mit getränktem Wattestäbchen kreisend einreiben (s. S. 166)

Homöopathie

Berberis D6 bei rheumatisch-gichtigen Schmerzen;
Zincum D6 bei unruhigen Beinen;
Nux vomica D6 bei unruhigen Beinen in der Nacht, schlechtem Schlaf nach zu viel Essen, Alkohol, Kaffee

WAS SONST NOCH HILFT:

- **Die 4. Zehe hat einen Bezug zur Gallenblase, die 5. Zehe zur Blase.**
- **Pilze zwischen der 4. und 5. Zehe sowie an den Nägeln reagieren daher außergewöhnlich gut auf eine Gallentherapie.**
- **Gegen Schmerzen helfen Einreibungen mit Beinwellsalbe, Arnikatinktur oder Johanniskrautöl.**
- **Täglich 2 Liter Wasser trinken: Morgens 5 Minuten kochen und über den Tag verteilt trinken.**

Heilpflanzen

Bitterkräutertinktur, Löwenzahn, Pfefferminze, Teufelskralle, Pestwurz, Odermennig, gelbes Labkraut;
3-mal täglich 20 Tropfen, einzeln oder als Mischung, vor dem Essen in etwas Wasser einnehmen und evtl. auch einreiben
Tee-Rezept: Nieren-Tee $^1/_2$ Liter morgens, Leber-Galle-Tee $^1/_2$ Liter abends (s. S. 171)

Bach-Blütentherapie

Gentian, Pine und Water Violet einnehmen und einreiben

Ernährungsempfehlung

Leber-Galle-Diät (s. S. 174)

Meridiangymnastik

Gallenblasenmeridian-Übung (s. S. 158)

Weitere Therapien beim Heilpraktiker oder Naturheilarzt

Gallenblase und Blase untersuchen lassen, Eigenblut-Therapie, Eigenurin-Therapie, Akupunktur, Homöosiniatrie, Nosodentherapie, Baunscheidtieren, Softlaser-Behandlung, Kranio-Sakral-Therapie
Osteopathie: Wirbelsegmente L5 – S1
Störfelder Zähne: 13/23/33/43
Neuraltherapie: Stirnhöhlen, Nebenhöhlen, Tonsillen, Gallenblase, Narben

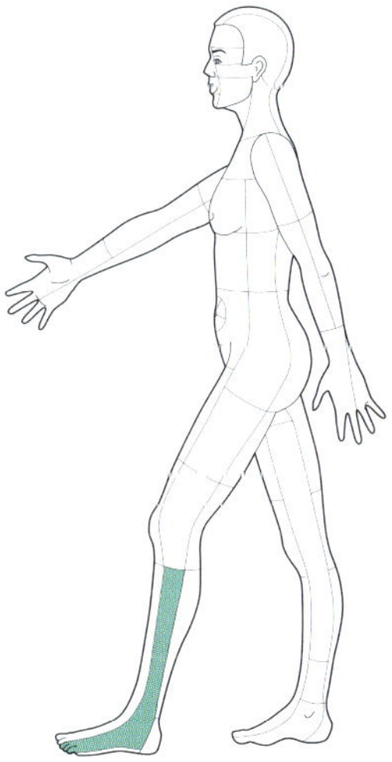

74 Rechte Wade hinten

Bezug: Blasenmeridian
Hauptorganfunktionszeit: 15–17 Uhr
Farbe: Türkis
Gefühl: Ungeduld, Ruhelosigkeit
Affirmation: »Ich bin ausgeglichen, ich bin friedvoll«

Beschwerden:
Schmerzen, Druck, Venenentzündung, Krampfadern, Schwellung, Brennen, Juckreiz, Hauterscheinungen, Verkrampfung

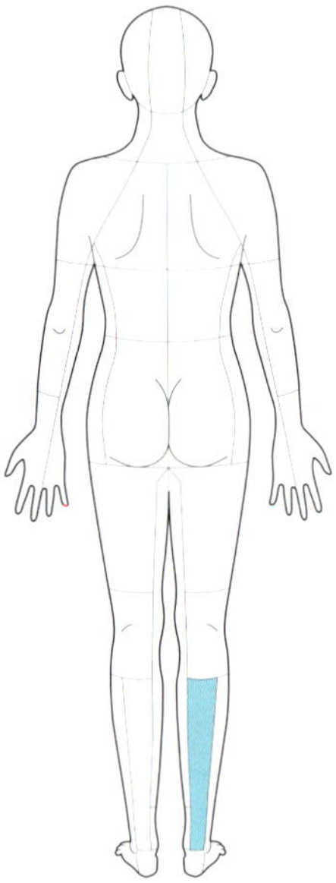

Heilzone

Auf der rechten Wade im Meridianverlauf homöopathische Mittel, Heilkräutertinkturen und Bach-Blüten einreiben (s. S. 56)

Ohrzonen

Beinzone und Blasen-Nieren-Zone mit getränktem Wattestäbchen kreisend einreiben (s. S. 166)

Homöopathie

Cuprum D6 bei heftigen Wadenkrämpfen;
Veratrum alb. D6 bei ziehendem Schmerz, Wadenkrämpfen;
Plumbum met. D6 bei Wadenkrämpfen, stechendem, reißendem Schmerz

Heilpflanzen

Goldrutenkraut, Berberitzenfrüchte, Bärentraube, Weidenrinde, Pestwurz;
bei Krampfadern: Rosskastanie, Steinklee;
3-mal täglich 20 Tropfen, einzeln oder als Mischung, vor dem Essen in etwas Wasser einnehmen und evtl. auch einreiben
Tee-Rezept: Nieren-Blasen-Tee (s. S. 171)

Bach-Blütentherapie

Centaury, Chestnut Bud, Gentian und Holly einnehmen und einreiben

WAS SONST NOCH HILFT:

- Bei Venenentzündung Lymphmittel und hoch dosiert Enzyme einnehmen. Eine gute Alternative sind pflanzliche Venen-Fertigpräparate aus der Apotheke.
- Zusätzlich die Beine mit Heparin-, Venen- oder Lymphsalbe einreiben.
- Vitamin C hoch dosiert einnehmen (täglich 1 Gramm).
- Bei Wadenkrämpfen täglich 10 Tabletten Magnesium phosphoricum D6 biochemisch in heißem Wasser oder Tee auflösen und trinken.

Ernährungsempfehlung

Nieren-Diät (s. S. 174)

Meridiangymnastik

Blasenmeridian-Übung (s. S. 158)

Weitere Therapien beim Heilpraktiker oder Naturheilarzt

Blutegel-Therapie bei Venenentzündung und Thrombose, Lymphdrainage, Softlaser-Behandlung, Akupunktur, Homöosiniatrie, Nosodentherapie, Kranio-Sakral-Therapie
Osteopathie: Wirbelsegmente L4 – S1 – S2 – S3
Störfelder Zähne: 11/12/21/22/31/32
Neuraltherapie: Stirnhöhlen, Nebenhöhlen, Tonsillen, Weihe-Punkte, Narben

Linke Wade hinten 75

Beschwerden:
Schmerzen, Druck, Venenentzündung, Krampfadern, Schwellung, Brennen, Juckreiz, Hauterscheinungen, Verkrampfung

Bezug: Blasenmeridian
Hauptorganfunktionszeit: 15–17 Uhr
Farbe: Türkis
Gefühl: Ungeduld, Ruhelosigkeit
Affirmation: »Ich bin ausgeglichen, ich bin friedvoll«

Heilzone

Auf der linken Wade im Meridianverlauf homöopathische Mittel, Heilkräutertinkturen und Bach-Blüten einreiben (s. S. 56)

Ohrzonen

Beinzone und Blasen-Nieren-Zone mit getränktem Wattestäbchen kreisend einreiben (s. S. 166)

Homöopathie

Plumbum met. D6 bei Wadenkrämpfen, stechendem, reißendem Schmerz;
Zincum D3 bei ziehendem rheumatischem Schmerz;
Cuprum D6 bei heftigen Wadenkrämpfen

Heilpflanzen

Goldrutenkraut, Berberitzenfrüchte, Bärentraube,Weidenrinde, Pestwurz;
bei Krampfadern: Rosskastanie, Steinklee;
3-mal täglich 20 Tropfen, einzeln oder als Mischung, vor dem Essen in etwas Wasser einnehmen und evtl. auch einreiben
Tee-Rezept: Nieren-Blasen-Tee (s. S. 171)

Bach-Blütentherapie

Agrimony, Beech, Gentian, Pine und Water Violet einnehmen und einreiben

Ernährungsempfehlung

Nieren-Diät (s. S. 174)

Meridiangymnastik

Blasenmeridian-Übung (s. S. 158)

Weitere Therapien beim Heilpraktiker oder Naturheilarzt

Blutegel-Therapie bei Venenentzündung und Thrombose, Lymphdrainage, Softlaser-Behandlung, Akupunktur, Homöosiniatrie, Nosodentherapie, Kranio-Sakral-Therapie

Osteopathie: Wirbelsegmente L4 – S1 – S2 – S3
Störfelder Zähne: 11/12/21/22/31/32
Neuraltherapie: Stirnhöhlen, Nebenhöhlen, Tonsillen, Weihe-Punkte, Narben

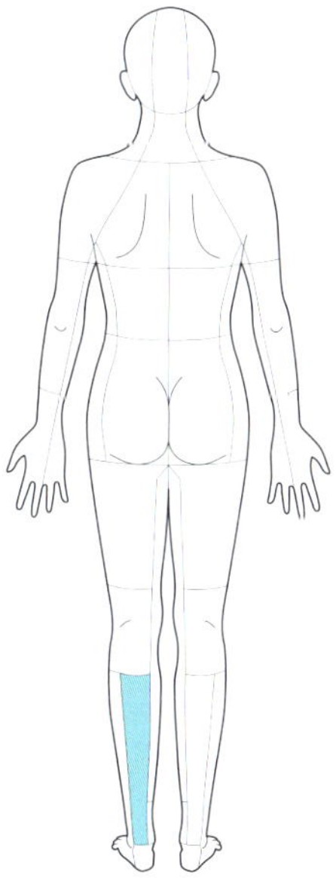

WAS SONST NOCH HILFT:

- Bei Venenentzündung Lymphmittel und hoch dosiert Enzyme einnehmen. Eine gute Alternative sind pflanzliche Venen-Fertigpräparate aus der Apotheke.
- Zusätzlich die Beine mit Heparin-, Venen- oder Lymphsalbe einreiben.
- Vitamin C hoch dosiert einnehmen (täglich 1 Gramm).
- Bei Wadenkrämpfen täglich 10 Tabletten Magnesium phosphoricum D6 biochemisch in heißem Wasser oder Tee auflösen und trinken.

76 Fesseln innen rechts

Bezug: Leber-, Milz-Pankreas- und Nierenmeridian
Hauptorganfunktionszeit: 1–3 Uhr, 9–11 Uhr und 17–19 Uhr
Farbe: Grün, Gelb und Blau
Gefühl: Unglück, Angst vor der Zukunft und Sexuelle Probleme
Affirmation: »Ich bin glücklich«, »Ich vertraue auf meine Zukunft« und »Ich spüre meine sexuellen Energien«

Beschwerden:
Schmerzen, »offenes Bein«, Krampfadern, Venenentzündung, Schwellung, Brennen, Juckreiz, Hauterscheinungen

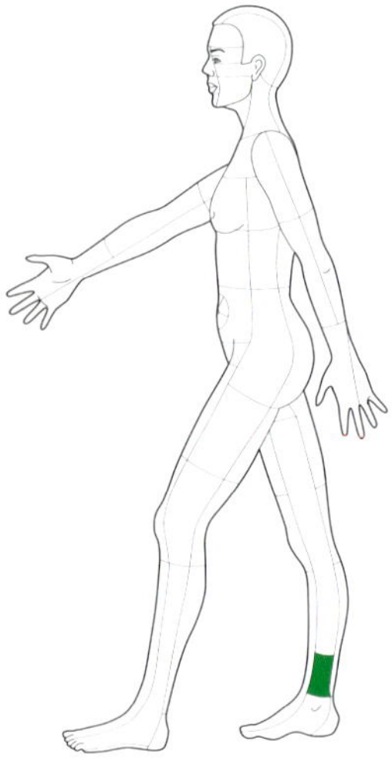

Heilzone

Auf der Innenseite des rechten Fußgelenks im Meridianverlauf homöopathische Mittel, Heilkräutertinkturen und Bach-Blüten einreiben (s. S. 56)

Ohrzonen

Bein-, Leber-, Milz- und Nierenzone mit getränktem Wattestäbchen kreisend einreiben (s. S. 166)

Homöopathie

Lycopodium D6 bei Krampfadern, »offenem Bein«, Schmerzen;
Arsenicum album D6 bei Schwellung, Juckreiz;
Hamamelis D4 bei Venenentzündung

Heilpflanzen

Für Leber und Milz: Mariendistel, Boldo, Bitterholz, Artischocke, Grindelia, Schöllkraut, Wegwarte, Bitterkräutertinktur;
für die Nieren: Goldrutenkraut, Liebstöckel, Orthosiphon;
3-mal täglich 20 Tropfen, einzeln oder als Mischung, vor dem Essen in etwas Wasser einnehmen und evtl. auch einreiben
Tee-Rezept: 1/2 Liter Nieren-Blasen-Tee morgens, 1/2 Liter Lymph-Tee mittags, 1/2 Liter Leber-Galle-Tee abends (s. S. 171)

WAS SONST NOCH HILFT:

- In dieser Zone kreuzen sich 3 Meridiane, deshalb entsteht bei Problemen an dieser Stelle oft ein »offenes Bein«.
- Eine Handbreit über dem inneren Knöchel liegt ein wichtiger Hormonpunkt. Bei Beschwerden in dieser Zone ist es notwendig, alle 3 betroffenen Organe mitzubehandeln.
- Eine Einlaufserie zur Entgiftung.
- Siehe auch Heilzone 77.

Bach-Blütentherapie

Gentian, Heather einnehmen und einreiben

Ernährungsempfehlung

Darm-Diät (s. S. 174)

Meridiangymnastik

Lebermeridian-, Milz-Pankreas-Meridian- und Nierenmeridian-Übung (s. S. 158)

Weitere Therapien beim Heilpraktiker oder Naturheilarzt

Blutegel-Therapie, Colon-Hydro-Therapie und Darmsymbioselenkung, Eigenblut-Therapie, Eigenurin-Therapie, Akupunktur, Homöosiniatrie, Nosodentherapie, Softlaser-Behandlung
Osteopathie: Wirbelsegmente L4 – S1
Störfelder Zähne: 1er–5er oben und unten
Neuraltherapie: Stirnhöhlen, Nebenhöhlen, Tonsillen, Weihe-Punkte, Narben

Beschwerden:
Schmerzen, »offenes Bein«, Krampfadern, Venenentzündung, Schwellung, Brennen, Juckreiz, Hauterscheinungen

Bezug: Leber-, Milz-Pankreas- und Nierenmeridian
Hauptorganfunktionszeit: 1–3 Uhr, 9–11 Uhr und 17–19 Uhr
Farbe: Grün, Gelb und Blau
Gefühl: Unglück, Angst vor der Zukunft und Sexuelle Probleme
Affirmation: »Ich bin glücklich«, »Ich vertraue auf meine Zukunft« und »Ich spüre meine sexuellen Energien«

Heilzone

Auf der Innenseite des linken Fußgelenks im Meridianverlauf homöopathische Mittel, Heilkräutertinkturen und Bach-Blüten einreiben (s. S. 56)

Ohrzonen

Bein-, Leber-, Milz- und Nierenzone mit getränktem Wattestäbchen kreisend einreiben (s. S. 166)

Homöopathie

Aesculus D4 bei Krampfadern, Venenentzündung;
Lachesis D6 bei blauroter Hautverfärbung, »offenem Bein«;
Kreosotum D4 bei ätzendem, brennendem Geschwür

Heilpflanzen

Für Leber und Milz: Mariendistel, Boldo, Bitterholz, Artischocke, Grindelia, Schöllkraut, Wegwarte, Bitterkräutertinktur;
für die Nieren: Goldrutenkraut, Liebstöckel, Orthosiphon;
3-mal täglich 20 Tropfen, einzeln oder als Mischung, vor dem Essen in etwas Wasser einnehmen und evtl. auch einreiben
Tee-Rezept: 1/2 Liter Nieren-Blasen-Tee morgens, 1/2 Liter Lymph-Tee mittags, 1/2 Liter Leber-Galle-Tee abends (s. S. 171)

Bach-Blütentherapie

Gentian, Heather einnehmen und einreiben

Ernährungsempfehlung

Darm-Diät (s. S. 174)

Meridiangymnastik

Lebermeridian-, Milz-Pankreas-Meridian- und Nierenmeridian-Übung (s. S. 158)

Weitere Therapien beim Heilpraktiker oder Naturheilarzt

Blutegel-Therapie, Colon-Hydro-Therapie und Darmsymbioselenkung, Eigenblut-Therapie, Eigenurin-Therapie, Akupunktur, Homöosiniatrie, Nosodentherapie, Softlaser-Behandlung
Osteopathie: Wirbelsegmente L4 – S1
Störfelder Zähne: 1er–5er oben und unten
Neuraltherapie: Nebenhöhlen, Tonsillen, Weihe-Punkte, Narben

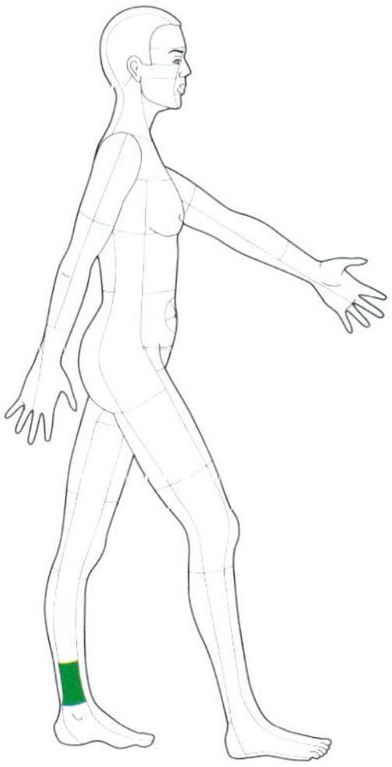

WAS SONST NOCH HILFT:

- Viel trinken! Zusätzlich zu den Tees noch täglich 1 Liter abgekochtes Wasser.
- »Offene Beine« wurden früher erfolgreich mit Eigenurin behandelt.
- Gegen Schwellungen helfen Wickel mit gewalkten Weißkohlblättern, Umschläge mit Arnikatinktur oder Packungen mit Beinwellwurzelbrei.
- Siehe auch Heilzone 76.

78 Ferse rechts

Bezug: Nierenmeridian
Hauptorganfunktionszeit: 17–19 Uhr
Farbe: Blau
Gefühl: Sexuelle Probleme
Affirmation: »Ich spüre meine sexuellen Energien«

Beschwerden:
Schmerzen, Fersensporn, Brennen, Juckreiz, Entzündung, Hauterscheinungen, Hornhaut

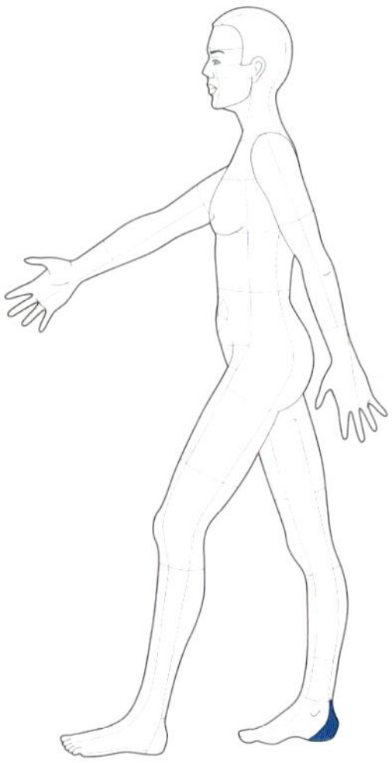

Heilzone

Auf der rechten Ferse im Meridianverlauf homöopathische Mittel, Heilkräutertinkturen und Bach-Blüten einreiben (s. S. 56)

Ohrzonen

Fußzone und Nierenzone mit getränktem Wattestäbchen kreisend einreiben (s. S. 166)

Homöopathie

Hekla lave D3 bei Fersensporn;
Cyclamen D12 bei Fersenschmerz;
Berberis D6, wenn Ferse und Fußballen »wie wund«

Heilpflanzen

Goldrute, Bärentraube, Brennnessel, Zwergpalme, Berberitze, Löwenzahn, Bruchkraut;
3-mal täglich 20 Tropfen, einzeln oder als Mischung, vor dem Essen in etwas Wasser einnehmen und evtl. auch einreiben
Tee-Rezept: 1/2 Liter Nieren-Blasen-Tee morgens und 1/2 Liter Darm-Tee abends (s. S. 171)

Bach-Blütentherapie

Mustard und Vervain einnehmen und einreiben

WAS SONST NOCH HILFT:

- Unter der Ferse befindet sich die Reflexzone des Dickdarms, daher bei Beschwerden auf Darmprobleme achten.
- Starke Hornhautbildung an der Ferse kann auch durch Fußfehlstellung kommen. Prüfen und evtl. Einlagen anfertigen lassen.
- Bei rissiger Haut die Fersen täglich vor dem Schlafengehen für 1/2 Stunde in ein Gefäß mit warmem Olivenöl stellen, anschließend Baumwollsocken anziehen.

Ernährungsempfehlung

Nieren-Diät (s. S. 174)

Meridiangymnastik

Nierenmeridian-Übung (s. S. 158)

Weitere Therapien beim Heilpraktiker oder Naturheilarzt

Bei Fersensporn die Propriozeptoren am Bein kontrollieren lassen, Softlaser-Behandlung, Akupunktur, Homöosiniatrie, Nosodentherapie, Atemtherapie, Kranio-Sakral-Therapie
Osteopathie: Propriozeptoren, Wirbelsegment S1
Störfelder Zähne: 11/12/21/22/31/32/41/42/alle 8er-Zähne
Neuraltherapie: Stirnhöhlen, Nebenhöhlen, Tonsillen, Weihe-Punkte, Narben

Ferse links 79

Beschwerden:
Schmerzen, Fersensporn, Brennen, Juckreiz, Entzündung, Hauterscheinungen, Hornhaut

Bezug: Nierenmeridian
Hauptorganfunktionszeit: 17–19 Uhr
Farbe: Blau
Gefühl: Sexuelle Probleme
Affirmation: »Ich spüre meine sexuellen Energien«

Heilzone

Auf der linken Ferse im Meridianverlauf homöopathische Mittel, Heilkräutertinkturen und Bach-Blüten einreiben (s. S. 56)

Ohrzonen

Fußzone und Nierenzone mit getränktem Wattestäbchen kreisend einreiben (s. S. 166)

Homöopathie

Hekla lave D3 bei Fersensporn;
Cyclamen D12 bei Fersenschmerz;
Berberis D6, wenn Ferse und Fußballen »wie wund«

Heilpflanzen

Goldrute, Bärentraube, Brennnessel, Zwergpalme, Berberitze, Löwenzahn, Bruchkraut
3-mal täglich 20 Tropfen, einzeln oder als Mischung, vor dem Essen in etwas Wasser einnehmen und evtl. auch einreiben
Tee-Rezept: 1/2 Liter Nieren-Blasen-Tee morgens und 1/2 Liter Darm-Tee abends (s. S. 171)

Bach-Blütentherapie

Mustard und Vervain einnehmen und einreiben

Ernährungsempfehlung

Nieren-Diät (s. S. 174)

Meridiangymnastik

Nierenmeridian-Übung (s. S. 158)

Weitere Therapien beim Heilpraktiker oder Naturheilarzt

Bei Fersensporn die Propriozeptoren am Bein kontrollieren lassen, Softlaser-Behandlung, Akupunktur, Homöosiniatrie, Nosodentherapie, Atemtherapie, Kranio-Sakral-Therapie
Osteopathie: Propriozeptoren, Wirbelsegment S1
Störfelder Zähne: 11/12/21/22/31/32/41/42/alle 8er-Zähne
Neuraltherapie: Stirnhöhlen, Nebenhöhlen, Tonsillen, Weihe-Punkte, Narben

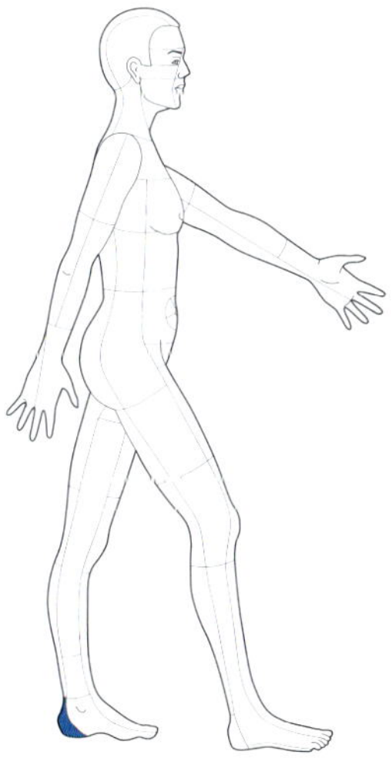

WAS SONST NOCH HILFT:

- Unter der Ferse befindet sich die Reflexzone des Dickdarms, daher bei Beschwerden auf Darmprobleme achten.
- Starke Hornhautbildung an der Ferse kann auch durch Fußfehlstellung kommen. Prüfen und evtl. Einlagen anfertigen lassen.
- Bei rissiger Haut die Fersen täglich vor dem Schlafengehen für 1/2 Stunde in ein Gefäß mit warmem Olivenöl stellen, anschließend Baumwollsocken anziehen.

80 *Fußinnenseite rechts*

Bezug: Milz-Pankreas- und Nieren-Meridian
Hauptorganfunktionszeit: 9–11 Uhr und 17–19 Uhr
Farbe: Blau und Gelb
Gefühl: Angst vor der Zukunft und Sexuelle Probleme
Affirmation: »Ich vertraue auf meine Zukunft« und »Ich spüre meine sexuellen Energien«

Beschwerden:
Schmerzen, Entzündung, Brennen, Juckreiz, Bewegungseinschränkung, Hauterscheinungen, Fußpilz, Fußschweiß

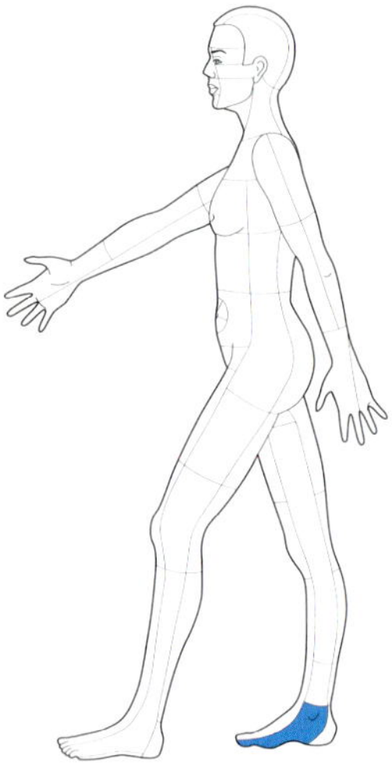

Heilzone

Auf der Innenseite des rechten Fußes bis zur großen Zehe und auf der Fußsohle im Meridianverlauf homöopathische Mittel, Heilkräutertinkturen und Bach-Blüten einreiben (s. S. 56)

Ohrzonen

Fußzone, Milzzone und Nierenzone mit getränktem Wattestäbchen kreisend einreiben (s. S. 166)

Homöopathie

Berberis vulg. D6 bei reißendem, stechendem Schmerz beim Auftreten, Rheuma; Acidum fluor. D4 bei brennender Fußsohle; Lycopodium D6, wenn rechter Fuß kalt und linker Fuß warm ist

Heilpflanzen

Goldrute, Bärentraube, Brennnessel, Berberitze, Löwenzahn, Grindelia, Wegwarte, Bitterkräutertinktur; bei Entzündung am Großzehengrundgelenk: Herbstzeitlose aus der Apotheke (giftig!);
3-mal täglich 20 Tropfen, einzeln oder als Mischung, vor dem Essen in etwas Wasser einnehmen und evtl. auch einreiben
Tee-Rezept: $^1/_2$ Liter Nieren-Blasen-Tee morgens und $^1/_2$ Liter Rheuma-Tee abends (s. S. 171)

Bach-Blütentherapie

Beech einnehmen und einreiben

Ernährungsempfehlung

Darm-Diät, bei Gicht Rheuma-Diät

Meridiangymnastik

Nierenmeridian-Übung und Milz-Pankreas-Meridian-Übung (s. S. 158)

Weitere Therapien beim Heilpraktiker oder Naturheilarzt

Fußreflexzonenmassage, Softlaser-Behandlung, Akupunktur, Homöosiniatrie, Nosodentherapie, Mesotherapie, Kranio-Sakral-Therapie, Atemtherapie
Osteopathie: Wirbelsegmente L4 – L5 – S1
Störfelder Zähne: 1er-, 2er-, 6er-, 7er- und 8er-Zähne oben und unten
Neuraltherapie: Stirnhöhlen, Nebenhöhlen, Tonsillen, Weihe-Punkte, Narben

WAS SONST NOCH HILFT:

- An der großen Zehe endet zusätzlich der Lebermeridian. Nagelpilz verschwindet erst, wenn Leber, Milz und Bauchspeicheldrüse gesund sind. Siehe Heilzonen 32/33.
- An den Fußsohlen sind die Reflexzonen aller Organe. Deshalb wirken ansteigende Fußbäder so gut auf den Gesamtorganismus.
- Es gelten auch die Empfehlungen von Heilzone 81.

Fußinnenseite links 81

Beschwerden:
Schmerzen, Entzündung, Brennen, Juckreiz, Bewegungseinschränkung, Hauterscheinungen, Fußpilz, Fußschweiß

Bezug: Milz-Pankreas-Meridian und Nierenmeridian
Hauptorganfunktionszeit: 9–11 Uhr und 17–19 Uhr
Farbe: Blau und Gelb
Gefühl: Angst vor der Zukunft und Sexuelle Probleme
Affirmation: »Ich vertraue auf meine Zukunft« und »Ich spüre meine sexuellen Energien«

Heilzone

Auf der Innenseite des linken Fußes bis zur großen Zehe und auf der Fußsohle im Meridianverlauf homöopathische Mittel, Heilkräutertinkturen und Bach-Blüten einreiben (s. S. 56)

Ohrzonen

Fußzone, Milzzone und Nierenzone mit getränktem Wattestäbchen kreisend einreiben (s. S. 166)

Homöopathie

Secale corn. D6 bei kalten Füßen;
Berberis vulg. D6 bei reißendem, stechendem Schmerz beim Auftreten, Rheuma;
Natrium carb. D6, wenn Knöchel schwach, Neigung zum Umknicken

Heilpflanzen

Goldrute, Bärentraube, Brennnessel, Berberitze, Löwenzahn, Grindelia, Wegwarte, Bitterkräutertinktur; bei Entzündung am Großzehengrundgelenk: Herbstzeitlose aus der Apotheke (giftig!);
3-mal täglich 20 Tropfen, einzeln oder als Mischung, vor dem Essen in etwas Wasser einnehmen und evtl. auch einreiben
Tee-Rezept: 1/2 Liter Nieren-Blasen-Tee morgens und 1/2 Liter Rheuma-Tee abends (s. S. 171)

WAS SONST NOCH HILFT:

- Gegen Fußschweiß helfen Fußbäder mit Salbeitee.
- Fußschweiß ist immer ein Versuch des Körpers, Gifte auszuscheiden. Daher viel trinken und Darmdiät einhalten.
- Es gelten auch die Empfehlungen von Heilzone 80.

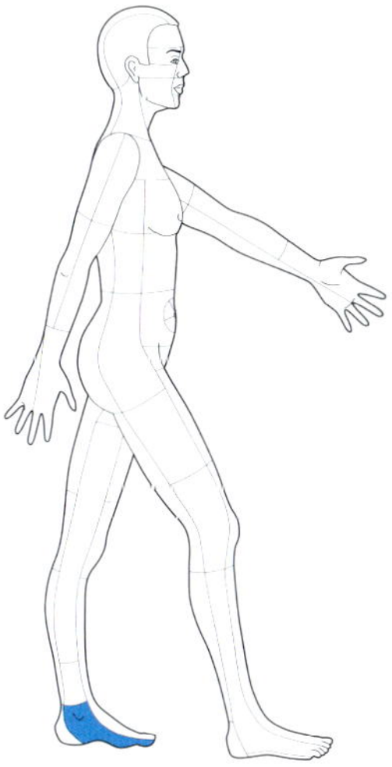

Bach-Blütentherapie

White Chestnut einnehmen und einreiben

Ernährungsempfehlung

Darm-Diät, bei Gicht Rheuma-Diät (s. S. 174)

Meridiangymnastik

Nierenmeridian-Übung und Milz-Pankreas-Meridian-Übung (s. S. 158)

Weitere Therapien beim Heilpraktiker oder Naturheilarzt

Fußreflexzonenmassage, Softlaser-Behandlung, Akupunktur, Homöosiniatrie, Nosodentherapie, Mesotherapie, Kranio-Sakral-Therapie, Atemtherapie
Osteopathie: Wirbelsegmente L4 – L5 – S1
Störfelder Zähne: 1er-, 2er-, 6er-, 7er- und 8er-Zähne oben und unten
Neuraltherapie: Stirnhöhlen, Nebenhöhlen, Tonsillen, Weihe-Punkte, Narben

Allergien

Allergie ist überschießende Antwort des Körpers auf einen eigentlich ungefährlichen Reiz. Das kann Reaktionen wie Heuschnupfen, Asthma, Juckreiz, Magen-Darm-Störungen bis hin zum Kreislaufversagen hervorrufen.

Auslöser kann theoretisch alles sein: Zu den typischen Allergenen von früher wie Blütenpollen, Hausstaubmilben und Tierhaaren, kommen heute viele umwelttoxische Substanzen, die sich in unserer Umwelt immer mehr ausgebreitet haben und sich in ihrer negativen Wirkung potenzieren. Außerdem habe ich im Laufe meiner Praxis ein ständiges Anwachsen von Nahrungsmittelallergien beobachtet. Viele Menschen sind bereits auf Weizen, Kuhmilch, Zucker und Hühnerei allergisch ohne es zu wissen.

In der Therapie ist meiner Meinung nach der wichtigste Ansatzpunkt der Darm. Auf der riesigen, 400 qm großen Oberfläche des Darms befindet sich 80% unseres Immunsystems. Viele Krankheiten haben ihre Ursache in einer Entgleisung des Darmimmunsystems.

Homöopathie

Acidum formicicum D4 allgemein bei Asthma bronchiale, Ekzemen, Heuschnupfen; Apis D6 bei allergischen Schwellungen, Nesselfieber; Galphimia glauca D4 bei Heuschnupfen, Asthma, allergischen Hauterkrankungen; Urtica urens D6 bei Hautausschlägen; Histamin D30 bremst die Histaminausschüttung

Heilpflanzen

Bitterkräuter wie Wermut, Engelswurz, Löwenzahn, Schafgarbe, Kalmus, Tausendgüldenkraut, um die Darmschleimhaut zu regenerieren; 3-mal täglich 20 Tropfen, einzeln oder als Mischung, vor dem Essen in etwas Wasser einnehmen und evtl. auch einreiben.

Tee-Rezept: Leber-Galle-Tee, Nieren-Blasen-Tee, Lymph-Tee (s. S. 171)

Bach-Blütentherapie

Rescue Remedy einnehmen und einreiben

Ernährungsempfehlungen

Bei akuter Allergie Heilfasten oder Darm-Diät (s. S. 174). Anschließend eine Rotations-Diät, um allergieauslösende Nahrungsmittel herauszufinden: Möglichst einfache Kost im 5-Tage-Rhythmus essen. Beispiel: Wenn man am ersten Tag eine Banane isst, sollte die nächste Banane erst wieder nach 5 Tagen gegessen werden. Mit allen Nahrungsmitteln so verfahren und protokollieren, was man verträgt, und was nicht.

WAS SONST NOCH HILFT:

- Täglich 2 Liter Wasser 5 Minuten kochen und warm über den Tag verteilt trinken.
- Täglich zur Entlastung und Reinigung des Darms einen Einlauf machen bis zur Besserung der Beschwerden. Zusätzlich Heilerde innerlich einnehmen.
- Kalzium einnehmen, aber nicht zu lange, denn sonst wird die Niere belastet.
- Oft ist eine Allergie eine Abwehrreaktion auf seelisch-geistiger Ebene, das heißt: auch nach psychischen Auslösern suchen.
- Kuhmilch sollte, wenn überhaupt, nur von Kindern getrunken werden. Die meisten Erwachsenen haben keine Laktase mehr und können die Milch nicht mehr richtig verdauen. Das ist vermutlich ein Grund für viele Allergien.
- Ohrzonen: Die Allergiezone (siehe Buchklappe hinten) mit Wattestäbchen kreisend einreiben.

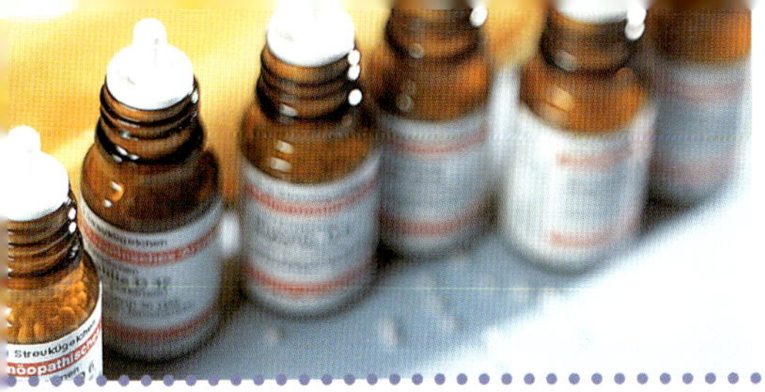

Weitere Therapien beim Heilpraktiker oder Naturheilarzt

Kinesiologische Austestung von Nahrungsmitteln und Umweltgiften, Heilfasten, F.-X.-Mayr-Kur, Eigenbluttherapie, Colon-Hydro-Therapie, Atemtherapie, Osteopathie, Akupunktur, Nosodentherapie, Homöopathie, Störfeldsanierung der Zähne, geopathische Belastung abklären
Neuraltherapie: Stirnhöhlen, Nebenhöhlen, Tonsillen, Narben

Hoher Blutdruck

Jeder fünfte Bundesbürger hat höhere Blutdruckwerte, als wünschenswert. Manchmal ist eine Veranlagung da, aber meist wird der Hochdruck durch Faktoren wie Übergewicht, Alkohol, Nikotin oder Stress im Beruf ausgelöst.

Wichtigster Therapie-Ansatz ist eine gesunde Ernährung und Reduzierung des Gewichts: weitgehender Verzicht auf Fleisch, Wurst, Zucker, Weißmehlprodukte, Fett, sowie eine drastische Einschränkung von Alkohol und Nikotin.

Homöopathie

Aurum D6 bei übergewichtigen, »vollblütigen« Menschen, Neigung zu Depressionen; Nux vomica D6 bei Blutdruckerhöhung als Folge von Ärger, Zorn, Alkohol-, Nikotin-, Kaffee-Abusus

Heilpflanzen

Schlangenwurz, Mistel, Olivenblätter, Knoblauch; für die Niere: Goldrute, Löwenzahn; zur Entwässerung: Dorniger Hauhechel, Orthosiphon, Liebstöckl; für das Herz: Weißdorn;
3-mal täglich 20 Tropfen, einzeln oder als Mischung, vor dem Essen in etwas Wasser einnehmen.

WAS SONST NOCH HILFT:

- Bei hohen Blutdruckwerten sind mehrere kleine Aderlässe (je 150 ml) bei abnehmendem Mond zu empfehlen.
- Ansteigende Armbäder als Sofortmaßnahme (Seite 182), dadurch fließt das Blut in die Peripherie ab, der Druck sinkt sofort. Eventuell mehrmals täglich wiederholen.
- Gegen Stress ist Autogenes Training eine gute Methode, ebenso ausreichend Schlaf.
- Sich nicht »unter Druck setzen lassen«!

Tee-Rezept: Nieren-Blasen-Tee, Herz-Kreislauf-Tee (s. S. 171)

Ernährungsempfehlungen

Darm-Diät, Nieren-Diät (s. S. 174)

Weitere Therapien beim Heilpraktiker oder Naturheilarzt

Aderlass, Akupunktur, Homoosiniatrie, Nosodentherapie, Atemtherapie, Störfeldbereinigung im Zahn-Kiefer-Bereich
Osteopathie: C3 – Th 2 – Th 11
Neuraltherapie: Stirnhöhlen, Kieferhöhlen, Tonsillen, Narben

Niedriger Blutdruck

Menschen mit niedrigem Blutdruck sind meistens antriebsschwach und müde. Schwindel, kalte Hände und Füße sind weitere Begleiterscheinungen. Es sollte immer abgeklärt werden, ob nicht ein Unterzucker vorliegt.

Homöopathie

Carbo vegetabilis D6 besonders bei älteren und sehr schlanken Menschen; Cocculus D4 bei Schwindel; Acidum phosphoricum D6 bei Mü-

WAS SONST NOCH HILFT:

- Wichtig ist regelmäßige sportliche Betätigung wie Joggen, Walking, Gymnastik.
- Wechselduschen und Ganzkörper-Bürstungen am Morgen und 1–2-mal in der Woche Sauna trainieren die Gefäße.
- Schwarzer und Grüner Tee sind als »Wachmacher« günstiger als Bohnenkaffee, weil der Effekt nicht so schnell eintritt, dafür aber länger anhält.
- Die Ernährung sollte scharfe Gewürze enthalten wie Curry, Paprika, Pfeffer.

digkeit; Camphora Urtinktur bei kaltem Schweiß und drohendem Schwarzwerden vor den Augen

Heilpflanzen

Bitterstoffe zur Anregung: Wermut, Engelswurz, Löwenzahn, Enzian, Tausendgüldenkraut; für das Herz: Maiglöckchen, Adonisröschen, Weißdorn, Ginseng, Rosmarin (auch als Badezusatz); 3-mal täglich 20 Tropfen, einzeln oder als Mischung, vor dem Essen in etwas Wasser einnehmen.
Tee-Rezept: Herz-Kreislauf-Tee und Leber-Galle-Tee (s. S. 171)

Bach-Blütentherapie

Rescue Remedy einnehmen

Weitere Therapien beim Heilpraktiker oder Naturheilarzt

Eigenbluttherapie, Akupunktur, Homöosiniatrie, Nosodentherapie, Atemtherapie, Kinesiologie, Kranio-Sakral-Therapie, Osteopathie
Störfelder: Zähne, Amalgamfüllungen
Neuraltherapie: Stirnhöhlen, Nebenhöhlen, Tonsillen, Narben

Durchfall

Akuter Durchfall wird meist von Bakterien, Viren, aber auch durch Allergien und Nahrungsmittelunverträglichkeiten hervorgerufen.

Bei kleinen Kindern und Säuglingen sollte möglichst bald ein Arzt hinzugezogen werden, da es sehr leicht zu Austrocknung kommen kann.

Wichtig ist bei allen Durchfallerkrankungen, den Flüssigkeitsverlust auszugleichen. Rezept für eine Elektrolytlösung: 1 Teelöffel Kochsalz, 4 Esslöffel Zucker in 1 Liter abgekochtes Wasser.

Homöopathie

Aloe vera D6 bei Durchfall am Morgen, Hitzegefühl am After, Blähungen; Okoubaka D2 bei Durchfall allgemein; Podophyllum D6 bei gussartigem Durchfall; Sulfur D6 bei Durchfall mit Geruch nach faulen Eiern, Brennen am After

Heilpflanzen

Bitterkräuter für den Darm: Schafgarbe, Enzian, Tausendgüldenkraut, Wermut; außerdem: Tormentillwurzel, Eichenrinde; 3-mal täglich 20 Tropfen, einzeln oder als Mischung, vor dem Essen in etwas Wasser einnehmen.
Tee-Rezept: Darm-Tee, Vier-Winde-Tee (s. S. 171)

WAS SONST NOCH HILFT:

- Feingeriebener Apfel, getrocknete Heidelbeeren oder Kohletabletten täglich mehrmals einnehmen.
- Gesunde Darmbakterien (Acidophilus-, Bifido-, Colibakterien aus der Apotheke) einnehmen.
- Zum Aufsaugen von Giften hilft Heilerde: Mehrmals täglich 1 Teelöffel in warmes Wasser einrühren und trinken.
- Heublumenpackungen oder feuchtwarme Leibwickel beruhigen den Darm.

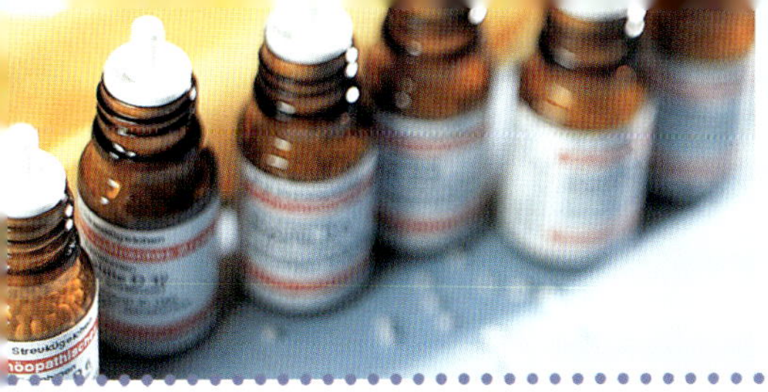

Ernährungsempfehlungen

Zu Beginn möglichst nichts essen, nur viel trinken; wenn der Durchfall gestoppt ist, Darm-Diät (siehe Seite 174)

Weitere Therapien beim Heilpraktiker oder Naturheilarzt

Chronische Durchfallerkrankungen unbedingt vom Arzt abklären lassen! Eigenbluttherapie, Akupunktur, Homöopathie, Nosodentherapie, Colon-Hydro-Therapie, Osteopathie
Störfelder: im Zahn-Kiefer-Bereich
Neuraltherapie: Stirnhöhlen, Kieferhöhlen, Tonsillen, Narben

Erkältungskrankheiten

Bei allen Infekten, Grippe, Erkältung oder Fieber ist die Steigerung der körpereigenen Abwehr eine wichtige Basis-Maßnahme. Zur Vorbeugung gegen Grippe und Erkältung kann man von Oktober an über den Winter abwehrsteigernde, pflanzliche Medikamente einnehmen.

Homöopathie

Aconitum C 30 wenn der Infekt beginnt, dabei Fieber, großer Durst;
Belladonna C 30 bei plötzlich ansteigendem Fieber, Kopf hochrot und Extremitäten kalt, wenig Durst, Kopfschmerzen;
Bryonia C 30 bei Infekt mit trockenem Husten;
Dulcamara D 30 bei Verkühlung durch Nässe

Heilpflanzen

Zur Stärkung des Immunsystems: Echinacea, Wasserdost, Taigawurzel, Wermut; 3-mal täglich 20 Tropfen, einzeln oder als Mischung, vor dem Essen in etwas Wasser einnehmen. Viele Immunstimulanzien gibt es auch als Fertigpräparate in der Apotheke.
Tee-Rezept: Holunder- und Lindenblüten zu gleichen Teilen mischen, 2 TL mit einer Tasse kochendem Wasser übergießen, 10 Minuten ziehen lassen; mehrmals täglich eine Tasse trinken.

Ernährungsempfehlungen

Während eines Infektes auch auf die Ernährung achten, am besten einige Tage Darm-Diät (siehe Seite 174)

Weitere Therapien beim Heilpraktiker oder Naturheilarzt

Eigenbluttherapie, Nosodentherapie, Enzymtherapie, hochdosierte Vitamin-Infusionen, Orthomolekulare Medizin, Colon-Hydro-Therapie, Akupunktur.

WAS SONST NOCH HILFT:

- Hagebutten, Sanddorn, schwarze Johannisbeeren enthalten viel Vitamin C: am besten als Saft bei beginnenden Erkältungen trinken.
- Kapuzinerkresse hat eine antibakterielle Wirkung: täglich zur Vorbeugung 1 Blatt oder 1 Blüte essen (schmeckt wie Meerrettich).
- Um das Fieber zu senken empfehle ich Wadenwickel (Seite 186) und Einläufe (Seite 180).
- Meine Großmutter kochte bei grippalen Infekten eine Suppe aus 1 Suppenhuhn und Suppengrün, die möglichst heiß gegessen werden musste. Jetzt haben Untersuchungen die anti-entzündliche Wirkung von Hühnersuppe gegen Infekte der oberen Atemwege nachgewiesen.
- Antioxidantien machen freie Radikale unschädlich (siehe Seite 44): z. B. Beta-Carotin, Vitamin A, C, E, B-Komplex, Zink, Chrom, Coenzym Q10, Omega-3-Fettsäuren.
- Die Abwehr unterstützen Aminosäuren wie Ornitin, Asparagin, Threonin.

Herpesinfektion

Brennende, juckende oder wunde Schmerzen können durch Herpes zoster und Herpes simplex Viren ausgelöst werden. Bekannt sind die unangenehmen Lippenbläschen, die meist nach einer Woche wieder abheilen. Schlimmer ist die sehr schmerzhafte Gürtelrose, die meist einseitig im Rumpfbereich, aber auch am ganzen Körper auftreten kann. Mittlerweile existieren auch Herpesviren, die sich nicht so markant auf der Haut zeigen und dadurch spät oder gar nicht erkannt werden. Ein Virusinfekt kann sich nur auf dem Boden eines geschwächten Immunsystems entwickeln. Gegen Viren gibt es so gut wie keine schulmedizinischen Medikamente (Antibiotika wirken hier nicht!). Umso wichtiger ist es, das Immunsystem zu stärken.

Bei Schmerzen die entsprechende Heilzone suchen und auch diese Maßnahmen durchführen.

Nosodentherapie

Im Fall einer Herpesinfektion wird die Homöopathie durch die Nosodentherapie ersetzt. Ich empfehle eine Mischung aus mehreren Herpes-Aufbereitungen:
Herpes zoster D 12, D 30, D 60, und D 200
Herpes simplex D 12, D 30, D 60 und D 200.
Es gibt Fertigprodukte mit diesen Potenzierungen als Ampullen in der Apotheke. Täglich eine Ampulle trinken. Eine weitere Ampulle in einen 1/2 Liter abgekochtes Wasser geben und damit mehrmals täglich die Schmerzstellen einreiben.

WAS SONST NOCH HILFT:

- **Bei starken Nervenschmerzen die Stelle mit Johanniskrautöl einreiben.**
- **Täglich mindestens 1000 mg Vitamin C, 500 mg Vitamin E, 500 mg L-Lysin (Aminosäure), außerdem Zink, Selen, Magnesium und Vitamin-B-Komplex einnehmen.**

Heilpflanzen

Bitterkräuter wie Wermut, Enzian, Schafgarbe, Löwenzahn, Engelswurz, Tausendgüldenkraut, Kalmus;
3-mal täglich 20 Tropfen, einzeln oder als Mischung, vor dem Essen in etwas Wasser einnehmen und die schmerzende Stelle einreiben.

Ernährungsempfehlungen

Darm-Diät (s. S. 174)

Weitere Therapien beim Heilpraktiker oder Naturheilarzt

Nosodentherapie, Eigenbluttherapie mit Nosoden, Colon-Hydro-Therapie, hochdosierte Vitamin-Infusionen, Orthomolekulare Medizin, Akupunktur, Enzymtherapie
Osteopathie: Häufig sind bei Herpesinfektionen ein oder mehrere Wirbel verschoben. Herpesviren »verstecken« sich gerne an diesen Stellen, weil hier die Energie nicht optimal fließt. Deshalb die Wirbelsäule überprüfen.

Nerven und Psyche

Nerven und Psyche sind in der heutigen Zeit mit einer permanenten Reizüberflutung belastet. Stress in der Schule, im Beruf, in der Familie können immer weniger abgebaut werden und führen auf die Dauer zu chronischen Erkrankungen. Viele Menschen glauben, mit Psychopharmaka Stress und Probleme besser bewältigen zu können. Dem ist aber nicht so: Meist wird alles nur unterdrückt und es kommt zu kei-

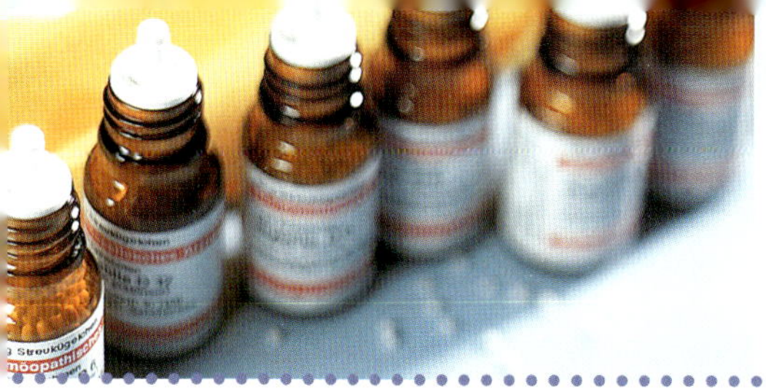

nen echten Problemlösungen. Dafür wird man sehr schnell abhängig von diesen Mitteln.

Naturheilverfahren versuchen ursächlich zu helfen und den betroffenen Menschen echte Lösungen anzubieten. Nur so kann mentale Kraft und Stärke entstehen, um mit den negativen Dingen, die das Leben mit sich bringt, umgehen zu können.

Homöopathie

Acidum phosph. D12 bei Müdigkeit, Schwäche, Schlaflosigkeit, Kummer;
Argentum nitricum D12 bei nervöser Unruhe, Kopfweh, Schwindel, Zittern;
Aurum D12 bei Reizbarkeit, Ruhebedürfnis;
Ignatia D30 bei großer Empfindlichkeit, Launenhaftigkeit, Kummer und Sorgen;
Lachesis D12 bei innerer Unruhe, Mutlosigkeit;
Natrium chloratum D12 bei Reizbarkeit, Mutlosigkeit, Herzklopfen;
Pulsatilla D12 bei Melancholie, Leiden um andere und um sich selbst;
Phosphorus D12 bei Apathie, Furcht, Erschöptung, Schwäche;
Sepia D12 bei großer körperlicher und geistiger Erschöpfung, Überforderung, Tränen fließen;
Staphysagria D12 bei Zerschlagenheit, tagsüber müde, nachts schlaflos, Empfindlichkeit, Zorn

Heilpflanzen

Johanniskraut, Baldrian, Passionsblume, Kava Kava, Melisse, Wanzenkraut, Ginsengwurzel, kalifornische Eschscholtzie, Pomeranzenschalen, Hafer, Lavendel;
3-mal täglich 20 Tropfen, einzeln oder als Mischung, vor dem Essen in etwas Wasser einnehmen.
Tee-Rezept: Nerventee, Leber-Galle-Tee (s. S. 171)

WAS SONST NOCH HILFT:

- Umstellung der Lebens- und Essgewohnheiten: biologische Nahrungsmittel, aber wenig Fleisch, Zucker, Weißmehl, Fett, Bohnenkaffee, Schwarzer Tee, Alkohol, Nikotin.
- Bewegung an der frischen Luft baut Stress ab.
- Autogenes Training, Meditation oder Gebet sollten einen festen Platz im Tagesablauf haben.
- Manche Traurigkeit oder depressive Verstimmung verfliegt durch eine Darmreinigung.

Ernährungsempfehlungen

Darm-Diät (s. S. 174)

Weitere Therapien beim Heilpraktiker oder Naturheilarzt

Atemtherapie, Kranio-Sakral-Therapie, Akupunktur, Yoga, Autogenes Training, Kinesiologie, Colon-Hydro-Therapie, Heilfasten, Familienaufstellung nach Hellinger

Schlaflosigkeit

Jeder dritte Deutsche klagt über gestörten Schlaf, fast 30% der Betroffenen schlucken Schlafmittel, könnten sich aber mit natürlichen Heilmitteln sehr viel besser helfen.

Die richtige Matratze und vor allem das richtige Kopfkissen sind für einen erholsamen Schlaf wichtig. Ich rate zu Kopfkissen mit Buchweizenfüllung, weil diese den Kopf kühlen. Ich empfehle, den Schlafplatz auf geopathische Störungen untersuchen zu lassen und alle Elektrogeräte aus dem Schlafzimmer zu entfernen.

Homöopathie

Coffea D30 bei Einschlafstörungen; Aconit D12 bei Schlaflosigkeit nach großen Aufregungen;

WAS SONST NOCH HILFT:

- Die letzte Mahlzeit sollte vor 18 Uhr sein, damit das Verdauungssystem nicht überlastet wird.
- Am Abend einen kleinen Verdauungsspaziergang machen.
- Magnesium phosphoricum D6 biochemisch: 10 Tabletten in einer Tasse Nerven- oder Leber-Galle-Tee vor dem Schlafen trinken.
- Von der Aminosäure Tryptophan 500–1000 mg 30 Minuten vor dem Schlafen einnehmen.
- Ein altes Hausmittel: mit warmen Socken und Handschuhen schlafen. Die Erklärung: Auf Füßen und Händen sind Reflexzonen aller Organe; sind die warm, schlafen Sie länger und tiefer.
- Vor dem Schlafen einen Heublumensack oder einen Leberwickel auflegen wirkt oft Wunder!
- Elektrische Heizdecken erzeugen ein störendes elektromagnetisches Feld. Deshalb lieber zur altbewährten Wärmflasche greifen.
- Interessant sind die nächtlichen Organ-Uhrzeiten. Wacht man immer zur selben Zeit auf, ist das ein Hinweis auf Störungen in diesem Organ: 23–1 Uhr Gallenblase, 1–3 Uhr Leber, 3–5 Uhr Lunge, 5–7 Uhr Dickdarm, 7–9 Uhr Magen.

Nux vomica D6 bei Überarbeitung und Genussmittelabusus; Sulfur D6 bei spätem Einschlafen und ständigem Aufwachen

Heilpflanzen

Baldrian, Passionsblume, Melisse, Hopfen, Hafer, Johanniskraut, Kava Kava;
3-mal täglich 20 Tropfen, einzeln oder als Mischung, vor dem Essen in etwas Wasser einnehmen. Von diesen Pflanzen gibt es auch gute Fertigpräparate.
Tee-Rezept: Nerven-Tee und Leber-Galle-Tee je eine Tasse abends (s. S. 171)

Bach-Blütentherapie

White Chestnut einnehmen

Weitere Therapien beim Heilpraktiker oder Naturheilarzt

Akupunktur, Homöosiniatrie, Nosodentherapie, Störfeldtherapie, Osteopathie, Neuraltherapie, Atemtherapie, Kranio-Sakral-Therapie, Autogenes Training

Thrombosegefahr beim Fliegen

In der heutigen Zeit gehört das Fliegen für viele Menschen zum Alltag, und längere Interkontinentalflüge sind ein Teil der normalen Urlaubsplanung. Durch das Stillsitzen über lange Zeit steigt aber die Gefahr einer Thrombose, auch »Touristenklasse-Syndrom« genannt.

Es gibt effektive naturheilkundliche Möglichkeiten, diese Gefahr zu mindern und Flüge auch auf engem Raum ohne gesundheitlichen Schaden zu überstehen.

Vor dem Flug

Zwei Tage vor dem Flug nur noch leichte Kost essen, keinen Alkohol trinken und nicht rauchen.
Über den Tag verteilt insgesamt 2 Liter abgekochtes, warmes Wasser trinken.
Für Stuhlgang sorgen, bei Bedarf mit Einläufen oder abführendem Darm-Tee (Seite 171).
Folgende Mittel in der Apotheke besorgen und 2–3 Tage vor dem Flug und bis zu 2 Tage nach dem Flug täglich einnehmen:

- 3-mal täglich ein Venen- und Lymphmittel für die Durchblutung der Beine, das Rosskastanie und Steinklee enthält
- 3-mal täglich 3 Dragees Wobenzym $^{1}/_{2}$ Stunde vor den Mahlzeiten
- 1–2 Gramm Vitamin C
- 500 mg natürliches Vitamin E.

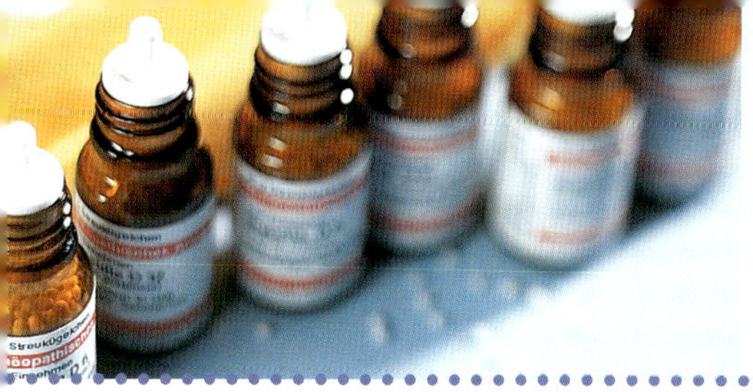

Sollten Sie bereits Venenbeschwerden haben, lassen Sie sich am Tag vor dem Flug von Ihrem Arzt eine Heparin-Injektion geben.

Am Morgen des Flugtages

Beine mit Thrombose-Salbe oder -Gel (mindestens 150 000 E.) einreiben.
Stützstrümpfe anziehen (gibt es in allen Farben für Männer und Frauen).
Folgende Heilmittel einnehmen:
- 10 Dragees Wobenzym
- 2 Tabletten Lachesis D8 lutschen
- 1 Gramm Vitamin C
- 500 mg natürliches Vitamin E.

Folgenden »Spezialtrunk« für den Flug vorbereiten und mit an Bord nehmen:
- 1 1/2 Liter stilles Mineralwasser in einer dunklen Flasche
- darin 6 Vitamin-C-Brausetabletten auflösen
- dazu 2 Esslöffel Bitterkräutertinktur
- dazu die Hälfte (=25 ml) der folgenden homöopathischen Mischung, die andere Hälfte für den Rückflug aufheben:
  10 g Arnica montana ∅/ 5 g Apis mellifica D8/ 5 g Echinacea angustifolia ∅/ 5 g Calendula officinalis/ 10 g Pulsatilla pratensis D4/ 10 g Hamamelis virginiana D2.

Während des Fluges

Während der ganzen Flugzeit immer wieder aus der Flasche mit dem »Spezialtrunk« trinken. Im Flugzeug wenig essen, vor allem keinen Alkohol und keinen Kaffee trinken und nicht rauchen. Zwischendurch 2 Dragees Wobenzym mit reichlich Wasser einnehmen und 2 Tabletten Lachesis D8 lutschen. Öfter aufstehen und auf- und abgehen; wenn das nicht möglich ist, wenigstens hinstellen und auf der Stelle treten. Im Flugzeug Gymnastik machen, jede Übung mehrmals wiederholen:
- Füße nach innen und außen rotieren
- von der Ferse auf die Zehen und zurück
- Füße erst zum seitlichen Rand kippen, dann zum inneren Rand
- Oberschenkel anspannen und loslassen
- Hände nach außen und innen kreisen, mit dem ganzen Arm rotieren.

Wenn Sie diesen Anregungen folgen, sollten Sie frisch und munter am Ziel ankommen!

Verstopfung

Viele Menschen haben Schreibtischberufe und bewegen sich zuwenig, daher ist Verstopfung ein häufiges Problem. Abführmittel sind keine Lösung, denn sie schädigen die Darmschleimhaut und die Darmflora. Bewegung und Ernährungsumstellung sind daher die wichtigsten Maßnahmen gegen Obstipation.

Faserreiche Kost wie Gemüse, Salat und Obst regen die Darmtätigkeit an. Wichtig ist aber, Rohkost nicht abends zu essen, denn sie wird nicht mehr gut verdaut und im ungünstigsten Fall zu Fuselalkohol vergoren, der nachts die Verdauungsorgane belastet. Also am besten morgens Obst, mittags Salat und Rohkost und abends gekochtes Gemüse essen. Weißmehlprodukte und Süßigkeiten ganz meiden.

Die beste Behandlung einer chronischen Verstopfung ist meiner Erfahrung nach eine Serie von Colon-Hydro-Therapien oder Einläufen mit anschließender Darmsymbioselenkung.

Homöopathie

Alumina D6 bei trockenem, festem Stuhl; Nux vomica D6 bei vergeblichem Stuhldrang, Verkrampfung, Reizbarkeit, Verlangen nach Genussmitteln; Opium D6 bei Erschlaffung der Darmmuskulatur, z.B. nach Operationen und Bettlägerigkeit; Silicea D6 wenn der Stuhl nur teilweise austritt und wieder zurückgleitet; Neigung zu Kopf- und Fußschweiß; Sulfur D6 bei hartem, trockenem Stuhl, Afterbrennen

Heilpflanzen

Gegen Verstopfung: Sennesblätter, Aloe, Faulbaumrinde, Rhabarberwurzel, Leinsamen, Flohsamen;
für den Darm: Bitterkräuter wie Enzian, Tausendgüldenkraut, Schafgarbe, Kalmus, Wermut, Engelswurz, Löwenzahn, Condurango-Rinde;
3-mal täglich 20 Tropfen, einzeln oder als Mischung, vor dem Essen in etwas Wasser einnehmen.
Tee-Rezept: Darm-Tee abführend und Vier-Winde-Tee (s. S. 171)

Ernährungsempfehlungen

Darm-Diät, Heilfasten, F.-X.-Mayr-Kur (siehe Seite 174)

WAS SONST NOCH HILFT:

- Morgendliche Bauchmassage: erst 3 Minuten kleine Kreise um den Nabel, danach 5 Minuten große Kreise im Uhrzeigersinn auf dem Bauch.
- Wichtig ist tägliche Bewegung: Spazierengehen, Radfahren, Walking, Joggen.
- Psychisch gesehen hat eine Verstopfung oft etwas mit »nicht-loslassen-können« zu tun.
- Gesunde Darmbakterien (aus der Apotheke) und Pankreas-Enzyme zur besseren Verdauung zum Essen einnehmen.
- Viel trinken, damit der Darminhalt weich bleibt; am besten morgens 1–2 Liter Wasser abkochen und über den Tag verteilt warm trinken.

Weitere Therapien beim Heilpraktiker oder Naturheilarzt

Colon-Hydro-Therapie, Eigenbluttherapie, Akupunktur, Homöopathie, Nosodentherapie, Atemtherapie, Osteopathie, Autogenes Training
Störfelder: im Zahn-Kiefer-Bereich
Neuraltherapie: Stirnhöhlen, Nebenhöhlen, Tonsillen, Narben

Wechseljahresbeschwerden

Klimakterium, Menopause, Wechsel – es gibt verschiedene Ausdrücke für ein Beschwerdebild, mit dem Frauen um das fünfzigste Lebensjahr früher oder später konfrontiert werden. Die natürliche Menopause findet bei den meisten Frauen im Alter von 45–55 Jahren statt.

Mit zunehmendem Alter werden weniger Sexualhormone produziert, die Zyklen werden kürzer und unregelmäßiger, die Eisprünge seltener. Die Wechseljahre werden von den Frauen sehr unterschiedlich erlebt, sie können sich ohne Symptome oder mit starken Beschwerden vollziehen. Typische Beschwerden sind Hitzewallungen, Ermüdbarkeit, Reizbarkeit, Schlaflosigkeit, Herzbeschwerden, Osteoporose und Blasenschwäche. Die Schulmedizin greift in den Umwandlungsprozess mit Hormonen ein, und es gehört zum Alltagsbild in der Praxis, dass Frauen um die 50 das durchsichtige, runde Hormon-Pflaster auf der Hüfte tragen. Es gibt aber mittlerweile viele Untersuchungen, die beweisen, dass die Hormontherapie auch eine Krebsgefahr bedeutet.

Wie erfreulich, dass die Naturheilkunde sanfte und trotzdem wirkungsvolle Therapieverfahren zur Verfügung hat, die in den gesamten Themenkreis harmonisierend eingreifen.

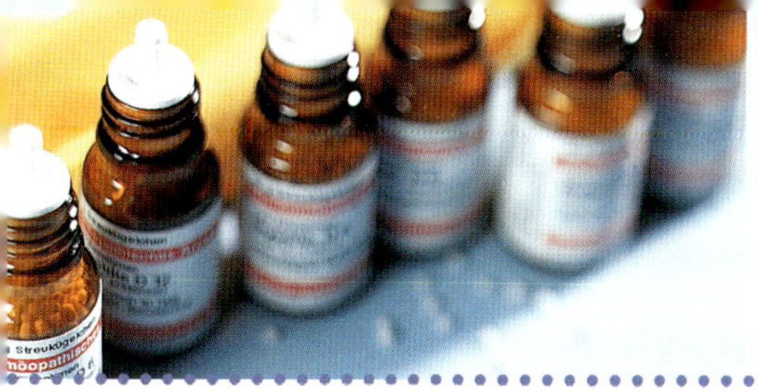

Ohrzonen

Tor der Götter, Gebärmutterzone, Blasen-Nieren-Zone, Herzzone mit getränktem Wattestäbchen kreisend einreiben

Homöopathie

Lachesis D6 bei Hitzewallungen, heißer Haut, Beklemmungsgefühl;
Belladonna D6 bei dampfendem Schweiß, hochrotem Kopf, klopfendem Kopfschmerz;
Pulsatilla D6 bei sehr unregelmäßiger Periode, Hitzewallungen, Depressionen, Weinerlichkeit;
Sulfur D6 bei trockenen Hitzewallungen, Durst, Brennen auf der Haut;
Acidum sulfuricum D6 bei Hitzewallungen mit Erschöpfung, kaltem Schweiß, rheumatischen Beschwerden;
Strontium carbonicum D12 und Phosphor D6 zur Vorbeugung gegen Osteoporose

Heilpflanzen

Das wichtigste pflanzliche Mittel ist Cimicifuga racemosa, die Schlangenwurz oder Traubensilberkerze. Sie enthält ein Pflanzenhormon mit östrogenähnlicher Wirkung. Es gibt mehrere Fertigpräparate.
Gegen Depressionen: Johanniskraut, Kava Kava, Passionsblume, Hopfen;
3-mal täglich 20 Tropfen, einzeln oder als Mischung, vor dem Essen in etwas Wasser einnehmen.
Tee-Rezept: Frauenmantel-Tee, Herz-Tee, Leber-Galle-Tee, Nieren-Blasen-Tee (s. S. 171)

Bach-Blütentherapie

Mustard, Scleranthus und Honeysuckle

Ernährungsempfehlungen

Zur Vorbeugung gegen Osteoporose: gesunde, ausgewogene Vollwerternährung, wenig Süßigkeiten, statt der häufig empfohlenen Kuhmilch besser Schaf- und Ziegenmilchprodukte, Darm-Diät, F.-X.-Mayr-Kur (s. S. 174)

Weitere Therapien beim Heilpraktiker oder Naturheilarzt

Akupunktur, Homöosiniatrie, Nosodentherapie, Atemtherapie, Kinesiologie, Osteophonie, Eigenbluttherapie, Colon-Hydro-Therapie mit anschließender Darmsymbioselenkung, Osteopathie, Störfelder
Neuraltherapie: Stirnhöhlen, Kieferhöhlen, Tonsillen, Narben, Unterleib

WAS SONST NOCH HILFT:

- Beckenbodengymnastik gegen Blasenschwäche und das Absinken der Unterleibsorgane.
- Bei Hitzewallungen: Kleidung nur aus Naturfasern wie Baumwolle, Seide, Wolle.
- Bei häufigem Schwitzen: tägliche Wechselduschen, 2-mal wöchentlich Sauna.
- Autogenes Training schafft innere Ruhe.
- Wichtig zur Osteoporose-Vorbeugung ist ein gut funktionierender Darm, damit Kalzium und Vitamin D aufgenommen werden können. Daher sind zu empfehlen: regelmäßige Darmreinigung, F.-X.-Mayr-Kur (siehe Seite 180)
- Maßvolle Sonnenbäder regen die körpereigene Vitamin-D-Produktion an.
- Die beste und einfachste Art, sich vor Osteoporose zu schützen, ist, die Knochen durch regelmäßige Bewegung wie Spaziergänge, Radfahren, Gymnastik, Yogaübungen fit zu halten.
- Sehr bewährt hat sich die Biochemie nach Dr. Schüssler: Calcium phosphoricum D6, Calcium fluoratum D6, Silicea D6: Je 10 Tabletten in einem Liter Frauen-Tee (siehe Seite 172) auflösen und über den Tag verteilt trinken.

4

Praktische Selbsthilfe

- MERIDIANMASSAGE
- MERIDIANGYMNASTIK
- OHRZONEN-MASSAGE
- HOMÖOPATHIE ANWENDEN
- BACH-BLÜTEN ANWENDEN
- HEILPFLANZEN ANWENDEN
- ERNÄHRUNGSEMPFEHLUNGEN
- WASSERANWENDUNGEN

Meridianmassage

Nach Auffassung der Chinesischen Medizin fließt die Lebensenergie Qi in Leitbahnen – den Meridianen – durch den Körper. Bei Schmerzen, Entzündungen oder Bewegungseinschränkungen ist der Energiefluss in einem oder mehreren der Meridiane gestört. Die Meridianmassage hilft, Blockaden in der betroffenen Körperzone aufzulösen.

DER DOPPELTE HEILEFFEKT

Die wichtigste äußerliche Anwendung der Heilzonen-Therapie ist die Meridianmassage. Dabei reiben Sie den schmerzenden Bereich im Meridianverlauf mit homöopathischen Mitteln, Heilkräutertinkturen und Bach-Blüten ein. Sie erreichen damit eine zweifache Wirkung: Die Massage regt den Energiefluss in den Meridianen an, und gleichzeitig können die zur Einreibung verwendeten Mittel ihre Heilwirkung entfalten. So kommt es zu einer Potenzierung des Heileffektes.

So wird's gemacht

Geben Sie 10–20 Tropfen des empfohlenen Heilmittels in die Handfläche und massieren Sie die Flüssigkeit mit sanften bis kräftigen Auf- und Abwärtsstrichen zügig in die Haut ein. Folgen Sie dabei dem Verlauf des Meridians innerhalb der betroffenen Heilzone. Wiederholen Sie die Anwendung mehrmals täglich, bis eine Besserung eintritt, in akuten Fällen alle 10 Minuten.

Die folgenden Seiten sollen Ihnen bei der Orientierung helfen: Sie finden hier den Verlauf der zwei Hauptmeridiane und der zwölf Organmeridiane in Zeichnungen dargestellt.

Zentralgefäß

Das Zentralgefäß verläuft auf der Vorderseite genau auf der Körpermittellinie. Es beginnt am Schambein und hat seinen Endpunkt an der Unterlippe [1].

Lenkergefäß

Den entsprechenden Meridian auf dem Rücken bildet das Lenkergefäß. Es beginnt am Steißbein, verläuft über der Wirbelsäule, auf der Scheitellinie über den ganzen Kopf und endet an der Oberlippe [2].

Lungenmeridian

Die Organmeridiane verlaufen jeweils spiegelbildlich auf beiden Körperseiten. Der Einfachheit halber ist auf den folgenden Zeichnungen immer nur eine Körperseite dargestellt. So verläuft der Lungenmeridian auf beiden Arminnenseiten, er beginnt jeweils an der Schulter und endet am Daumen [3].

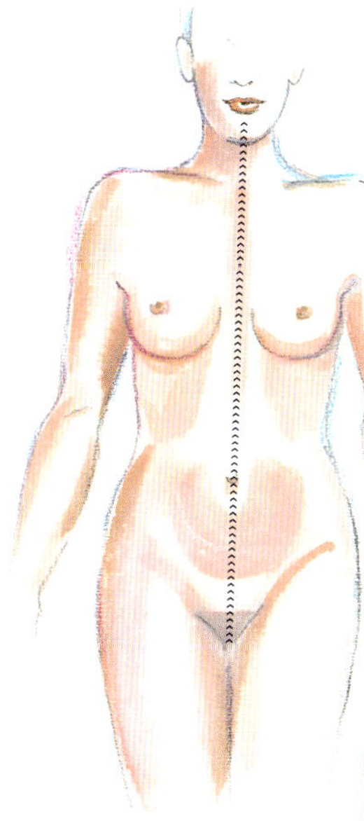

1

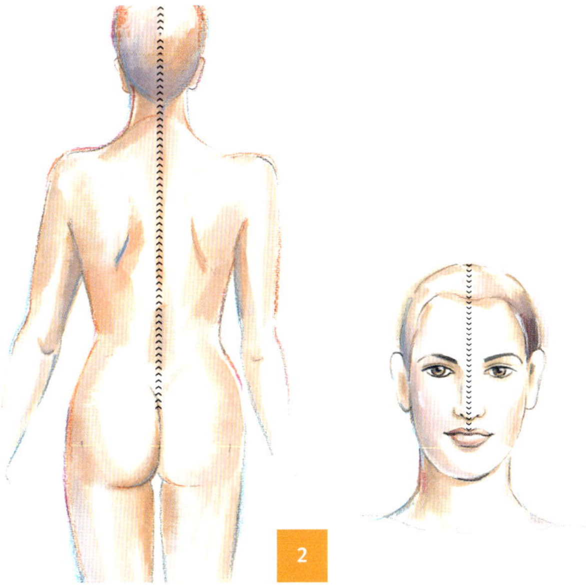

2

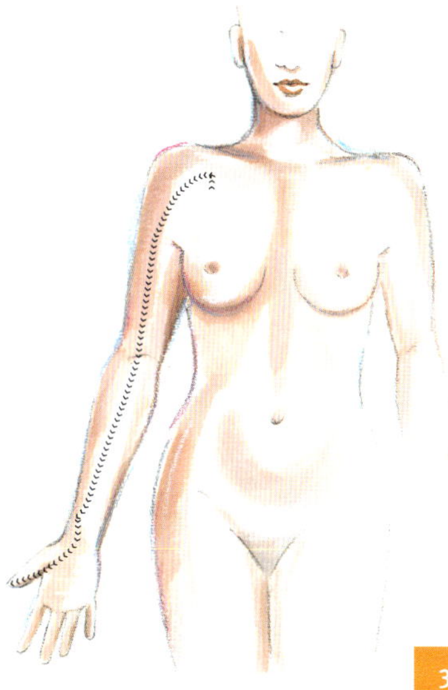

3

Meridianmassage

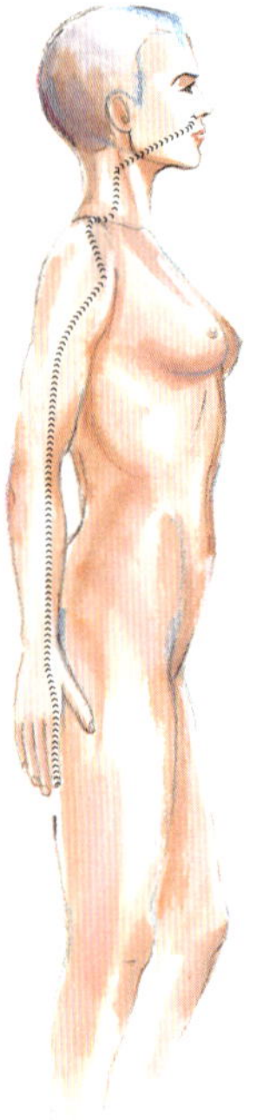

1

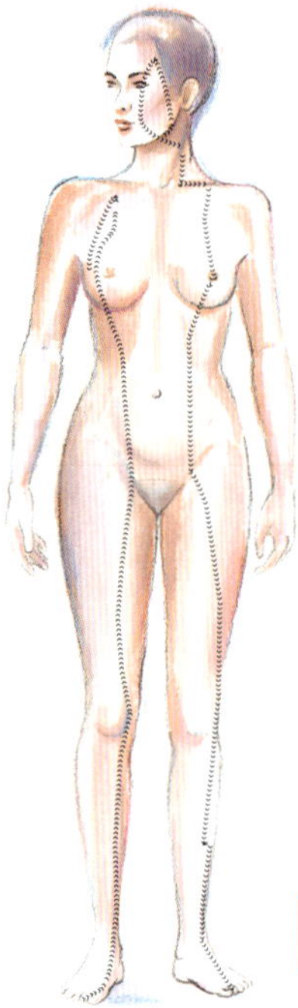

2

Dickdarmmeridian

Von der Spitze des Zeigefingers über die Armaußenseite, Schulter und Hals bis zum Gesicht verläuft der Dickdarmmeridian. Er endet am Nasenflügel [1].

Milz-Pankreas-Meridian und Magenmeridian

Auf der nebenstehenden Figur sind zwei Meridiane gleichzeitig dargestellt. Links im Bild der Milz-Pankreas-Meridian, der von der großen Zehe über Bein, Bauch und Brust bis zur Schulter verläuft und von dort aus unter der Achsel endet. Der Magenmeridian beginnt unter dem Auge, am Unterkiefer zweigt ein Seitenast zur Schläfe ab. Die Meridianlinie führt dann abwärts über Brust, Bauch und Bein und endet am 2. Zeh [2].

Herzmeridian

Der Herzmeridian verläuft auf den Innenseiten beider Arme. Der Anfangspunkt liegt in der Achselhöhle, der Endpunkt auf der Innenseite des kleinen Fingers [3].

Dünndarmmeridian

In der Gegenrichtung und auf der Außenseite des Arms verläuft der Dünndarmmeridian. Vom kleinen Finger über den Ellbogen führt er zur hinteren Schulter, macht dort einen Knick und geht weiter über Hals und Wange bis zum Ohr [4].

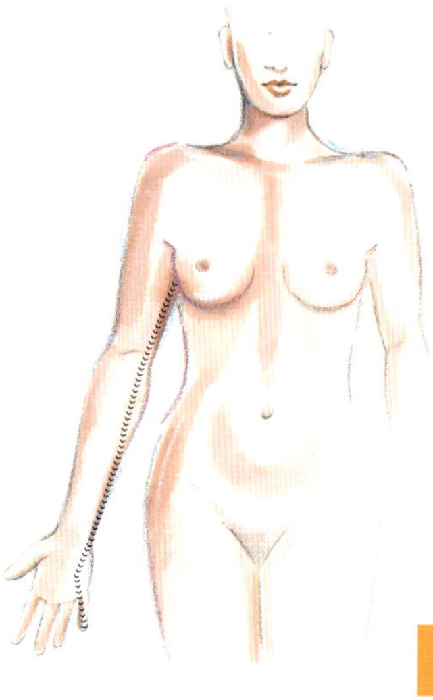

3

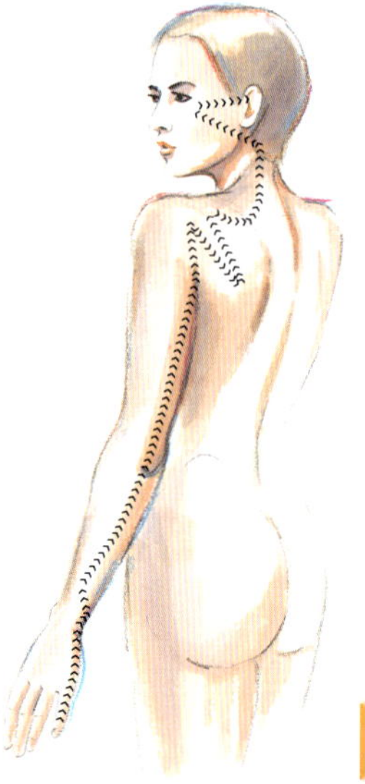

Blasenmeridian

Der Blasenmeridian ist der längste Meridian des Körpers. Er beginnt jeweils im rechten und linken Augenwinkel und verläuft über den Kopf bis zum Nacken. Dort teilt er sich in zwei Äste: Der eine verläuft direkt neben der Wirbelsäule, der andere etwas weiter außen. Unterhalb des Gesäßes treffen sie sich wieder, verlaufen an der Beinrückseite bis zur Ferse und an der Fußaußenseite entlang bis zum kleinen Zeh [1].

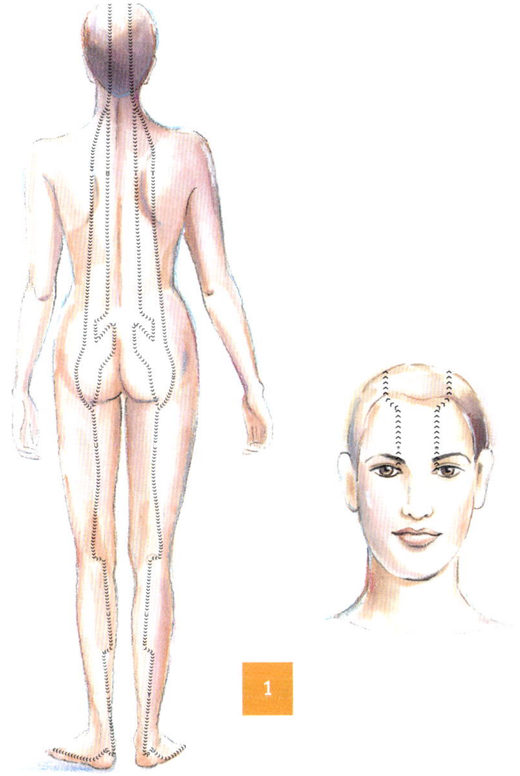

1

Nierenmeridian

In der Mitte der Fußsohle beginnt der Nierenmeridian. Er steigt an der Fußinnenseite nach oben und beschreibt einen Kreis um den Fußknöchel. Von dort geht es an der Beininnenseite gerade nach oben über Schambein, Bauch und Brust, wo er am Schlüsselbein endet [2].

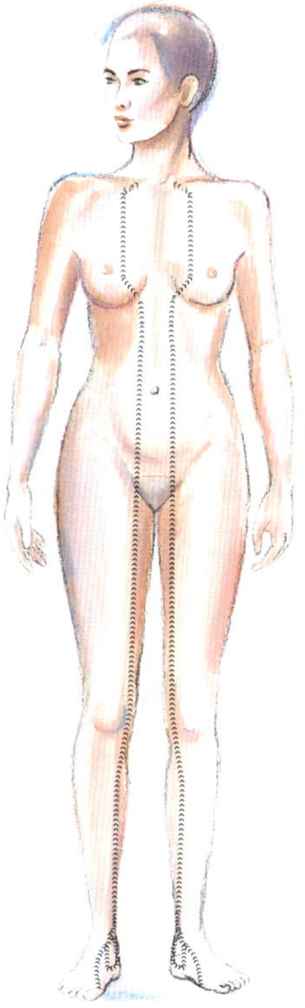

2

Meridianmassage

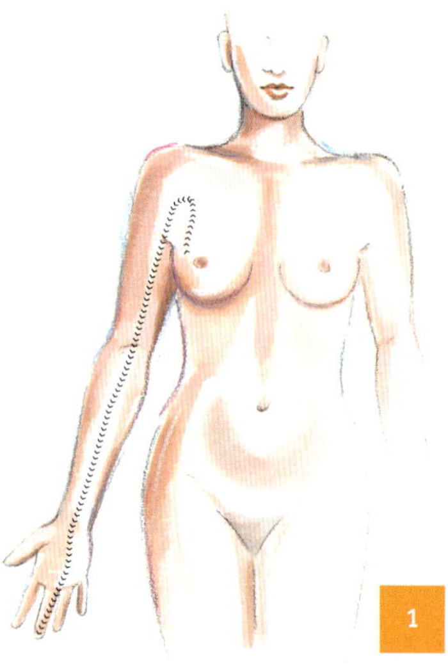

1

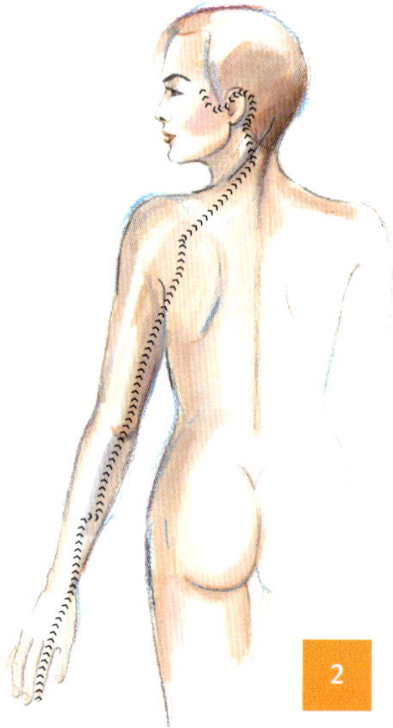

2

Kreislaufmeridian

Etwa auf der Höhe der Brustwarze beginnt der Kreislaufmeridian. Er macht dort einen Knick und läuft an der Arminnenseite bis zum Mittelfinger [1].

Dreifacher-Erwärmer-Meridian

Die Gegenrichtung nimmt der Dreifache-Erwärmer-Meridian: von der Außenseite des Ringfingers über Handrücken und Ellbogen zur äußeren Schulter. Von dort verläuft er weiter zum Ohr, um das Ohr herum und endet am äußeren Augenwinkel [2].

Gallenblasenmeridian

Der Gallenblasenmeridian beginnt am äußeren Augenwinkel und führt zunächst in drei Kurven über die Kopfseite. Von dort verläuft er über Hals und vordere Schulter in einigen Zacken abwärts, bleibt dabei aber stets an der Körperaußenseite. Sein Endpunkt liegt am 4. Zeh [3].

Lebermeridian

Auf der Innenseite des großen Zehs beginnt der Lebermeridian. Er führt über die Beininnenseite nach oben über den Bauch und endet kurz unterhalb der Brust [4].

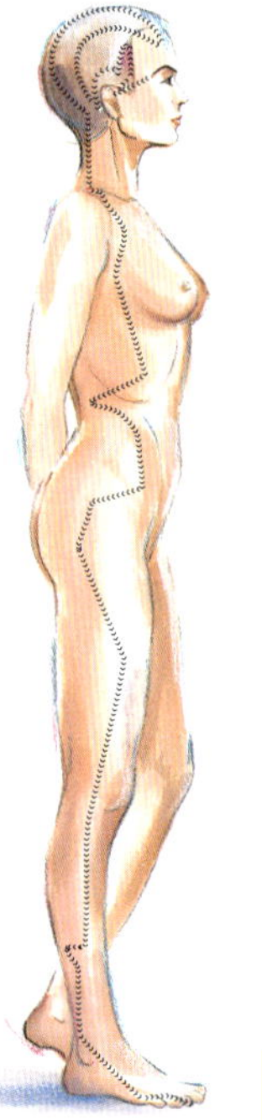

3

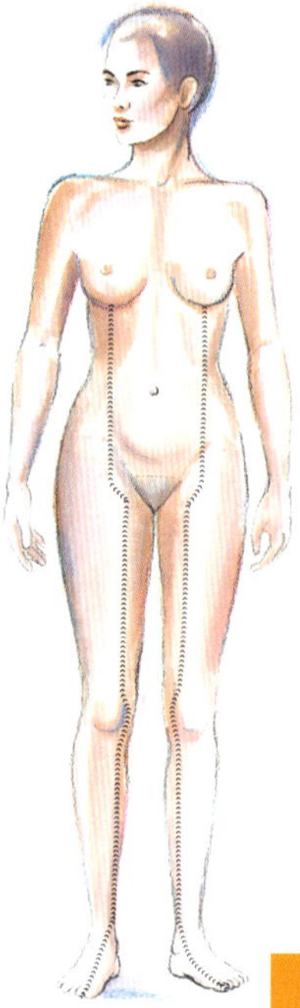

4

Meridiangymnastik

Besonders empfehlen möchte ich die Meridiangymnastik, die sich sehr gut zur Selbstbehandlung eignet. Überall, wo sich Energie im Meridiansystem staut, kommt es zu Gesundheitsstörungen. Die Meridiangymnastik zielt darauf ab, den gestörten Energiefluss (Qi) in den Leitbahnen anzuregen und so Energieblockaden wieder aufzulösen.

Fit durch den Tag

Alle Übungen regen den Energiefluss in den Meridianen an und sind daher bestens geeignet, um sich fit und vital zu halten. Machen Sie die Übungen 2-mal täglich; Sie können sie auch ohne konkrete Beschwerden täglich zur Vorbeugung und Anregung Ihres Qi durchführen.

DIE AUSGANGSPOSITION

Machen Sie die Übungen entspannt und ganz ohne Anstrengung. Achten Sie aber darauf, dass Ihre Muskulatur in eine angenehme Spannung kommt. Diese gesunde Spannkraft, auch Tonus genannt, ist notwendig, damit die Energie in den Meridianen in Bewegung kommen kann.

- Die Ausgangsposition für alle Übungen ist der aufrechte Stand mit schulterbreit voneinander entfernten Füßen.
- Achten Sie darauf, dass Sie die Knie nicht durchdrücken, da dies den Energiefluss hemmt, und machen Sie kein Hohlkreuz.
- Beginnen Sie jeweils mit der nachfolgenden Kinesiologie-Übung, die das Gehirn aktiviert und Rechts-links-Blockaden auflöst.

ÜBERKREUZBEWEGUNG ➤

Zur Einstimmung eine kleine Übung aus der Kinesiologie: Winkeln Sie Ihren rechten Arm an, so dass der Ellbogen zur Körpermitte zeigt. Heben Sie nun das linke Bein und führen das Knie nach rechts oben auf den Ellbogen zu [1]. Bleiben Sie möglichst aufrecht dabei. Drehen Sie sich in der Hüfte so weit, dass das Knie möglichst weit nach rechts kommt. Führen Sie das Bein wieder zurück zum Boden. Wechseln Sie dann die Seite und machen Sie die Übung mit dem linken Arm und dem rechten Bein [2].

Wiederholen Sie beide Übungen je 5-mal.

1

2

ÜBUNG FÜR DEN ZENTRALMERIDIAN

Legen Sie die Hände vor dem Schambein übereinander [1]. Öffnen Sie dann die Arme und führen Sie sie vor dem Körper seitlich nach oben, so dass sie wie ein großes »V« gestreckt sind. Die Handflächen zeigen dabei nach vorne [2]. Halten Sie einen Augenblick inne und führen Sie dann die Arme wieder nach unten zurück.

Wiederholen Sie diese Bewegung 5-mal.

ÜBUNG FÜR DAS LENKERGEFÄSS

Legen Sie die Hände übereinander auf den Rücken, etwa in der Höhe der Taille, so dass die Handflächen nach hinten außen zeigen. Halten Sie sich dabei gerade. Nun drücken Sie Ihre Ellbogen so weit wie möglich nach vorne [1] und gleich darauf in die Gegenrichtung so weit wie möglich nach hinten [2].

Wiederholen Sie diese Bewegung 5-mal.

1

2

ÜBUNG FÜR DEN LUNGENMERIDIAN

Stehen Sie gerade mit herabhängenden Armen [1]. Heben Sie die Arme seitlich nach oben, so dass sie eine gerade Linie mit den Schultern bilden. Die Handflächen zeigen nach unten. Führen Sie dann die Arme wieder nach unten zurück [2].

Wiederholen Sie diese Bewegung 5-mal.

ÜBUNG FÜR DEN DICKDARMMERIDIAN

Verlagern Sie Ihr Gewicht auf das linke Bein. Heben Sie das rechte Bein etwas vom Boden ab und drehen Sie den Fuß einwärts (in Richtung Großzehe) [1]. Bewegen Sie das ganze rechte Bein ausgestreckt diagonal nach seitlich vorn (etwa 45°) und wieder zurück [2].

Wiederholen Sie diese Bewegung 5-mal und wechseln Sie dann das Bein.

1

2

Meridiangymnastik

ÜBUNG FÜR DEN MAGENMERIDIAN

Heben Sie beide Arme vor dem Körper nach oben bis auf Schulterhöhe. Drehen Sie die Daumen nach unten, so dass die Handrücken zueinander zeigen [**1**]. Führen Sie nun die gestreckten Arme schräg nach unten, bis die Hände auf Hüfthöhe neben dem Körper sind [**2**].

Wiederholen Sie diese Bewegung 5-mal.

ÜBUNGEN FÜR DEN MILZ-PANKREAS-MERIDIAN

Für die Milz: Strecken Sie die Arme in Schulterhöhe seitlich aus und drehen Sie die Handflächen nach oben [**1**]. Von dort aus führen Sie die Arme über dem Kopf zusammen, bis die Handflächen parallel zueinander zeigen [**2**].

Wiederholen Sie diese Bewegung 5-mal.

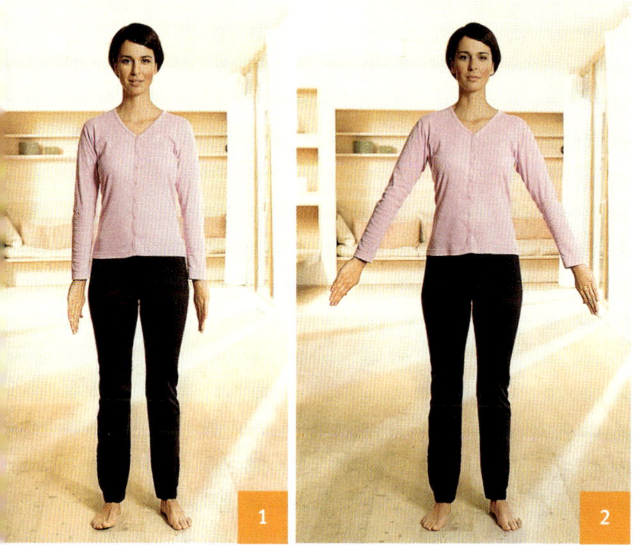

ÜBUNGEN FÜR DEN MILZ-PANKREAS-MERIDIAN

Für den Pankreas: Lassen Sie die Arme herabhängen und drehen Sie die Handflächen nach außen. Auf diese Weise liegen die Handrücken seitlich an den Oberschenkeln an, und die Daumen zeigen nach hinten [**1**]. Heben Sie nun in dieser Haltung die Arme etwas zur Seite (etwa 30°) und wieder zurück [**2**].

Wiederholen Sie diese Bewegung 5-mal.

ÜBUNG FÜR DEN HERZMERIDIAN

Heben Sie die Arme seitlich hoch bis auf Schulterhöhe. Belassen Sie die Oberarme in dieser Position und beugen Sie die Ellbogen nach oben, so dass sie einen rechten Winkel bilden, die Handflächen zeigen nach vorn [**1**]. Klappen Sie nun die Unterarme nach unten, so dass die Handflächen nach hinten zeigen [**2**].

Wiederholen Sie diese Auf-und-ab-Bewegung 5-mal.

ÜBUNG FÜR DEN DÜNNDARMMERIDIAN

Verlagern Sie das Gewicht auf das linke Bein. Heben Sie das rechte Knie an, bis der Oberschenkel waagerecht steht [**1**]. Legen Sie Ihre Hände übereinander auf den Oberschenkel und versuchen Sie das Bein mit beiden Händen nach unten zu drücken. Halten Sie mit Ihrem Bein von unten dagegen [**2**]. Wechseln Sie dann zum anderen Bein.

Wiederholen Sie diese Bewegung je 5-mal .

ÜBUNG FÜR DEN BLASENMERIDIAN

Verlagern Sie das Gewicht auf das linke Bein. Führen Sie das rechte Bein etwas nach vorne. Setzen Sie nun abwechselnd erst die Fußaußenkante [**1**], dann die Fußinnenkante auf dem Boden auf [**2**].

Wiederholen Sie diese Bewegung 5-mal und wechseln Sie dann das Bein.

ÜBUNG FÜR DEN NIERENMERIDIAN

Verlagern Sie das Gewicht auf das linke Bein. Strecken Sie den rechten Fuß nach vorn und drehen Sie die Fußspitze nach außen [**1**]. Schwingen Sie nun das rechte Bein von vorn nach hinten, wobei Sie den Fuß nach außen gedreht lassen [**2**].

Wiederholen Sie diese Bewegung 5-mal und wechseln Sie dann das Bein.

ÜBUNG FÜR DEN KREISLAUFMERIDIAN

Verlagern Sie das Gewicht auf das linke Bein und ziehen Sie den rechten Fuß etwas an [**1**]. Schwingen Sie dann mit dem rechten ausgestreckten Bein zur Seite und wieder zur Mitte zurück [**2**].

Wiederholen Sie diese Bewegung 5-mal und wechseln Sie dann das Bein.

ÜBUNG FÜR DEN DREIFACHEN-ERWÄRMER-MERIDIAN

Legen Sie die Hände auf dem Brustbein (bzw. über der Thymusdrüse) gekreuzt übereinander [**1**]. Öffnen Sie die Arme und führen Sie sie vor dem Körper weit nach oben und zur Seite, so dass die Handflächen nach vorne zeigen [**2**].

Wiederholen Sie diese Bewegung 5-mal.

ÜBUNG FÜR DEN GALLENBLASENMERIDIAN

Strecken Sie Ihre Arme gerade neben dem Körper aus, so dass die Handflächen nach hinten weisen [**1**]. Heben Sie nun die Arme nach vorne an bis zu einem Winkel von etwa 30° und führen Sie sie wieder zurück [**2**].

Wiederholen Sie diese Bewegung 5-mal.

ÜBUNG FÜR DEN LEBERMERIDIAN

Strecken Sie beide Arme auf Schulterhöhe parallel vor dem Körper aus. Die Handflächen zeigen dabei nach unten [**1**]. Führen Sie dann die gestreckten Arme nach seitlich-oben und drehen dabei die Handflächen nach hinten. Gehen Sie so weit nach oben, wie es Ihnen möglich ist [**2**].

Wiederholen Sie diese Bewegung 5-mal.

Die Übungen der Meridiangymnastik sind in jedem Lebensalter leicht und ohne große Anstrengung durchzuführen. Doch unterschätzen Sie nicht die Wirkung! Sie stimulieren damit gezielt die beiden Hauptmeridiane und die zwölf Organmeridiane des Körpers. Die Übungen wirken generell harmonisierend und anregend auf die Meridiane und damit auf die zugehörigen Organfunktionen. Auf diese Weise werden Heilvorgänge wesentlich unterstützt.

Auf den Heilzonen-Seiten in der Mitte des Buches sind zu jeder Heilzone die passenden Übungen angegeben. Führen Sie diese zur Linderung Ihrer Beschwerden mindestens 2-mal täglich durch. Bei einigen Übungen stehen Sie eine Zeit lang auf einem Bein: Wenn Ihr Gleichgewicht nicht so gut ist und Sie sich unsicher fühlen, können Sie sich dabei ohne weiteres mit einer Hand an der Wand abstützen.

Meine Tipps

- **Wenn Sie etwas zur Pflege Ihrer Gesundheit und zur Vorbeugung von Krankheiten tun wollen, dann empfehle ich Ihnen, jeden Morgen alle 16 Übungen der Meridiangymnastik hintereinander durchzuführen.**
- **Die Meridiane bilden im Körper ein Netzwerk, das heißt, sie stehen alle miteinander in Verbindung. Führen Sie die Übungen deshalb in der angegebenen Reihenfolge durch, da sie dem Energiekreislauf im Körper entspricht.**
- **Beginnen Sie mit der einstimmenden Kinesiologie-Übung und folgen Sie dann dem Kreislauf vom Lungen- bis zum Lebermeridian. Da jede Übung nur etwa 1 Minute dauert, brauchen Sie insgesamt etwa 15–20 Minuten Zeit.**

Ohrzonen-Massage

Alle Körperorgane stehen mit Reflexpunkten in der Ohrmuschel in Verbindung und können über sie behandelt werden. Das kann durch Akupunktur geschehen (siehe Seite 26) oder durch gezielte Massage der entsprechenden Punkte, die Ohrakupressur.

HEILUNG DURCH SANFTEN DRUCK

Eine Variante der Ohrakupressur empfehle ich immer wieder, weil sie sich hervorragend zur Selbstbehandlung eignet. Dabei verwenden Sie Wattestäbchen, um die Druckpunkte im Ohr möglichst genau zu treffen. Das Besondere ist, dass die Wattestäbchen zusätzlich mit Heilkräutertinktur, homöopathischen Tropfen oder Bach-Blüten getränkt sind.

Auf diese Weise ist ein doppelter Heileffekt möglich: Zum einen wirkt die Ohrmassage durch Nervenimpulse direkt auf das korrespondierende Körperorgan. Darüber hinaus können die zur Massage verwendeten Tinkturen ihre Heilwirkung entfalten.

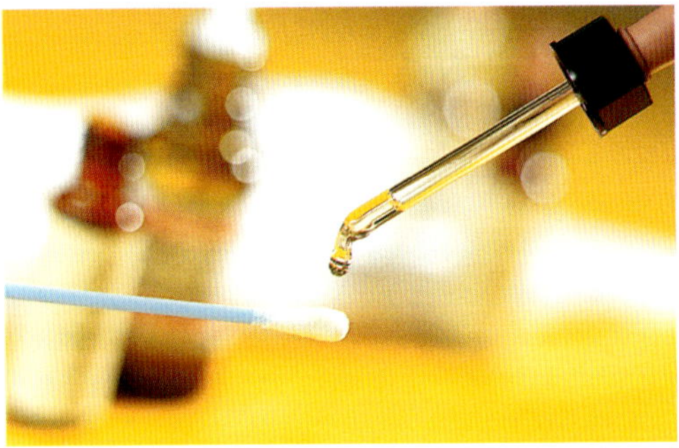

Tränken Sie ein Wattestäbchen mit einigen Tropfen Heilkräutertinktur, Bach-Blüten oder Homöopathikum.

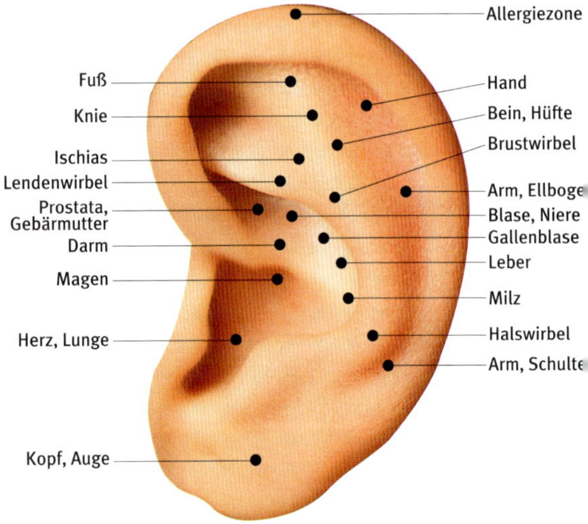

So wird's gemacht

Einige Ohrpunkte können Sie vielleicht selbst mit Hilfe eines Spiegels finden, die Anwendung der Ohrzonen-Massage lässt sich aber am besten mit einem Partner durchführen. Auf diese Weise ist sichergestellt, dass auch tatsächlich die richtigen Ohrpunkte aktiviert werden (siehe Darstellung oben und in der hinteren Buchklappe).

Tränken Sie ein Wattestäbchen mit einer oder mehreren der Heilkräutertinkturen, Bach-Blütenessenzen oder homöopathischen Tropfen, die in Ihrer Heilzonen-Beschreibung empfohlen werden. Ihr Partner führt das Wattestäbchen nun mit kreisenden Bewegungen etwa 1–2 Minuten über die betroffene Ohrzone. Sie können nach rechts oder links massieren. Probieren Sie aus, welche Richtung bei Ihnen besser wirkt. Wiederholen Sie die Massage mehrmals täglich, bis Ihre Beschwerden abgeklungen sind.

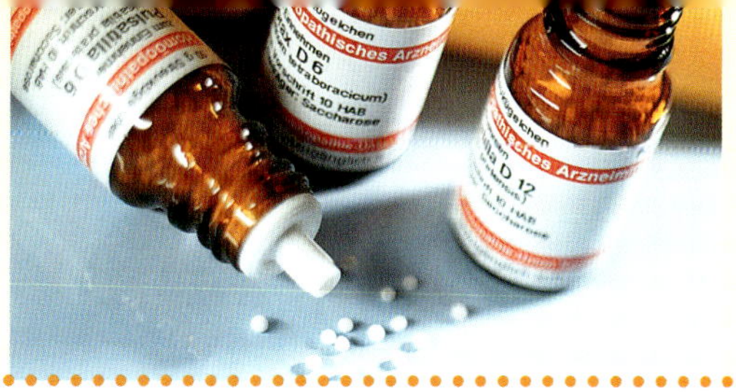

Homöopathie anwenden

Homöopathie ist für die Selbstbehandlung unter bestimmten Umständen geeignet (siehe auch Seite 28). Die Auswahl eines individuell passenden Mittels ist für den Heilerfolg von großer Bedeutung, was aber im Rahmen eines solchen Buches nicht einfach zu lösen ist. Ich erwähne daher ganz bewusst Mittel, die sich durch eine breit gefächerte Wirkung auszeichnen, um Ihnen möglichst umfassend zu helfen und Ihr Gesamtbefinden zu bessern.

Tabletten, Tropfen, Globuli

Für die Selbstbehandlung von akuten Krankheiten empfiehlt sich die Behandlung mit tiefen Potenzen, also etwa D4 bis D12. Dabei spielt es für den Heilerfolg keine Rolle, ob Sie sich für Globuli, Tabletten oder Tropfen entscheiden: Alle Arzneiformen eignen sich zur unverdünnten oder in Wasser verdünnten Einnahme. Ich persönlich gebe den Tropfen den Vorzug, weil sie in Dosierung und Handhabung besonders praktisch sind.

INNERLICHE ANWENDUNG

So wird's gemacht

- Geben Sie 5–10 Tropfen in ein $^1/_2$ Glas Wasser oder nehmen Sie sie mit einem Plastiklöffel unverdünnt ein. Ein Silberlöffel ist nicht geeignet, da Bestandteile des Metalls die Wirkung beeinflussen könnten. Behalten Sie jeden Schluck einen Augenblick im Mund.
- Die Tropfen enthalten Alkohol. Wer keinen Alkohol einnehmen möchte, kann ihn vorher entfernen: Geben Sie die Tropfen in eine Tasse mit warmem, abgekochtem Wasser und lassen Sie sie stehen, bis der Alkohol verdampft ist (etwa $^1/_2$ Stunde). Anschließend trinken Sie die ganze Tasse aus.
- Im akuten Fall wird ein homöopathisches Mittel alle 1 bis 2 Stunden, ansonsten 3-mal täglich eingenommen.
- Tritt eine spürbare Besserung ein, werden die zeitlichen Abstände der Einnahme vergrößert. Sie sollten das Mittel erst absetzen, wenn die Symptome ganz abgeklungen sind.

Meine Tipps

- **Für die Selbstbehandlung empfehle ich die Anwendung von tiefen Potenzen, also etwa D4 bis D12. Mittlere oder Hochpotenzen sollten Sie nur nach Absprache mit einem Homöopathen einnehmen.**
- **Verzichten Sie während der Behandlung auf Kaffee. Als so genanntes Antidot mindert Kaffee den therapeutischen Effekt von homöopathischen Mitteln.**
- **Aus dem gleichen Grund sollten Sie in dieser Zeit auch auf eine Therapie mit ätherischen Ölen verzichten.**
- **Es ist besser, vor und nach der Einnahme eines Homöopathikums für etwa 15 Minuten weder zu essen noch zu trinken.**

Homöopathie anwenden

Nehmen Sie 5–10 homöopathische Tropfen unverdünnt ein, am besten mit einem Plastiklöffel.

Hält das Krankheitsgefühl jedoch weiterhin unvermindert an oder kehren die Beschwerden nach einer anfänglichen Linderung zurück, ist das Mittel falsch gewählt worden, und es muss nach einer anderen Arznei gesucht werden, die dem Beschwerdebild mehr entspricht.

Ich habe für dieses Buch homöopathische Mittel ausgewählt, die sehr viele Beschwerden abdecken. Trotzdem gibt es immer wieder besondere Symptome, die ein spezielles Mittel erfordern, das in meinem Buch nicht erwähnt ist. In diesem Fall ist es ratsam, einen Homöopathen aufzusuchen.

ÄUSSERLICHE ANWENDUNG

Üblicherweise werden Homöopathika innerlich angewandt, sie können jedoch auch als Einreibungen zum Einsatz kommen und damit direkt auf die schmerzende Körperregion bzw. auf den Meridianverlauf einwirken, der von einer energetischen Störung betroffen ist.

Für diese Anwendungsart sind Tropfen naturgemäß am besten geeignet. Lesen Sie dazu auch die Abschnitte über Meridianmassage (Seite 152) und Ohrzonen-Massage (Seite 166).

So wird's gemacht

- Wird ein Homöopathikum für die Meridianmassage eingerieben, werden die Tropfen unverdünnt angewandt.
- Geben Sie 10–20 Tropfen in die Handfläche und massieren Sie das Mittel mit den Fingerspitzen oder der ganzen Hand mit sanftem Druck in Auf- und Abwärtsstrichen in die Haut ein. Achten Sie dabei auf den Verlauf des Meridians in der Heilzone.

DIE HOMÖOPATHISCHE TASCHENAPOTHEKE

Viele interessierte Laien verfügen inzwischen über eine kleine homöopathische Taschenapotheke. Sie enthält 32 häufige Mittel, meist in Form von Globuli mit den Potenzen D30 oder C30. Wenn Sie sie für die Anwendung im Rahmen der Heilzonen-Therapie nutzen möchten, empfehle ich folgende Anwendung.

So wird's gemacht

- Lösen Sie als Tagesdosis 10 Globuli in der Potenz D30 oder C30 in $^1/_4$ Liter abgekochtem Wasser auf.

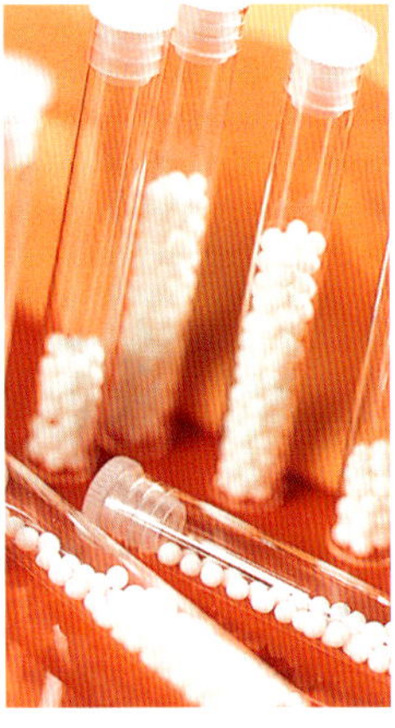

- Nehmen Sie davon 3-mal täglich einen Schluck vor dem Essen ein. Behalten Sie die Flüssigkeit kurz im Mund, bevor Sie sie schlucken.
- Der Rest der Flüssigkeit wird zur äußeren Meridian- und Ohrzonen-Massage genutzt, wie oben beschrieben.

Bach-Blüten anwenden

Bach-Blüten behandeln den Seelenzustand eines Menschen, wirken aber indirekt auch auf den Körper. Denn da negative Gedanken und Gefühle Krankheiten begünstigen, bewirkt eine positive Veränderung des Gemütszustands auch eine Linderung der körperlichen Beschwerden.

Die Seelenblüten

Zu jeder Heilzone empfehle ich einige Bach-Blüten, die in ihrem Seelen-Potenzial zu dem betreffenden Meridian und den ihm zugeordneten Gemütszuständen passen (siehe auch Seite 37). Die Bach-Blüten sind außerdem so gewählt, dass sie die Beschwerden, die typischerweise in dieser Heilzone auftreten, durch ihre positive Heilwirkung ausgleichen und harmonisieren können.

IHRE PERSÖNLICHE BLÜTENMISCHUNG

In der Bach-Blütentherapie ist es üblich, mehrere Blütenessenzen gleichzeitig zur Behandlung einzusetzen. Zu diesem Zweck stellt man sich zunächst eine Vorratsflasche für den Eigengebrauch her, in der die Essenzen nochmals verdünnt und gemischt werden.

So wird's gemacht

- Füllen Sie eine dunkle Flasche (in der Apotheke erhältlich), in die ungefähr 30 ml Flüssigkeit passt, zu $^3/_4$ mit Wasser und zu $^1/_4$ mit etwa 45%igem Alkohol, z. B. Obstler.
- Wer Alkohol vermeiden möchte, kann zur Konservierung auch Obstessig verwenden, z. B. Himbeer- oder Apfelessig.
- Fügen Sie nun aus den Bach-Blüten-Fläschchen Ihrer Wahl jeweils 2 Tropfen hinzu.
- Dann verschütteln Sie die geschlossene Flasche etwa 24-mal. Dadurch wird das energetische Potenzial der Blütenessenz an die Trägerflüssigkeit weitergegeben.

INNERLICHE ANWENDUNG

- Nehmen Sie aus der Vorratsflasche 4-mal täglich 4 Tropfen unverdünnt oder in einem $^1/_2$ Glas Wasser ein, bei akuten Beschwerden alle 15 Minuten jeweils 4 Tropfen.

ÄUSSERLICHE ANWENDUNG

Auch die Bach-Blütenessenzen eignen sich sehr gut zur Meridianmassage (Seite 152).

- Geben Sie aus der Vorratsflasche 4 Tropfen auf die Handfläche und massieren Sie das Mittel mit sanften bis kräftigen Auf- und Abwärtsstrichen zügig in die Haut ein.

Mit wenig Aufwand können Sie sich Ihre individuelle Blütenmischung selbst herstellen.

Heilpflanzen anwenden

Bei der heutigen Anwendung von Heilpflanzen macht man sich altüberliefertes Heilwissen und moderne Phytotherapie gleichermaßen zunutze. Die von mir empfohlenen Heilkräutertees und Heilkräutertinkturen haben sich zur Behandlung einer Vielzahl von Beschwerden seit langem bewährt und eignen sich ausnahmslos zur Selbstbehandlung.

Heiltees

Die seit Jahrhunderten gepflegte Tradition, Kräutertees zur Linderung und Heilung von Erkrankungen einzusetzen, erfreut sich neuerdings wieder großer Beliebtheit. Durch ihre medizinisch wirksamen Inhaltsstoffe gehören Heilkräuter zu den natürlichen Arzneimitteln und sind deshalb in der Apotheke erhältlich. Am besten bitten Sie Ihren Apotheker, Ihnen die angegebenen Teemischungen zusammenzustellen, dann können Sie sicher sein, dass es die richtigen Pflanzenteile sind und es sich um frische Ware ohne Schadstoffbelastung handelt.

DIE TEE-REZEPTE

Es gibt verschiedene Möglichkeiten, Tees zuzubereiten: Ob Aufguss, Abkochung oder Kaltauszug hängt meist davon ab, welche Pflanzenteile man verwendet, also ob es sich um Blätter, Blüten, Kraut, Samen oder Wurzeln handelt.

Da die hier empfohlenen Tees allesamt Mischungen sind, habe ich der Einfachheit halber ein Aufgussrezept angegeben, das für alle Teemischungen anwendbar ist.

Den Teeaufguss 10 Minuten ziehen lassen und dann abseihen.

Nieren-Blasen-Tee

Goldrutenkraut	20 g
Schachtelhalm	20 g
Lindenblüten	20 g
Orthosiphonblätter	20 g
Birkenblätter	20 g

Zwei Teelöffel mit einer Tasse kochendem Wasser aufgießen, 10 Minuten ziehen lassen; 3-mal täglich eine Tasse trinken.

Magen-Tee

Angelikawurzel	20 g
Enzianwurzel	20 g
Fenchelfrüchte	20 g
Gänsefingerkraut	20 g
Schafgarbenkraut	20 g

Zwei Teelöffel mit einer Tasse kochendem Wasser aufgießen, 10 Minuten ziehen lassen; 3-mal täglich eine Tasse trinken.

Darm-Tee

Kümmelfrüchte	20 g
Fenchelfrüchte	20 g
Pfefferminzblätter	20 g
Kalmuswurzel	20 g
Tausendgüldenkraut	20 g

Alle Kräutermischungen können Sie sich in der Apotheke oder einem Kräuterladen zusammenstellen lassen.

Zwei Teelöffel mit einer Tasse kochendem Wasser aufgießen, 10 Minuten ziehen lassen; 3-mal täglich eine Tasse trinken.

Darm-Tee abführend

Sennesblätter	20 g
Löwenzahnwurzel	20 g
Gänsefingerkraut	20 g
Pfefferminzblätter	20 g
Fenchelsamen	20 g

Zwei Teelöffel mit einer Tasse kochendem Wasser aufgießen, 10 Minuten ziehen lassen; 2-mal täglich eine Tasse trinken.

Vier-Winde-Tee bei Blähungen

Fenchelfrüchte	20 g
Kümmelfrüchte	20 g
Anisfrüchte	20 g
Pfefferminzblätter	20 g
Schafgarbenkraut	20 g

Zwei Teelöffel mit einer Tasse kochendem Wasser aufgießen, 10 Minuten ziehen lassen; 3-mal täglich eine Tasse trinken.

Leber-Galle-Tee

Löwenzahnwurzel mit -kraut	20 g
Mariendistelsamen	20 g
Boldoblätter	20 g
Pfefferminzblätter	20 g
Javanische Gelbwurz	20 g

Zwei Teelöffel mit einer Tasse kochendem Wasser aufgießen, 10 Minuten ziehen lassen; 3-mal täglich eine Tasse trinken.

Herz-Kreislauf-Tee

Weißdornblüten	20 g
Weißdornblätter	20 g
Melissenblätter	20 g
Löwenzahnwurzel mit -kraut	20 g
Mistelkraut	20 g

Zwei Teelöffel mit einer Tasse kochendem Wasser aufgießen, 10 Minuten ziehen lassen; 3-mal täglich eine Tasse trinken.

Lungen-Tee

Lungenkraut	20 g
Ehrenpreiskraut	20 g
Hagebutten	20 g
Spitzwegerichkraut	20 g
Ringelblumen	20 g

Zwei Teelöffel mit einer Tasse kochendem Wasser aufgießen, 10 Minuten ziehen lassen; 3-mal täglich eine Tasse trinken.

Nerven-Tee nach Apotheker Pelka

Melissenblätter	10 g
Kamillenblüten	0,5 g
Hopfenzapfen	8,0 g
Baldrianwurzel	12 g
Pfefferminzblätter	0,5 g
Salbeiblätter	5,0 g
Passionsblumenkraut	5 g
Haferstroh	10 g

Zwei Teelöffel mit einer Tasse kochendem Wasser aufgießen, 10 Minuten ziehen lassen; 3-mal täglich eine Tasse trinken.

Lymph-Tee

Wasserdost	20 g
Steinklee	20 g
Walnussblätter	20 g
Löwenzahn	20 g
Goldrute	20 g

Zwei Teelöffel mit einer Tasse kochendem Wasser aufgießen, 10 Minuten ziehen lassen; 3-mal täglich eine Tasse trinken.

Rheuma-Tee

Brennnesselkraut	20 g
Seifenkraut	20 g
Berberitzenrinde	20 g
Löwenzahnwurzel mit -kraut	20 g
Bittersüßstängelspitzen	20 g

Zwei Teelöffel mit einer Tasse kochendem Wasser aufgießen, 10 Minuten ziehen lassen; 3-mal täglich eine Tasse trinken.

Frauen-Tee

Schafgarbenkraut	20 g
Gänsefingerkraut	20 g
Löwenzahnwurzel mit -kraut	20 g
Ringelblumenblüten	20 g
Faulbaumrinde	20 g

Zwei Teelöffel mit einer Tasse kochendem Wasser aufgießen, 15 Minuten ziehen lassen; 2-mal täglich eine Tasse trinken.

Tinkturen sind Alkoholauszüge einer einzelnen Heilpflanze oder einer Mischung von mehreren Kräutern.

20 Tropfen der Heilkräutertinktur in ein Glas Wasser geben und langsam trinken.

Heilkräutertinkturen

Für Kräutertinkturen werden aus frischen oder getrockneten Pflanzenteilen Alkoholauszüge hergestellt, wodurch die wirksamen Inhaltsstoffe besonders gut erhalten bleiben.

Sie können aus den von mir empfohlenen Heilkräutertinkturen einzelne auswählen oder mehrere Tinkturen in Kombination anwenden. Bitten Sie Ihren Apotheker, dass er Ihnen nach Ihren Angaben eine Kräutertinkturmischung zusammenstellt.

Zudem gibt es Fertigarzneien, die viele der von mir empfohlenen Heilkräuter enthalten und sich ebenfalls zur Heilzonen-Behandlung eignen. Erkundigen Sie sich bei Ihrem Apotheker, welche Mittel zur Verfügung stehen.

INNERLICHE ANWENDUNG

So wird's gemacht

- Geben Sie 20 Tropfen der Heilkräutertinktur in $^1/_2$ Glas abgekochtes, abgekühltes Wasser.
- Nehmen Sie die Tropfen 3-mal täglich (im akuten Fall alle 10 Minuten) am besten vor den Mahlzeiten ein, bis eine spürbare Besserung Ihrer Beschwerden eintritt.
- Wer keinen Alkohol zu sich nehmen möchte, gibt die Tropfen in $^1/_2$ Glas warmes Wasser, so dass der Alkohol verdampfen kann, und trinkt erst nach etwa 30 Minuten.

Ihre persönliche Mischung

Für eine Behandlung mit mehreren Heilkräutern über längere Zeit können Sie sich auch selbst eine Vorratsmischung herstellen.

- Besorgen Sie sich in der Apotheke die einzelnen Heilkräutertinkturen und ein dunkles Fläschchen, das etwa 50 ml Flüssigkeit fasst.
- Geben Sie aus jedem der Tinkturfläschchen die gleiche Menge (etwa 10 ml) in die Vorratsflasche und schütteln Sie kräftig.
- Nehmen Sie von dieser Mischung wie oben angegeben jeweils 20 Tropfen in Wasser ein.

ÄUSSERLICHE ANWENDUNG

- Zur Einreibung der betroffenen Heilzone geben Sie 10–20 Tropfen unverdünnt in die Handfläche und massieren die Tinktur mit den Fingerspitzen oder der ganzen Hand mit sanften bis kräftigen Auf- und Abwärtsstrichen im Meridianverlauf zügig ein.
- Wenden Sie die Meridianmassage mehrmals täglich an, im akuten Fall alle 10 Minuten.

Massieren Sie die Heilkräutertinktur unverdünnt im Meridianverlauf in die Haut ein.

Ernährungsempfehlungen

Das Wort »Diät« kommt aus dem Griechischen und bedeutet nicht nur gesunde Ernährung, sondern auch gesunde Lebensweise. Die meisten verstehen unter Diät Abmagerungskuren verschiedenster Art, die man kurzfristig einhält, dann aber wieder zu alten Essensgewohnheiten zurückkehrt. Ich möchte Ihr Bewusstsein dafür stärken, dass Sie es durch die Art Ihrer Ernährung in der Hand haben, ob Sie Ihre Gesundheit fördern oder ihr schaden.

Man ist, was man isst

Die meisten Menschen essen zu schnell, zu viel, zu oft, zu spät und meist noch das Falsche! Paradoxerweise kommt es gerade in unserer heutigen Zeit mit ihrem Überangebot an Nahrungsmitteln immer häufiger zu schweren Ernährungsfehlern und den daraus resultierenden Krankheiten. Übergewicht, Rheuma, Gicht, Diabetes, Bluthochdruck, Herzerkrankungen, Verstopfung, Allergien, bis hin zum Krebs haben oft ihre Ursache in jahrelanger falscher Ernährung.

ERNÄHRUNG UND ENTGIFTUNG

Der gesunde Organismus hat die Fähigkeit, Nahrung aufzunehmen, sie in kleinste Bausteine zu zerlegen, über die Blut- und Lymphbahnen den jeweiligen Organsystemen zuzuführen und Energie daraus zu gewinnen. Die anfallenden Abbauprodukte werden gesammelt und zur Entgiftung des Körpers ausgeschieden. Dies alles geschieht durch komplizierte Regulationsmecha-

Zur Leber-Galle-Diät gehören viel Rohkost und Salate, aber nur bis 17 Uhr.

nismen, die eine ausgewogene gesunde Ernährung erfordern. Wenn dies nicht erfolgt, gibt es früher oder später Probleme, denn nach wie vor gilt, dass »der Mensch ist, was er isst«!

LEBENSMITTEL ALS HEILMITTEL

Viele gesundheitliche Probleme können durch die richtige Ernährung gebessert und langfristig sogar geheilt werden. Bei jedem Organsystem, das einem bestimmten Meridian zugeordnet ist, können typische Gesundheitsstörungen auftreten. Deshalb empfehle ich zu jeder Heilzone eine Heildiät, die die auftretenden Beschwerden positiv beeinflussen kann.

Oft sind Schmerzen bereits ein Hinweis darauf, dass ein Organsystem nicht mehr in Ordnung ist. Ein Beispiel sind Schulterschmerzen, die durch Darmfunktionsstörungen verstärkt werden können, oder Hüftprobleme, hinter denen sich eine Gallenblasenfunktionsstörung verbergen kann. In diesen Fällen können allein durch die entsprechende Heildiät die Schmerzen leichter werden oder ganz verschwinden.

Es würde den Rahmen dieses Buches sprengen, wenn ich jede Diät ausführlich und mit Rezepten beschreiben wollte. Dafür gibt es im Buchhandel genügend Literatur. Es ist mir aber ein Anliegen, die Hauptmerkmale jeder Diät aufzuzeigen, so dass Sie die Empfehlungen in Ihrem Alltag schnell umsetzen können.

Meine Tipps

Bestimmte Substanzen sollten Sie so weit wie möglich einschränken, auch wenn Sie keine gesundheitlichen Probleme haben:

- Tabak und zu viel Alkohol
- Bohnenkaffee, Schwarzer Tee, Cola-Getränke
- Zucker und Weißmehlprodukte
- Konserven.

Es kommt nicht nur darauf an, was Sie essen, sondern auch, wie Sie essen:

- Essen Sie langsam
- Kauen Sie gut
- Reden Sie beim Essen nur über positive Dinge
- Sorgen Sie für eine entspannte Atmosphäre.

Heildiäten

LEBER-GALLE-DIÄT

Die Leber ist das zentrale Stoffwechsel- und Entgiftungsorgan des Körpers. Gerade in der heutigen Zeit, in der wir auch ungewollt viele belastete Nahrungsmittel zu uns nehmen, ist es wichtig, die Leber zu schonen und zu pflegen.

- Alkohol ist ein Lebergift, deshalb zur Schonung der Leber zwischendurch auf Alkohol verzichten. In jedem Fall keine hochprozentigen Alkoholika trinken, günstiger sind Bier, Weißbier und Rotwein, der durch den Phenolgehalt gesünder ist als Weißwein.
- Grundsätzlich bei einer Leber-Galle-Diät nie zu viel essen, häufiger kleine Mahlzeiten zu sich nehmen, langsam essen und gut kauen.
- Wichtig ist qualitativ hochwertiges Eiweiß wie in Schafmilch-, Ziegenmilch- und Sauermilchprodukten (Quark, Buttermilch, Kefir), sonst keine Kuhmilchprodukte.
- Leberschonend sind Getreide wie Hafer, Hirse, Gerste gekocht als Brei, gekeimte Körner, Mandeln, Bierhefe.
- Fett nur in kleinen Mengen, am besten hochwertige pflanzliche Öle wie kaltgepresstes Olivenöl, wenig Butter.

Schafmilch, Ziegenmilch- und Sauermilchprodukte sind besser verträglich als normale Kuhmilch.

- Zum Süßen etwas Honig (nicht erhitzen!), Fruchtzucker oder Ahornsirup.
- Keine scharfen Gewürze wie Senf, schwarzer und weißer Pfeffer; möglichst wenig Salz.
- Viel gedünstetes Gemüse und Rohkost (aus Bio-Anbau) wie Kartoffeln, Süßkartoffeln, Pastinaken, Topinambur, Reis, Mais, weiße Rüben, Fenchel, Sellerie, Kürbis, Gurke, Zucchini, Rote Bete, Karotten, Endivien, Löwenzahn, Schwarzwurzeln und Artischocken. Hülsenfrüchte meiden.
- Besonders gut für den Leberstoffwechsel ist Schwarzer Rettich, auch als Saft!
- Leberfreundlich sind Küchenkräuter wie Majoran, Liebstöckel, Kümmel, Thymian, Estragon, Petersilie.
- Obst (aus Bio-Anbau) wie Äpfel, Aprikosen, Kirschen, Erdbeeren, Schwarze Johannisbeeren, Papayas, Mangos; Birnen haben einen besonderen Heileffekt auf die Gallenblase.
- Zur Unterstützung der Leber-Galle-Diät empfehle ich nach dem Mittagessen 1 Stunde Mittagsruhe mit einem Heublumensack auf der Leber. Wenn das nicht möglich ist, dann abends im Bett.

Hauptorganfunktionszeit: Leber 1–3 Uhr, Gallenblase 23–1 Uhr.

MAGEN-DIÄT

Auch wenn Sie keine Magenbeschwerden haben, in Ihrer Heilzone aber eine Magen-Diät empfohlen wurde, halten Sie sich bitte trotzdem daran. Denn es gibt viele versteckte Magenprobleme, die sich nicht offen zeigen.

Der Magen wird neben schlechten Ernährungsgewohnheiten auch durch starke nervliche Belastung geschädigt. Es kommt zu Säureschüben, die den Verlauf des Magenmeridians belasten. Außer direkten Magenbeschwerden zeigt sich das zum Beispiel als Beschwerden in den Knien, Fußgelenken, der Brust oder der Schilddrüse.

- In der Ernährung sollten Sie alles, was die Schleimhäute des Magens belastet, weglassen. Die Mahlzeiten sollten nicht zu heiß und nicht zu kalt, am besten lauwarm sein, dabei langsam essen und extrem gut kauen. Es gilt der Satz: »Gut gekaut ist halb verdaut!«
- Alkohol meiden, weil er die Magensäureproduktion anregt. Wenn überhaupt, dann etwas warmes Bier oder Rotwein.
- Nichts Gebratenes und Gebackenes, keine Hülsenfrüchte und keine scharfen Gewürze.
- Haferbrei, Hirsebrei, gekochter Reis, Essener Brot und Knäckebrot sind empfehlenswert, alle gesäuerten Brotsorten meiden.
- Schafmilch enthält Orotsäure, die auf die Magenschleimhäute heilend wirkt; geeignet sind auch Ziegenmilch- und Sauermilchprodukte wie Buttermilch und Kefir.
- Gemüse (aus Bio-Anbau) nur gekocht, zum Beispiel Kartoffeln, Süßkartoffeln, Pastinaken, Topinambur, Vollkornreis, Fenchel, Zucchini, Gurken, Endivien, Artischocken, Schwarzwurzeln, Weiße Rüben, Rote Rüben.
- Obst (aus Bio-Anbau) nur gekocht, Papayas und Bananen können roh gegessen werden, Zitrusfrüchte vermeiden.

Küchenkräuter würzen nicht nur die Speisen, sondern haben meist verdauungsfördernde Inhaltsstoffe.

- Magenfreundliche Küchenkräuter sind Majoran, Liebstöckel, Kümmel, Anis, Thymian, Borretsch, Oregano, Petersilie, Muskatnuss.
- Sehr gut für die Magen- und Zwölffingerdarmschleimhaut sind roher, frischer Kartoffelsaft und roher, frischer Weißkohlsaft. Vor dem Essen ein frisch entsaftetes Schnapsgläschen voll trinken.

Hauptorganfunktionszeit: Magen 7–9 Uhr.

NIEREN-DIÄT

Die Hauptaufgabe der Niere besteht darin, die Salz- und Wasserausscheidung zu kontrollieren und Abbauprodukte des Stoffwechsels, wie Harnstoff und Harnsäure, auszuscheiden. Sie vollbringt Hochleistungen, indem sie unser Blut viele Male täglich durchfiltert, zusammengenommen über 1000 Liter Blut am Tag!

Die Niere selbst schmerzt nur bei akuten Entzündungen, Funktionsschwächen werden dadurch meist zu spät erkannt.

- Was die Niere dringend braucht, um gut arbeiten zu können, ist viel Flüssigkeit! Mindestens 2 Liter täglich, am besten abgekochtes Wasser, wie es das indische Ayurveda empfiehlt: Das Wasser 5 Minuten kochen und warm trinken. Wem das zu fad ist, der kann eine Scheibe frischen Ingwer oder eine Scheibe Zitrone zufügen. Abgekochtes Wasser verliert seine Oberflächenspannung und kann viel mehr Gifte und Stoffwechselrückstände aufnehmen als gespanntes Wasser.
- Die Diät sollte eiweißarm (wenig Fleisch, wenig Milchprodukte), vegetarisch und salzarm sein, auch keine scharfen Gewürze verwenden.
- Alkohol ist in Maßen erlaubt, Weißbier spült die Niere besonders gut.
- Gemüsesorten, die viel Oxalsäure enthalten, meiden, wie Spinat, Rhabarber, Tomaten, Rote Bete, ebenso Schokolade und Kakao.
- Geeignete Gemüsesorten sind Kartoffeln, Spargel, grüne Bohnen, Meerrettich, Kresse, Gurken, Sellerie, Mohrrüben, Meeresalgen; viel Rohkost essen.
- Geeignete Getreidesorten sind Naturreis, Dinkel, Hirse, Gerste, Hafer.
- Wassermelonen besitzen eine große Heilwirkung auf die Niere.
- Bei Nierensteinen täglich Vitamin A, C, E, B_6 und Magnesiumoxid einnehmen.

Viel trinken ist bei der Nieren-Diät oberstes Gebot. Am besten Wasser mit einem Spritzer Zitrone.

Hauptorganfunktionszeit: Niere 17–19 Uhr.

DARM-DIÄT

Würde man den Darm auseinander falten, so hätte er die unglaubliche Oberfläche von einigen hundert Quadratmetern, auf der sich 80% unseres Immunsystems befinden. Auf dieser Fläche leben Bakterien, die für uns lebenswichtige Aufgaben erfüllen, die so genannte Darmflora. Durch falsche Ernährung, Medikamente und Umweltgifte wird die natürliche Zusammenset-

BASEN-GEMÜSESUPPE

- 1 Kartoffel, 1 Karotte, 1 Stück Selleriewurzel
- etwas frische Petersilie oder Majoran
- nur wenig Salz

Gemüse klein schneiden und weich kochen, dann mit Pürierstab oder im Mixer pürieren und mit den Kräutern nach Geschmack würzen.
Zur Abwechslung können Sie die Karotte auch durch Zucchini, Fenchel oder Rote Bete ersetzen. Die Zutaten sollten möglichst aus biologischem Anbau stammen.

zung der Darmbakterien verändert und das Wachstum von Parasiten begünstigt, was Auswirkungen auf den gesamten Organismus hat.

Alles, was wir in den Mund nehmen und hinunterschlucken, landet unweigerlich in unserem Darm und kann dort entweder Unheil anrichten oder die Gesundheit fördern. Wir sollten uns also genau überlegen, was und wie wir essen!

Die wichtigste Voraussetzung einer Darm-Diät ist: Langsam essen. Bei Aufregungen und Stress lieber auf eine Mahlzeit verzichten. Nicht während der Arbeit, beim Lesen oder Fernsehen essen. Während des Essens nur über positive Dinge reden. Gutes Kauen und Einspeicheln entlastet den gesamten Verdauungstrakt.

3-Tage-Intensiv-Darm-Diät

Bei Darmbeschwerden oder Schmerzen in einer betroffenen Heilzone empfehle ich diese Diät.

- Frühstück: $^1/_2$ Liter Vier-Winde-Tee oder Darm-Tee abführend trinken; bei Verstopfung 1 Schafjoghurt oder 1 Joghurt mit rechtsdrehender Milchsäure; dazu eine kleine altbackene Dinkelsemmel oder Dinkelbrot in kleinen Stückchen langsam essen, oft kauen und gut einspeicheln.
- Vormittags: 1 Liter Wasser 5 Minuten kochen und warm trinken, zur Geschmacksverbesserung evtl. 1 Scheibe frischen Ingwer dazu oder 1 Scheibe ungespritzte Zitrone. 1 große Tasse Nieren-Blasen-Tee.
- Mittags: 1 Teller Basen-Gemüsesuppe langsam mit einem kleinen Teelöffel essen, gut einspeicheln; danach 1 Tasse Herz-Tee.
- Nachmittags: 1 Liter Wasser 5 Minuten kochen und warm trinken (evtl. mit Ingwer oder Zitrone); 1 große Tasse Lymph-Tee.
- Abends: 1 Teller Basen-Gemüsesuppe langsam mit einem Teelöffel essen, gut einspeicheln; danach 1 Tasse Leber-Galle-Tee.
- Vor dem Schlafen 1 Tasse Schlaf-Tee mit $^1/_2$ Teelöffel Honig.

Begleitende Anwendungen

- Parallel zur Darm-Diät ist die Einnahme von Darmbakterien sinnvoll, um die Darmflora zu regenerieren. Entsprechende Präparate gibt es in der Apotheke.
- Zur intensiven Darmreinigung empfiehlt sich ein täglicher Einlauf.
- Machen Sie morgens im Bett eine leichte Bauchmassage: Etwas unterhalb des Nabels beide Hände übereinander legen und im Uhrzeigersinn leicht kreisend für 5 Minuten sanft massieren. Dabei von rechts nach links über den Bauch wandern. Etwas Olivenöl mit ein paar Tropfen Bitterkräutertinktur vermischt verstärken die Wirkung.
- Da viele Krankheiten mit einer Übersäuerung des Organismus einhergehen, ist es günstig, während der Diät auch Basen-Pulver (aus der Apotheke) einzunehmen, um die Wirkung der Basen-Gemüsesuppe zu unterstützen. Grundsätzlich sollte man auch nach der Diät auf eine basische Ernährung mit viel Gemüse und Obst achten.

Den Bauch mit der flachen Hand in sanft kreisenden Bewegungen massieren.

RHEUMA-DIÄT

Die Grundlage bei Rheuma und Gicht ist eine harnsäure- und purinarme Ernährung. Purine entstehen im Körper vor allem beim Abbau von Eiweiß.

- Alle Purin und Harnsäure produzierenden Nahrungsmittel vermeiden wie Fleisch, Wurst, Geflügel, Fisch, Eier und Kuhmilch, ebenso Weizen (Keimlinge ausgenommen), Zucker, Süßigkeiten, Schokolade, Bohnenkaffee, Schwarztee und Alkohol.
- Die Ernährung sollte möglichst vegetarisch sein, am besten Kartoffeln, Sellerie, Karotten, Petersilie, Fenchel, Zucchini, Grünblattgemüse, weiße Rüben, Gurken. Erbsen und andere Hülsenfrüchte aber meiden.
- Nur wenig Getreide, dafür Keimlinge aus Weizen, Luzerne, Gerste. Sehr günstig ist »Essener Brot«, das aus gekeimtem Dinkel und Roggen ohne Sauerteig wie vor 2000 Jahren gebacken wird.

GEMÜSESAFTKUR BEI RHEUMA

Bei starken rheumatischen Schmerzen rate ich, für 2–3 Tage nur Gemüsesäfte zu trinken, denn diese wirken sehr basisch und lösen die Säureansammlungen in den Gelenken.

- **Morgens nüchtern den frisch gepressten Saft einer rohen Kartoffel mit etwas Wasser verdünnt trinken.**
- **Tagsüber so viel frisch gepresste Säfte aus Sellerie, Karotten, Schwarzem Rettich und Roter Bete, wie man möchte. Zur Geschmacksverbesserung eventuell ein Stückchen ungeschälten Apfel oder etwas frischen Ingwer dazugeben.**
- **Abends Rheuma-Tee mit 1/2 Teelöffel Honig.**

- Lebertran, für einige Wochen täglich eingenommen, wirkt oft Wunder bei Ablagerungen vor allem im Schulterbereich.
- Ziegenmilch ist besonders bei Arthritis zu empfehlen: täglich bis zu 1 Liter trinken. Schafmilch und Schafmilchjoghurt wird besser verstoffwechselt als Kuhmilch.
- Empfehlenswerte Obstsorten sind Bananen, Papayas, Ananas, saure Äpfel und Kirschen – auch als Säfte. Sehr interessant sind in diesem Zusammenhang die Kirschen, die salizylähnliche Substanzen enthalten und dadurch stark schmerzlindernd wirken. Also zur Kirschenzeit viele Kirschen essen, später dann Sauerkirschsaft aus dem Reformhaus.

Fastenkuren

HEILFASTEN

Eine der effektivsten Möglichkeiten, den Organismus einer umfassenden Entgiftungs- und Entschlackungskur zu unterziehen, ist das Heilfasten. Während des Fastens gönnen Sie Ihren Verdauungsorganen eine Verschnaufpause, so dass Schlacken und giftige Rückstände, die im Körper abgelagert wurden, ausgeschieden werden können. Wichtig ist, dass während des Heilfastens dem Körper eine ausreichende Flüssigkeitsmenge von mindestens 3 Liter pro Tag zugeführt wird. Hierfür eignen sich Heilkräutertees, stille Mineralwasser oder leichte Gemüseabkochungen. Lassen Sie sich vor einer Fastenkur von Ihrem Heilpraktiker oder Arzt beraten.

Auch als Begleitmaßnahme bei bestimmten Erkrankungen kann das Heilfasten wertvolle Dienste leisten, erkundigen Sie sich dazu bei Ihrem Therapeuten.

Da die Verdauungsorgane nach dem Fasten nicht gleich überfordert werden dürfen, ist es wichtig, sie erst langsam wieder an normale Nahrung zu gewöhnen. Man beginnt am besten mit leicht verdaulicher Kost in kleinen Mengen, zum Beispiel Schleimsuppen, geriebene Äpfel oder gedünstetes Gemüse. Auf Fisch, Fleisch und Eier sollte man zunächst ebenso verzichten wie auf scharfes Würzen der Speisen. Nach etwa 3–4 Tagen kann wieder normal gegessen werden.

F.-X.-MAYR-KUR

Das von dem österreichischen Mediziner Franz Xaver Mayr (1875–1965) entwickelte Kurverfahren wird hauptsächlich bei Erkrankungen von Magen, Darm, Leber und Gallenblase sowie bei rheumatischen Beschwerden und chronischen Hautproblemen eingesetzt.

Davon ausgehend, dass Verdauungsstörungen die Hauptursache für Erkrankungen sind, ist es das Ziel der F.-X.-Mayr-Kur, den von schädlichen Stoffwechselprozessen belasteten Darm durch eine Ableitungsdiät systematisch zu entgiften. Durch schonende Kost soll er sich regenerieren, so dass er seine vielfältigen Aufgaben wieder erfüllen kann.

Vor Beginn der Kur wird der Darm mit Einläufen oder der Einnahme von Glaubersalz entleert. Am ersten Kurtag wird mit Tee gefastet, an den nachfolgenden Tagen besteht die Kost aus trockenen Dinkelbrötchen und Milch (heute wegen der häufigen Kuhmilchallergien auch oft Schafjoghurt). Wichtig dabei ist, dass jeder Bissen des Brötchens so lange gekaut wird, bis er im Mund flüssig wird. Erst dann wird der Speisebrei zusammen mit 1 Löffel Milch (bzw. Joghurt) geschluckt. Nach 1–2 Kurwochen folgt eine schonende Aufbaukost. Bei einem Kuraufenthalt wird die F.-X.-Mayr-Kur von Bädern, Packungen und Bauchmassagen ergänzt.

SO WIRD EIN EINLAUF GEMACHT

Der Einlauf ist eine wichtige Begleitmaßnahme jeder Fastenkur, durch den eine sanfte Darmreinigung erzielt wird.

- Man benötigt ein Einlaufgerät (Irrigator, siehe Bild) mit einem flexiblen Darmrohr.
- Ein großes Handtuch auf eine Liege oder eine Matte auf dem Fußboden legen.
- Das Einlaufgefäß mit 1 Liter handwarmem Wasser füllen.
- Die Spitze des Darmrohres mit etwas Creme gleitfähiger machen. Dann in Linksseitenlage das Darmrohr langsam in den After einführen, möglichst bis zum Hahn.
- Einen eventuell auftretenden Widerstand nicht gewaltsam überwinden! Das Rohr etwas zurückziehen und dann erneut langsam bis zum Hahn vorschieben.
- Anschließend den Hahn langsam aufdrehen. Atmen Sie ein paarmal tief ein und aus (etwa 3–5 Atemzüge) und drehen Sie dann den Hahn wieder zu. Diesen Rhythmus beibehalten, bis der Irrigator entleert ist. Auf diese Weise hat das Wasser die Möglichkeit, auch die höheren Darmabschnitte zu erreichen.
- Darauf achten, dass das Wasser nicht zu schnell einfließt, sonst erfolgt die Entleerung des Darms nicht vollständig – meist fließt nur das Wasser wieder heraus.

Wasseranwendungen

Jede Wasseranwendung übt einen Einfluss auf den gesamten Körper aus. Auch wenn nur einzelne Körperbereiche dem Warm- oder Kaltreiz ausgesetzt werden, entfalten die Wasseranwendungen trotzdem eine generelle durchblutungsfördernde, aktivierende und entschlackende Wirkung. Davon profitieren nicht nur Haut und Bindegewebe, sondern auch die inneren Organe und alle wichtigen Körperfunktionen.

Bäder

In der Kneipp-Therapie genießen Bäder, und hier ganz besonders die ansteigenden Bäder, einen hohen Stellenwert. Sie zeichnen sich generell durch eine durchblutungsfördernde, kreislaufstärkende und wärmehaushaltregulierende Wirkung aus. Insbesondere ansteigende Arm- und Fußbäder haben sich aber auch zur Linderung von Erkrankungen bewährt, so zum Beispiel zur Bekämpfung von beginnenden Erkältungen, bei Bluthochdruck oder Kopfschmerzen.

Bei ansteigenden Bädern geht es darum, durch Hinzufügen von heißem Wasser die Temperatur kontinuierlich (im Laufe von 15 Minuten) von etwa 35 °C auf etwa 40 °C zu steigern. Der so erzielte Temperaturreiz wirkt gesundheitsfördernd auf den gesamten Organismus.

Wichtig ist, dass der vorgesehene Wasserpegel durch die Zugabe des heißen Wassers nicht überschritten wird. Bei ansteigenden Armbädern sollte der Wasserspiegel nicht höher als knapp über den Ellbogen reichen, bei ansteigenden Fußbädern bis in Höhe des Fußknöchels (zur Anregung der Fußreflexzonen).

Wasseranwendungen

ANSTEIGENDES ARMBAD

Ansteigende Armbäder können zu Hause im Waschbecken durchgeführt werden, solange beide Hände und Unterarme darin Platz haben.

So wird's gemacht

- Füllen Sie das Waschbecken mit etwa 35 °C warmem Wasser. Legen Sie beide Hände und Unterarme hinein, so dass auch die Ellbogen vollständig mit Wasser bedeckt sind.
- Dann geben Sie innerhalb von 10–15 Minuten langsam heißes Wasser zu, bis die Temperatur etwa 40 °C beträgt. Bewegen Sie dabei die Arme, damit sich das kühlere Wasser mit dem heißen gut vermischt.

Das ansteigende Fußbad sorgt für eine Erwärmung und verbesserte Durchblutung des ganzen Körpers.

- Durch die Zugabe des warmen Wassers sollte der Wasserpegel nicht wesentlich ansteigen. Daher lassen Sie entweder das Wasser über den Überlauf des Waschbeckens ablaufen, oder Sie entfernen das überschüssige Wasser mit einem Becher.

Gegenanzeigen: Ansteigende Armbäder sollten bei Lymphödem oder Lähmungen der Arme nicht durchgeführt werden.

ANSTEIGENDES FUSSBAD

Für ein ansteigendes Fußbad brauchen Sie eine hohe Fußbadewanne und ein zweites Gefäß für das heiße Wasser.

So wird's gemacht

- Füllen Sie zunächst 35°C warmes Wasser in die Fußbadewanne und stellen Sie beide Füße hinein, so dass der Wasserspiegel bis etwas unter die Fußknöchel reicht.
- Gießen Sie dann mit Hilfe des zweiten Gefäßes langsam heißes Wasser zu, bis eine Endtemperatur von etwa 40 °C erreicht ist. Das dauert etwa 10–15 Minuten.
- Da es wichtig ist, dass der Wasserpegel nicht sehr viel über Fußknöchelhöhe steigt, muss unter Umständen im Gegenzug mit einem Becher wieder Wasser abgeschöpft werden.

Gegenanzeigen: Nicht angewendet werden sollten ansteigende Fußbäder bei Lymphödemen und Krampfadern.

Waschungen

REIBESITZBAD FÜR FRAUEN

Das von Louis Kuhne entwickelte Reibesitzbad für Frauen ist eigentlich eine Waschung des Unterleibs. Es hat eine außerordentlich entgif-

tende, reinigende, kreislauf- und stoffwechselanregende Wirkung auf die Becken- und Bauchorgane. Es wird normalerweise als kaltes Reibesitzbad durchgeführt, bei Bedarf kann aber auch warmes Wasser genutzt werden.

Im Genitalbereich laufen viele Enden wichtiger Rückenmarksnerven zusammen, die mit den Hirnzentren verbunden sind und die vegetativen Körperfunktionen steuern. So ist es zu erklären, dass kalte Reibesitzbäder entspannend, entgiftend und kräftigend auf das gesamte vegetative Nervensystem wirken.

So wird's gemacht

- Für ein Reibesitzbad verwenden Sie am besten ein Bidet oder eine größere Plastikwanne, z. B. eine Kinderbadewanne. Falls Sie auf dem Wannenrand nicht sitzen können, legen Sie ein kleines Brett über die Wanne.
- Es ist wichtig, dass Sie während der Anwendung nicht frieren. Lassen Sie daher den Oberkörper bekleidet, ziehen Sie evtl. warme Socken an und sorgen Sie für eine angenehme Raumtemperatur im Badezimmer.

WARMES REIBESITZBAD

- **Frauen, die zu kalten Füßen und zum Frösteln neigen, können zunächst auch ein warmes Reibesitzbad versuchen und das Wasser dann von Mal zu Mal abkühlen.**
- **Füllen Sie handwarmes Wasser in die Wanne. Machen Sie die Waschung wie oben beschrieben. Wichtig ist nur, dass Sie immer mit einer kühlen Abwaschung abschließen.**
- **Warme Reibesitzbäder dürfen allerdings nicht in der Schwangerschaft, bei Hämorrhoiden oder Blutungsneigung angewandt werden.**

- Füllen Sie die Wanne mit Leitungswasser (ca. 12–14 °C) und setzen Sie sich mit entblößtem Unterkörper auf den Wannenrand oder das Brett. Nun werden der Intimbereich, der After und die Hautpartien drum herum mit dem Wasser gespült. Am besten nehmen Sie dafür einen Naturschwamm oder weichen Waschlappen, den Sie ins Wasser tauchen und dann sanft von unten nach oben streichen (nicht kräftig reiben!).
- Die erste Anwendung sollte etwa 15 Minuten dauern. Wenn Sie sich an das kalte Wasser gewöhnt haben, wird das Reibesitzbad idealerweise 1-mal täglich durchgeführt, wobei sich die Anwendungsdauer langsam auf 30 Minuten erhöht. Das »verbrauchte« Wasser sollte zwischendurch mehrmals erneuert werden.

Anwendungsbereich

Da das Reibesitzbad ganz allgemein die Entgiftung fördert, ist es nicht nur bei Störungen im Nieren-, Darm- und Genitalbereich (auch Frigidität) angezeigt, sondern auch bei Herzbeschwerden, Fieberzuständen, Übelkeit und Brechreiz oder Kopfschmerzen.

Als erste Reaktion kann es zu trübem Harn, Ausfluss oder Brennen in der Harnröhre kommen. Dabei handelt es sich nicht um Anzeichen einer Verkühlung, sondern um das Resultat einer erfolgreichen Säftereinigung. Setzen Sie die Anwendungen fort, werden diese Beschwerden wieder verschwinden.

RUMPFREIBEBAD FÜR MÄNNER

Louis Kuhne hat auch eine Anwendung für Männer entwickelt, die ähnlich positive Wirkungen hat wie das Reibesitzbad für Frauen. Es empfiehlt sich zur allgemeinen Entgiftung, bei allen Nieren-, Blasen- und Prostatabeschwerden, bei Potenzstörungen und zur Kräftigung geschwächter Nerven.

So wird's gemacht

- Für ein Rumpfreibebad nutzen Sie am besten ein Bidet oder eine größere Plastikwanne. Falls Sie auf dem Wannenrand nicht sitzen können, legen Sie ein kleines Brett über die Wanne.
- Es ist wichtig, dass Sie während der Anwendung nicht frieren. Lassen Sie daher den Oberkörper bekleidet, ziehen Sie evtl. warme Socken an und sorgen Sie für eine angenehme Raumtemperatur im Badezimmer.
- Füllen Sie die Wanne mit Leitungswasser (ca. 12–14 °C), so dass der Wasserspiegel bis knapp unter die Sitzhöhe reicht, und setzen Sie sich mit entblößtem Unterkörper auf den Wannenrand oder das Brett.
- Schieben Sie nun die Vorhaut über die Eichel nach vorn, und zwar so, dass sie mit 2 oder 3 Fingern vor der Eichel zusammengehalten wird. Auf diese Weise ist die Eichel vollständig überdeckt. Waschen Sie dann die vorgestülpte, nun wulstartig gefaltete Vorhaut im Wasser leicht mit einem weichen Tuch oder reiben Sie die Vorhaut sanft hin und her. Sie können auch das übrige Glied zeitweilig mitwaschen, doch geht die Hauptwirkung des Bades von der Vorhaut aus, da in dieser die meisten Nerven verlaufen.
- Die erste Anwendung sollte etwa 15 Minuten dauern. Wenn Sie sich an das kalte Wasser gewöhnt haben, können Sie das Rumpfreibebad 1-mal täglich durchführen, wobei sich die Anwendungsdauer langsam auf 30 Minuten erhöht. Das »verbrauchte« Wasser sollte zwischendurch mehrmals erneuert werden.

Kopfdampfbad

Dämpfe werden heutzutage vorwiegend als Kopfdampfbäder mit Heilkräuterzusätzen angewendet. Sie haben sich vor allem bei Atemwegserkrankungen, speziell bei Schnupfen, Nebenhöhlenentzündungen oder Bronchitis bewährt.

So wird's gemacht

Sie brauchen dazu einen Topf, eine Schüssel und ein großes Handtuch.

- Erhitzen Sie 1 Liter Wasser in einem Topf und füllen Sie die nicht mehr kochende Flüssigkeit in eine Schüssel.
- Geben Sie 2–3 Esslöffel Heilkräuter (z. B. Kamillenblüten) oder 2–3 Teelöffel Flüssigextrakt (z. B. Kamillentinktur, Eukalyptusöl oder Minzöl) hinzu.
- Legen Sie das Handtuch über den Kopf und beugen Sie sich damit über die Schüssel. Atmen Sie den heißen Dampf langsam durch Nase und Mund ein. Die Anwendung dauert etwa 10 Minuten.

Gegenanzeigen: Bei bekannter Allergie gegen Kräuter Meersalz als Zusatz verwenden. Nicht bei Säuglingen und Kleinkindern anwenden.

Wickel & Packungen

Heiße oder kalte Wickel, Packungen und Auflagen haben sich seit langer Zeit als unterstützende Maßnahme für den Heilungsprozess bewährt. Beachten Sie jedoch die Gegenanzeigen, bei welchen Beschwerden sie besser nicht durchgeführt werden sollten.

KALTER HALSWICKEL

Kalte Halswickel nach Prießnitz eignen sich gut zur Linderung von Hals- und Rachenentzündungen, da sie das Abklingen der Entzündung unterstützen.

So wird's gemacht

Sie benötigen dazu 2 Geschirrtücher oder 2 kleine Frotteehandtücher (Gästehandtücher) und 1 Wollschal sowie den Saft von $^1/_2$ Zitrone.

- Geben Sie den Saft von $^1/_2$ Zitrone in $^1/_2$ Liter kaltes Wasser. Tränken Sie das erste Tuch in dem Wasser, wringen Sie es aus, legen Sie es der Länge nach zusammen und wickeln Sie es sich dann um den Hals [1].
- Falten Sie nun das zweite, trockene Tuch zusammen und legen Sie es darüber [2].
- Als wärmender Abschluss folgt ein nicht zu dicker Woll- oder Seidenschal [3].
- Im akuten Stadium sollte der Halswickel tagsüber mehrmals im Abstand von $^1/_2$ bis 2 Stunden erneuert werden.

KALTER WADENWICKEL

Kalte Wadenwickel wirken fiebersenkend während Infektionskrankheiten. Durch den Kältereiz kommt es zu einer plötzlichen Gefäßverengung mit anschließender Gefäßerweiterung. Auch für Kinder, die in der Regel häufiger als Erwachsene zu hohem Fieber neigen, empfiehlt sich die Anwendung, doch sollte das Wasser nicht zu kalt sein, da sich Kinder sonst erschrecken. Darüber hinaus wirken Wadenwickel beruhigend (bei Schlafstörungen) oder entzündungshemmend (bei Krampfadern).

1

2

3

Wasseranwendungen

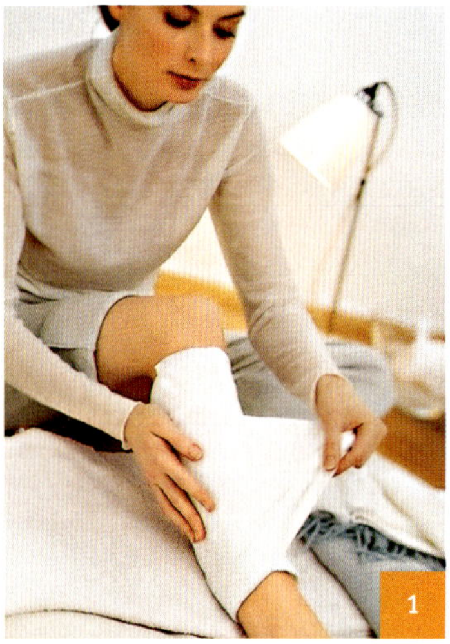

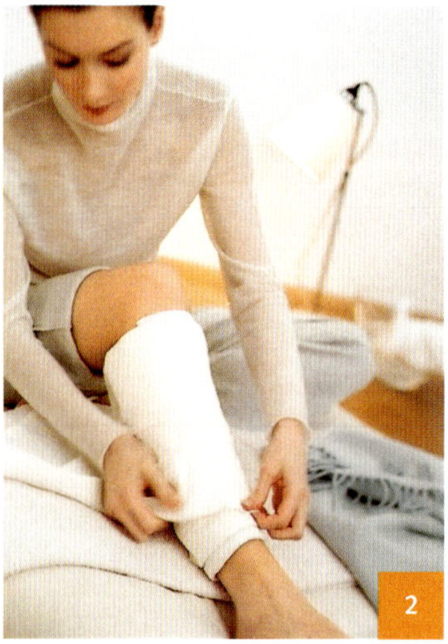

So wird's gemacht

Für einen Wadenwickel benötigen Sie 2 Geschirrtücher oder 2 normale Frotteehandtücher (ca. 45 × 90 cm), dazu ein Wolltuch, z. B. einen breiten Schal. Die Anwendung erfolgt im Liegen, so dass Sie die Beine ausstrecken können. Legen Sie eventuell ein Handtuch oder Plastik darunter, damit das Bett nicht feucht wird.

- Tauchen Sie das erste Frotteehandtuch in kaltes Leitungswasser, wringen Sie es aus und wickeln Sie es dann straff um den Unterschenkel bis unterhalb des Knies [**1**].
- Wickeln Sie nun das zweite, trockene Tuch ebenfalls straff darüber [**2**].
- Zum Abschluss folgt noch der wärmende Wollschal [**3**].
- Bei Fieber kann die Anwendung so oft wiederholt werden, bis das Fieber gesunken ist. Wenn sich der Wadenwickel erwärmt hat, tauschen Sie ihn gegen einen neuen kalten Wickel aus.

Gegenanzeigen: Nicht anwenden bei Harnwegsinfekten, Ischias oder Schüttelfrost.

FEUCHT-HEISSE LEBERAUFLAGE

Wegen ihrer durchblutungsfördernden, entkrampfenden und entgiftenden Wirkung empfehlen sich feucht-heiße Leberauflagen bei Leber- und Gallenblasenbeschwerden. Während des Fastens unterstützt eine Leberauflage den Entschlackungsprozess.

So wird's gemacht

Sie benötigen dazu 1 normales Frotteehandtuch (ca. 45 × 90 cm), 1 Badefrotteehandtuch sowie 1 Wärmflasche (kein Heizkissen!). Die Anwendung erfolgt im Liegen.

- Erhitzen Sie Wasser in einem Topf und tauchen Sie ein vierfach gefaltetes Handtuch hinein. Sie können es auch unter sehr heißes Leitungswasser halten.
- Wringen Sie es aus und legen Sie es dann so heiß, wie Sie es gerade noch vertragen, auf die Leber (rechter Oberbauch, Heilzone 32). Legen Sie darauf eine Wärmflasche und fixieren Sie beides, indem Sie sich das längs gefaltete Badetuch um den Bauch wickeln.

Das brauchen Sie für eine Heublumenpackung: das Heublumensäckchen, eine Wärmflasche und Tücher.

- Die Anwendung dauert etwa 30 Minuten. Wenn die Auflage abgekühlt ist, sollte sie aber auch vorher schon entfernt werden.
- Sie können die Leberauflage auch abends im Bett vor dem Einschlafen anlegen und liegen lassen (die Hauptorganfunktionszeit der Leber ist von 1–3 Uhr nachts). Doch sollte auch in der Nacht die Auflage entfernt werden, wenn sie als kühl empfunden wird – man wacht meist ohnehin automatisch auf, wenn sie abkühlt.

Gegenanzeigen: Nicht angewendet werden sollte die feucht-heiße Leberauflage bei Magengeschwüren, Zwölffingerdarmgeschwüren sowie bei Magenblutungen.

HEUBLUMENPACKUNG

Heublumenpackungen zeichnen sich durch ihre stoffwechselanregenden und durchblutungsfördernden Eigenschaften aus und helfen bei allen chronischen Erkrankungen, insbesondere des Magen-Darm-Trakts und speziell der Leber. Zudem lindern sie Schmerzen im Rücken und im Bewegungsapparat. Sie sind ebenso empfehlenswert bei Blasen- und Nierenstörungen. Durch ihre generell ausgleichende Wirkung haben sie sich auch bei psychischen Problemen wie Depressionen bewährt.

So wird's gemacht

Heublumenpackungen sind als gebrauchsfertige Heukompressen in der Apotheke erhältlich. Sie können eine Heublumenpackung mehrmals verwenden, insgesamt etwa 3-mal, dann sollten Sie die Kräuter über den Kompost oder die Biomülltonne entsorgen.

Weiterhin brauchen Sie 1 Baumwolltuch oder 1 normales Frotteehandtuch, 1 Wärmflasche und 1 Wolldecke.

- Zunächst muss der Heublumensack erhitzt werden. Da er nicht direkt mit Wasser in Berührung kommen darf, nutzt man hierfür heißen Wasserdampf. Nehmen Sie einen großen Topf und bedecken Sie den Boden einige Zentimeter mit Wasser. Durch die Verwendung eines Siebeinsatzes oder eines Siebs, das Sie oben auf den Topf legen, wird verhindert, dass die Heublumenpackung direkt im Wasser liegt. Erhitzen Sie die Heublumenpackung etwa 20 Minuten lang über dem heißen Dampf.
- Legen Sie den Heublumensack so heiß wie Sie es gerade noch vertragen auf die zu behandelnde Körperstelle (Vorsicht, sehr heiß!). Legen Sie darüber ein trockenes Baumwolltuch oder Handtuch.
- Damit die Wärme für längere Zeit erhalten bleibt, legen Sie eine mit heißem Wasser gefüllte Wärmflasche darüber. Fixieren Sie alles zusammen mit einer Wolldecke.
- Versuchen Sie nun, sich vollständig zu entspannen – das fördert die heilende Wirkung der Therapie. Entfernen Sie die Packung etwa nach 15–20 Minuten.
- Zur Unterstützung des Heileffekts sollten Sie darauf achten, viel zu trinken, am besten heißen Leber- oder Lymph-Tee (Seite 171).
- Die Heublumenpackung kann auch ebenso wie die Leberpackung vor dem Schlafengehen aufgelegt werden.

Gegenanzeigen: Die Behandlung mit einer Heublumenpackung sollten Sie nicht durchführen, wenn Sie Allergiker sind, hohes Fieber haben, einen akuten rheumatischen Schub erleiden oder Ihr Körper von einem entzündlichen Prozess betroffen ist. Ebenso sollten krankhafte Hautveränderungen oder offene Wunden nicht mit einem Heublumensäckchen in Berührung kommen.

Bücher, die weiterhelfen

Bücher, die weiterhelfen

Bach, Edward: Blumen, die durch die Seele heilen. Hugendubel

Bankhofer, Hademar: Erste Hilfe aus der Natur. Econ

Breindl, Ellen: Das große Gesundheitsbuch der Hl. Hildegard von Bingen. Pattloch

Bruker, Max Otto: Leber-, Galle-, Magen-, Darm- und Bauchspeicheldrüsenerkrankungen. EMU

Croft, John: Heilkraft aus dem Meer. Hädecke

Daunderer, Max: Gifte im Alltag. Beck

Diamond, Marilyn: Fit fürs Leben. Goldmann

Diamond, John: Der Körper lügt nicht. VAK

Eberhard, Lilli: Heilkräfte der Farben. Drei Eichen

Fischer-Reska, Hannelore: Lebensberater aus der Naturheilpraxis. Bitterstern Verlag

Hacheney, Wilfried: Wasser, ein Gast der Erde. Dingfelder

Hahnemann, Samuel: Organon der Heilkunst. Hippokrates

Kraaz von Rohr, Ingrid: Die sieben Heiler. Fischer Media

Krämer, Dietmar: Neue Therapien mit Bach-Blüten (Band 1–3). Ludwig/Ansata

Kushi, Michio: Natürliche Heilung mit Makrobiotik. Ost-West-Verlag

Leconte, Marianne: Die Yin-Yang-Diät. Ahlering

Lindemann, Günther: Tee-Rezepte. Foitzick-Verlag

Pflugbeil, Karl und Niestroy, Irmgard: Gesundheit aus dem Bauch. Herbig

Rauch, Erich: Darmreinigung nach F.-X.-Mayr. MVH/Haug

Schäfer, Thomas: Was die Seele krank macht und was sie heilt. Droemer/Knaur

Schaenzler, Nicole: Vital und gesund durch Bitterstoffe. Ludwig

Scheffer, Mechthild: Die Original Bach-Blütentherapie. Hugendubel

Schmitt, Johannes L.: Atemheilkunst. Humata-Verlag

Sheldrake, Rupert: Das Gedächtnis der Natur. Scherz

Sivananda Swami: Das Sonnengebet. Humata-Verlag

Strehlow, Wighart: Hildegard-Heilkunde von A–Z. Droemer/Knaur

Treven, Michael und Talkenberger, Peter: Umweltmedizin. Wirtschaftsverlag

Unschuld, Paul: Medizin in China. Beck

Weise, Devanando: Zur eigenen Kraft finden. Frederiksen & Weise

Worlitschek, M.: Original Säure-Basen-Haushalt. MVH/Haug

Bücher zum Thema aus dem Gräfe und Unzer Verlag

Bachmann, Robert M.: Gesund & fit durch Darmreinigung.

Bohlmann, Friedrich: Essen als Medizin.

Flade, Sigrid: Neurodermitis natürlich behandeln.

Förder, Gabriele und Neuenfeld, Gabriele: Kinesiologie. Leben mit ganzer Kraft.

Heepen, Günther H.: Schüßler-Salze. 12 Mineralstoffe für Ihre Gesundheit.

Hinkel, Karin: Die Kraft der Farben. Ganzheitliche Farbberatung.

Kraske, Eva-Maria: Wie neugeboren durch Säure-Basen-Balance.

Lützner, Hellmut: Wie neugeboren durch Fasten.

Oberlack, Helmut: Tai Ji Quan. Harmonie für Körper, Geist und Seele.

Pfeiffer, Amrei: Magen und Darm natürlich behandeln.

Rüdt von Collenberg, Irmhilt: Natürlich durch die Wechseljahre.

Schmidt, Sigrid: Bach-Blüten für innere Harmonie.

Schmiedel, Volker: Fit und gesund mit Vitalstoffen.

Schutt, Karin: Massagen. Wohltat für Körper und Seele.

Schutt, Karin: Ayurveda für jeden. Die sanfte indische Heilkunst.

Sommer, Sven: Homöopathie Kompass

Stumpf, Werner: Der große GU Ratgeber Homöopathie.

Tempelhof, Siegbert und Weingart, Johannes: Osteopathie. Schmerzfrei durch sanfte Berührung.

Unger-Göbel, Ulla: Vitamine Kompass

Wagner, Franz: Akupressur. Heilung auf den Punkt gebracht.

Wagner, Franz: Reflexzonenmassage. Mit Hand und Fuß zu mehr Energie.

Winkler, Martin: Die neue F.-X.-Mayr-Kur.

Sachregister

Sachregister

Impressum

Die Autorin

Hannelore Fischer-Reska gilt als Deutschlands bekannteste Heilpraktikerin. Sie praktiziert seit 1978 in eigener Naturheilpraxis in München und leitet ein Institut für Naturheilverfahren und Erfahrungsmedizin. Seit 1999 ist sie außerdem Gastprofessorin der »Open International University for Complementary Medicines« in Colombo/Sri Lanka.

Danksagung

Mein besonderer Dank gilt Andreas Hammering für seine Geduld und Unterstützung; meinen Mitarbeitern Ute Pappenberger, Sven Richardson, Daniel Hoch, Karin Bublitz, Brigitte Busch und Giovanna Barthelmes-Lechner für Recherchen, Tipps und Korrekturen; der Firma Heel, die mir antiquarische Bücher aus ihrer Bibliothek zur Verfügung stellte.

Umwelthinweis: Dieses Buch wurde auf chlorfrei gebleichtem Papier gedruckt. Um Rohstoffe zu sparen, haben wir auf Folienverpackung verzichtet.

WICHTIGER HINWEIS

Dieser Ratgeber gibt Ihnen Anregungen dafür, wie Sie für Ihre Gesundheit vorsorgen, sich bei leichten Beschwerden selbst helfen und Ihr Wohlbefinden stärken können. Die Rezepte, Übungen und Anwendungen wurden sorgfältig ausgewählt und haben sich in der Praxis bewährt. Sie ersetzen jedoch keinesfalls die Behandlung gesundheitlicher Störungen durch einen erfahrenen Arzt oder Heilpraktiker.

Redaktion: Ilona Daiker
Textredaktion: Nicole Schaenzler
Lektorat: Adriane Andreas
Layout & Umschlaggestaltung: independent Medien-Design
Produktion: Susanne Mühldorfer
Satz & Herstellung: Renate Hausdorf
Repro: W & Co., München
Druck & Bindung: Druckhaus Kaufmann, Lahr

Zeichnungen:
independent Medien-Design: U1, Umschlagklappen, S. 6, 27, 59–139;
Heidi Vignati: S. 22, 52, 55, 57, 153–156;
Fotoproduktionen:
Barbara Büchner: S. 15, 54, 55, 57, 58, 150, 152, 168, 173, 182, 184, 185, 186;
Andreas Hosch: S. 157–165;
Fotostudio Reiner Schmitz: S. 5, 8, 16, 28, 32, 36, 43, 141–149, 166, 167, 168, 169, 171, 172, 180, 183, 187;
Alexander Walter: U4, S. 2, 8, 10, 12, 13;
Weitere Abbildungen:
AKG: S. 11, 29, 35, 40; Markus Amon: S. 18; Werner Blessing: U2, S. 176; Sigurd Döppel: U2, S. 7, 18, 25, 40; Hermann Eisenbeiss: S. 31; Pete A. Eising: S. 33; Focus: S. 47 (Hegenbart), 48 (Hutchings /SPL); Ingolf Hatz: S. 47; Studio Hesselmann: S. 179; Image Bank: S. 3, 13 (Curto); Manfred Jahreiß: S. 18, 21, 24, 25, 26, 42, 170, 175; Jump: S. 181; Michael Leis: U2, S. 44, 49; Mauritius: S. 166 (Schlief); Nicolas Olonetzky: S. 17; Picture Press (Wartenberg): Umschlag U1; Manfred Pforr: S. 34, 35; Henriette Rintelen: S. 51; Tom Roch: S. 4, 16, 174; Fotostudio R. Schmitz: U2, S. 5, 18, 20, 30, 37, 41, 177; StockFood: S. 177 (Hunter); Michael Zucke: S. 38, 39, 169.

ISBN 3-7742-5514-8

Auflage:	4.	3.	2.	1.
Jahr:	2004	2003	2002	2001

Das Original mit Garantie

Ihre Meinung ist uns wichtig. Deshalb möchten wir Ihre Kritik, gerne aber auch Ihr Lob erfahren. Um als führender Ratgeberverlag für Sie noch besser zu werden. Darum: Schreiben Sie uns! Wir freuen uns auf Ihre Post und wünschen Ihnen viel Spaß mit Ihrem GU-Ratgeber.

Unsere Garantie: Sollte ein GU-Ratgeber einmal einen Fehler enthalten, schicken Sie uns das Buch mit einem kleinen Hinweis und der Quittung innerhalb von sechs Monaten nach dem Kauf zurück. Wir tauschen Ihnen den GU-Ratgeber gegen einen anderen zum gleichen oder ähnlichen Thema um.

Ihr Gräfe und Unzer Verlag
Redaktion Gesundheit
Postfach 86 03 25
81630 München
Fax 089/41981-113
e-mail: leserservice@graefe-und-unzer.de